KB119873

나를 살리는 관계

나를 살리는 관계

크리스토프 앙드레, 레베카 샹클랑 지음 · 이세진 옮김

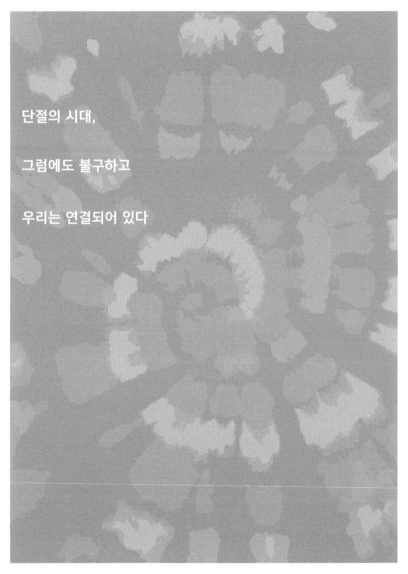

단절의 시대,

그럼에도 불구하고

우리는 연결되어 있다

위즈덤하우스

• • •

행동, 관심, 끈기로써

타인의 삶을 한결 아름답게 하는 모든 이에게.

사람은 서로 의지하며 산다. 태어나서부터 줄곧 그렇다. 아기가 부모에 의존해 살고 아기의 생존이 온전히 부모에게 달렸음은 두말할 나위 없다. 하지만 눈을 좀 더 크게 떠보자. 부모도 아기에게 의지해 사는 모습이 보이지 않는가. 신체적 생존이 아니라 삶의 의미라는 차원에서는 분명 그렇다. 자식의 죽음이나 실종은 인간에게 닥칠 수 있는 가장 지독한 비극이다. 자식을 먼저 보낸 부모는 절망할 수밖에 없다.

사람은 다들 서로 기대어 살아간다. 몽테스키외는 우리를 "사교적 동물"이라고 했지만 우리는 사교적인 만큼 연약하기도 하다. 적어도 생물학적으로는 발톱도 없고 송곳니도 없으며 갑피나 뿔도 없다. 거대한 맹수에 비하면 인간의 근육과 힘은 보잘것없다…. 인간이라는 종이 (어찌 보면 지나치게!) 생육하고 번성할 수 있었던 까닭은 신체적 완력이 아니라 서로 인연을 맺는 습성에 있다.

태곳적부터 인간 집단의 생존은 연대와 공조에 달려 있었다. 성인 구성원들끼리는 물론이요 세대 간에도 서로 관계를 맺고 의존해왔다. 아이는 어른에게 의존해 살지만 어른의 미래는 언젠가 아이가 자라서 보호자 역할을 할 수 있느냐 없느냐에 달렸다. 나이 든 사람은 젊은 사람에게 보호받지만 집단의 기억과 경험을 간직한 연장자로서 이모저모로 도움을 제공하기도 한다. 요컨대 상호의존 관계가 밀접한 공동체일수록 풍요롭고 발전과 지속 가능성이 높다. 나아가 구성원의 자기실현이 복되게 이루어질 가능성도 높다.

그런데 왜 우리는 상호의존을 소홀히 하는가? 아니, 왜 때때로 두려워하기까지 하는가?

그 이유는 (이기주의와 나르시시즘을 들먹이지 않더라도…) 자율과 자족의 이상이 지배하는 이 시대가 상호의존을 일방적 의존(자기를 위해 행동해주는 사람이 없으면 아무것도 못 하는 상태)과 혼동하기 때문이다. 개인의 자유를 미친 듯이 추구하는 풍조 속에서 사람들은 점점 더 외롭고 연약하며 상처 받기 쉬운 상태에 놓인다("절대, 아무도 의지하지 마"). 우리는 남에게 기대다가 약해지면 안 된다는 두려움 때문에 외로움이라는 한층 더 약한 상태에 제 발로 걸어 들어간다.

하지만 답은 있다. 상호의존을 기쁘게 받아들여라! 상호의존이 우리의 잠재력을 활짝 꽃피워주고 풍요롭게 해준다는 것을, 우리를 더 강인하고 똑똑하게 키운다는 것을 깨닫고 즐겨라.

"혼자 가면 빨리 가지만 함께 가면 더 멀리 간다"라는 아프리카 속담이 있다. 어디 그뿐인가, 함께 가면 더 즐겁게 갈 수 있다!

2부 관계의 균형을 찾아서

혼자가 낫다는 착각

인류의 한복판으로 여행을 떠나보면 어떨까? 인류는 복잡다단하기 그지없어서 어떤 상황에도 적용할 수 있는 기적의 처방은 알려주지 않지만 언제나 우리가 미처 생각지도 못했던 풍부함을 드러낸다. 우리가 여러분에게 보여주고 싶은 대륙의 이름은 **상호의존**이다. 심리학에서 사용하는 이 단어는 다소 어려워 보이지만 실상은 단순하다. 우리가 타인과의 관계에서 으레 접하는 바로 그것이 상호의존이다. 행복을 느끼려면, 중요한 계획에서 진전을 보려면, 아니 그저 살아남기 위해서라도 우리는 타인을 필요로 할 때가 참 많다.

특별할 것 없는 어느 하루의 시간을 따라가 보자. 아침에 침대에서 일어난다. 그 침대를 디자인하고 제작한 사람들이 있을 것이다. 남들이 공들여 만든 공간에서 샤워를 한다. 빵의 원료인 밀을 기른 사람, 잼의 원료인 과일을 수확한 사람, 그 밖에도 숱한 이의 수고로 마련된 먹거리들로 아침을 차려 먹는다. 우리가 하루 동안 행하는 몸짓은 거의 다, 어느 지점에선가 타인들과 만난다. 우리는 더불어 활동하며 이 모든 상호의존 관계에서 어떤 균형을 유지한다.

이 책은 인간의 상호의존이 개인과 사회의 발전에 건설적으로 작용하는 조건들을 관심 있게 들여다보려 한다. 타인과의 관계 속에서 살아가는 우리는 가급적 의존과 자율 사이에서 균형을 잡고 아슬아슬하게 외줄을 타는 곡예사와 비슷하다. 의존으로 너무 기울면 좋지 않지만 반대로 의존을 너무 외면해도 좋지 않다. 이 역설을 여기서 명쾌하게 풀어보려고 한다.

서로 의지하고 사는 것은 어떨 때 우리에게 이로운가? 타인에게 매인 듯한 의존감이 아니라 자기실현감을 고양하는 관계는 어떻게 키워나갈 수 있는가? 수십 년 전부터 연구자들은 건설적 관계를 연구해왔다. 그들의 연구는 언뜻 모순되어 보이는 두 욕구를 조화시키는 방법의 길잡이가 되어주었다. 그 두 욕구란 타인에 대한 애착 욕구와 자율 욕구다.

의존하는 것≠나약한 것

●
○

학부모와 교육 종사자를 대상으로 긍정교육에 대한 강연과 워크숍을 진행하다 보니 여러 의문이 생겼다. 친절하게 교육하면서도 지나친 허용이나 방임에 빠지지 않으려면 어떻게 해야 하나? 어떻게 하면 아이들의 심리적 기본 욕구에 부응하면서 어른으로서 자기 욕구도 존중할 수 있을까? 산더미 같은 책임과 고민이 엄습하고 짓눌리는 기분이 들 때도 일말의 자유를 느낄 방도가 있을까? 우리는 이러한 의문에 자극을 받아 인간의 상호의존이라는 개념을 돌아보게 되었다.

상호의존, 즉 타인의 신세를 진다거나 타인의 욕구를 우선시해야 하는 상태(특히 그 타인이 어린아이이거나 나와 가까우면서 심신이 미약한 사람일 때)가 가끔은 감당하기 버거운 짐이 되기도 한다. 그래서 더러는 자유를 찾으려고 스스로 고립을 택한다. 특히 어린 자녀를 키우느라 힘들어하는 부모들의 경우, 신세를 지면 갚아야 하는데 누굴 도와줄 형편이 안 된다고 생각해서 가족이나 친구에게 도움을 청하지도 않는다. 누군가에게 의존하는 기분은 불편하고 불안하다. 게다가 정서적 의존을 다들 고약한 것으로 취급하지 않는가….

도움을 청하는 것 자체가 무능("난 내 애도 볼 줄 모르는 사람이야!")이나 태만("내 문제를 내가 해결할 기력도 없어!")으로 해석되기도 한다. 하지만 자기에게 쏟아지는 그런 판단들이 아니더라도 어떤 이들은 유독 남에게 의지하기를 주저한다. 그들은 타인에게 기대는 것이 연약함이나 예속의 표시라고 생각한다.

어떤 이들은 부적절한 상황에서 벗어나려고 상담을 받으러 와서도 남에게 의지한다는 사실을 미성숙의 표시로 여긴다. "저는 늘 사랑에 발목을 잡혀요. 내 삶을 주도적으로 이끌어야 하는 상황에서 다른 사람에게 매달리곤 하지요." 또 다른 이들은 남에게 기대지 않으려고 힘겨운 상황에서도 기를 쓰고 홀로 맞서려고만 한다. 상호의존은 우리 인간의 근본적인 활동인데도 혹자는 상호의존을 받아들이기가 그토록 어렵다.

하지만 타인의 도움을 청하지 않고 스스로 알아서 할 수 있다는 믿음은 번아웃이라는 대가를 치른다. 결국은 치르게 마련인 이 대가가 가까운 주위 사람, 자녀, 배우자나 동료에게 영향을 미친다. 어디 그뿐인가, 의존의 부정적인 면만 생각하는 자세는 관계의 구축과 강화를 가로막는다. 그래서 우리는 최근 수십 년 동안의 연구를 바탕으로 타인에 대한 '의존' 개념을 바라보는 또 다른 시선을 제안해야겠다고 생각했다.

병적인 의존에서 출발하여 '건강하다고' 간주할 만한 의존에 이르는 일직선이 있다면 이 책에서는 그 직선에 놓인 다양한 단계들에 관심을 기울일 것이다. 건강한 의존이란 결국 밀착된 인간관계와 자율 사이의 균형점일 텐데, 그 두 지점을 나란히 둔다는 것이 언뜻 역설적으로 보일지도 모른다. 타인에게 의존해도 괜찮다고? 정말?

인생에서 가장 중요한 성공 척도, 인간관계
●
○

심리학자이자 의존성 전문 연구자 로버트 본스타인은 20년 이상의 임상 연구에서 **자기를 실현하는 가장 좋은 방법은 상호의존을 거스르지 않고 받아들이는 것**이라는 결론을 끌어냈다. 이 때문에 본스타인은 사람과 사람 사이의 의존을 '건강한' 것으로 규정한다.[1] 건강한 의존에는 여러 가지 특징이 있다. 그중에서도 도움을 청할 용기가 있지만 스스로 상황에 대처할 수 없다고 느끼지는 않는 것이 건강한 의존의 중요한 특징이다. '건강한' 의존의 상호작용을 받아들이면 타인에 대한 애착을 키우면서도 그 애착 때문에 자기가 약해지지는 않는다. 타인을 신뢰할 수 있지만 행여 그 사람과 갈등이 불거진대도 눈앞이 캄캄해지지는 않는다. 타인에 대한 의존 (이 관계가 건강하다면 상호적이므로 상호의존이라고 불러도 상관없다)을 보는 눈이 바뀌면 우리 자신과의 관계, 타인과의 관계가 바뀐다. 그러한 생각의 전환에 힘입어, 곤란한 상황에서 좀 더 선뜻 도움을 청하되 그러한 경험에서 스스로 배우고 발전하기에 충분한 자신감도 지킬 수 있을 것이다. 그러한 자세가 자율에 대한 욕구와 *끈끈한* 인간관계에 대한 욕구 사이에서 균형을 잡는 데 도움이 된다.

인간관계라는 주제를 살피는 여행은 **태내에서**, 태아가 아직 모체와 공생하던 시절에서 출발한다. 출생 후 첫 단계에서 아기는 거의 전적으로 주위 사람들에게 의존해서 살아간다. 그러한 단계가 서서히, 더디지만 확실하게, 다른 사람들과의 상호의존 단계로 변해간다. 우리는 아동 발달의 영토에 잠시 들러 애착의 풍경을 살펴보고 곧바로 심리학과 신경과학 연구로 입증된 '건강한 의존' 혹은 '긍정적 의존'[2]을 이해하는 새로운 길들을 발견하러 떠날 것이다. 우리 목표는 의존이라는 함정도, 독립이라는 환상도 멀리하면서 타인과의 관계에 숨은 모든 가능성을 보여주는 것이다.

모든 사람은 가까운 관계를 필요로 한다. 살갑고 끈끈한 관계가 인생의 가장 큰 기쁨, 가장 아름다운 추억을 안겨준다. 연구자들도 결국 인간관계가 삶의 의미를 느끼게 하는 가장 중요한 요소임을 밝혀냈다.[3] '건강한' 의존이 인간 발달에 유용하다는 생각은 다른 사람들 없이도 자기실현은 얼마든지 가능하다는 시각, 혹은 나 하나 좋자고 남들에게 의존하는 사태(병증의 표시)와 충돌한다. 자기실현의 요인들은 독립(타인 없이 살 수 있다는 환상)이나 공의존copendency(그 사람 없이는 자기도 살 수 없다는 생각)이 아니라 우리가 **긍정적 상호의존**이라고 부르는 것에 근거를 둔다.

우리는 이제 타인에 대한 의존을 다른 시선으로 바라보자고 제안한다. 어떻게 하면 의존의 모양새를 띠는 인간관계를 받아들이고 탄탄히 다지면서도 여전히 자율적으로 살아갈 수 있을까? 어떻게 하면 자기 자신과 타인에게 부담이 되지 않게 도움을 요청할 수 있을까? 이 물음은 우리 모두와 관련 있다. 심리적 어려움을 겪는 사람들에 대한 연구와 임상은 바로 이 균형, 상호 실현의 근원을 찾을 만한 길들을 제공한다.

긍정적 상호의존을 찾으러 가는 길에 들고 갈 나침반은 인간관계의 근간에 있는 의존의 이점들을 바늘로 가리킨다. 상부상조는 그중에서 으뜸가는 이점이다.

혼자서 무너지지 않으려면 도움을 받아라

"앞이 안 보이네요. 애가 두 살인데 이제 더는 못 하겠습니다. 애가 떼쓰고 울면 어떻게 해야 할지 모르겠어요. 유일하게 효과를 본 방법은 옷도 안 벗긴 애한테 샤워기로 찬물을 퍼부은 거예요. 그러니까 애가 울음을 뚝 그치긴 하더라고요." 엘레아는 부모 교육 강연에서 이렇게 말했다.

그다음에는 샌디라는 다른 엄마가 말했다. "저도 그래요. 저도 정말 어떻게 해야 할지 모르겠어요. 우리 아들도 두 살이에요. 애가 울고불고 난리를 피우면 결국 하다 하다 집 밖으로 내쫓고 문을 잠가버리게 돼요. 그런 상황을 끝내려면 다른 방법이 없어요."

　강연회 연사는 어린아이를 키우면서 진이 쏙 빠지는 상황은 아주 흔한 경험이라고 말하며 가정으로 직접 와서 육아에 도움을 주거나 훈육 요령을 가르쳐주는 전문가 단체도 있다고 했다. 그러자 엘레아가 대뜸 이렇게 대꾸했다. "당연히 있겠지요. 하지만 전 아직 그런 단체를 찾을 정도는 아니거든요?"

　그러면 어느 선까지 가서 도움을 청할 건가? 부모가 해야 할 일과 책임을 전부 '자기 혼자 지거나' '감당하면서' 계속 끙끙대는 게 옳은가? 일단 걷잡을 수 없는 선까지 와버렸다는 기분이 들면 도움을 요청하기가 더 어려워지지 않을까? 지난 몇 년간 우리는 계속 이런 의문들을 깊이 성찰했다. 확실한 것은, 어른이 되어도 우리에겐 타인들이 필요하다. 하지만 우리가 이 욕구를 바라보는 시선을 바꿀 수 있을까? 그런 시선 변화가 인간관계에서 절망, 피로, 긴장 상황을 어떻게 줄여줄 수 있을까?

　역사를 거슬러 올라가 보더라도 상부상조의 필요성은 의심의 여지가 없다. 신체적인 면에서나 물질적인 면에서나 상부상조 없이는 생존이 불가능했기 때문이다. 집단을 이루고 살면 방어에 유리할 뿐 아니라 혹독한 기후에 맞서기도 쉽고 기본 욕구 충족에 필요한 작업을 분담할 수도 있었다. 그렇지만 서양 사회에서 '부족'은 물질적인 면보다 사회적인 면에서 더욱 필요했다. 자기만의 거처를 두고 남들과 따로 살아도 생존이 위태롭지는 않았다. 오히려 그런 삶은 물질적 성공과 안정의 표시였다. 원原가족과 떨어져 사는 삶은 우리의 '개인주의' 문화가 특히 높이 평가하는 심리적 독립감을 조성한다.

지나친 개인주의는 왜 위험할까

○

　우리가 사는 사회는 독립, 자유로운 표현, 개인의 독창성을 높이 산다. 연구자들은 세계 차원에서도 개인주의적 가치관이 계속 상승세였음을 보여주었다. 2017년에 78개국을 대상으로 한 연구는 1960년 이후로 그 국가들 전체에서 개인주의가 약 12퍼센트 확대되었다고 밝혔다.[4] 이 수치는 특정 행동 및 가치관의 표현을 바탕으로 측정한 것이다. 개인주의를 나타내는 행동은 거주 인구수, 1인 가구수, 혼인율과 이혼율을 확인하여 계량화했다. 또한 자녀 교육에서 '독립'의 가치나 개인의 자유로운 표현을 얼마나 중시하는지 확인하는 설문조사로도 가치관을 측정할 수 있었다. 이른바 개인주의 사회는 이런 면에서 집단주의 사회와 확실히 구분된다. 집단주의 사회는 집단에 순응하고 묻어가는 능력을 훨씬 더 장려한다.[5]

　일례로 몇 년 전부터 미국에서는 흔치 않은 이름, 세상에 하나밖에 없을 것 같은 아기 이름이 늘었다.[6] 이유가 뭘까? 아이의 유일무이성에 힘을 실어주고 싶어서다. 마찬가지 맥락에서, 미국 저작물에서 '나', '자신', '유일'처럼 개인주의 가치에 준하는 단어의 사용은 늘어난 반면 '함께', '복종', '소속'처럼 집단주의 가치에 준하는 단어의 사용은 줄어들었다고 한다.[7]

　개인주의는 이기주의와 성급히 동일시되는 탓에 평판이 좋지 않다. 개인주의 역시 자기결정성, 즉 저마다 자기가 나아가려는 방향을 선택할 수 있다는 생각을 기준으로 삼는다. 그러한 선택은 타인의 선택, 특히 가장 가까운 사람들의 선택과 별개다. 개인주의는 당사자의 선택, 욕망 표현, 자기 욕구에 대한 고려의 여지가 크기 때문에 아무래도 좀 더 광범위한 의미의 자기중심성, 요컨대 이기주의에 가깝다는 생각을 할 수 있다. 그렇지만 개인주의 사회에서도 사람들은 사회적 가치 때문만이 아니라 자신의 선택으로 서로 돕는 행위를 한다. 연구자들은 개인주의 사회에 속한 사람들이 가족 외 관계를 더 중요하게 생각한다는 것을 보여주었다. 가족 외 관계는 당사자의 선택으로 맺어진 것이기도 하거니와 상호실현에 이바지하기 때문이다. 개인주의적이라고 해서 타인을 아예 망각하거나 사회적 고립을 추구한다는 뜻은 아니고, 단지 이러저러한 선택에서 자기 욕구를 더 많이 고려한다는 의미다.

한 사람 한 사람을 타인과 분리된 온전히 자율적인 존재로 보는 태도는 당연히 한계에 부딪힌다. 현실에서는 나 아닌 다른 이들에게 영향을 미치지 않는 선택이란 있을 수 없다. 따라서 개인주의를 두 수준으로 나누어 생각하면 좋겠다. '거시적' 수준, 다시 말해 사회가 개인적 선택의 자유로운 표현과 독립을 훌륭한 가치로 떠받드는 수준이 있다. 그리고 어떤 이가 웬만큼 개인주의적인 행동을 취하는, 그 사람 개인의 가치관과 관련된 '미시적' 수준이 있다. 거시적 수준에서 연구자들은 집단보다 개인을 지향하는 가치와 목표를 지닌 인구 집단의 일반 경향에 관심을 두었다. 미시적 수준에서는, 사회가 개인주의적이라 해도 각자의 가치와 목표가 교육, 상황, 실제 맺고 있는 인간관계에 따라 매우 다양하다. 예를 들어 부모는 자식의 행복을 우선시하기 때문에 개인적 목표를 뒤로 미루면서까지 자식을 위해 상당한 노력과 재원을 쏟아붓는다.

개인과 집단은 희생적인 관계가 아니다

●
○

가까운 사람과의 관계에서 집단의 목표를 염두에 두는 태도는 신뢰와 상부상조를 공고히 하고 결과적으로 개인의 안녕과 집단의 안녕 양쪽 모두에 도움이 된다. 하지만 자기 욕구를 외면하면서까지 집단의 목표에 연연하고 딱히 기력을 재충전할 방법도 없다면 번아웃에 빠질 수가 있다.[8] 자기에게 기울여야 할 관심과 타인에게 쏟아야 할 관심 사이에서 균형을 잡으려면 어떻게 해야 할까? 사회관계를 긍정적으로 경험하기 위해서도 자기 욕구에 대한 존중과 남들의 욕구에 대한 존중 사이에서 균형을 잘 잡아야 한다. 찰떡궁합 커플 사이에도 이해관계의 충돌에서 빚어지는 갈등이 없지는 않다. 개인의 동기와 커플의 계획과 연관된 동기가 맞부딪히지 말라는 법은 없다.[9] 인간관계에는 늘 협상과 타협이 필요하므로 상호의존에도 리스크가 응당 있을 수 있다.[10] 실제로 이해관계가 엇갈리는 상황에서 타인에 맞춰 그가 하자는 대로 한다면 자신의 욕구에는 부응하지 못할 위험이 있다. 그러다 보면 어떤 사람들은 '희생'을 하는 셈이다. 개인의 동기와 집단의 동기 사이 갈등은 이른바 '개인주의적' 사회에서 한층 더 두드러진다. 언제나 좀 더 독립적인 삶을 높이 사고 그러한 삶에서 개인이 '자기를 실현'한다고 보기 때문이다. 그런데 자기 열망을 좇아가면서 다른 사람들의 열망에 간섭하지 않기란 아주 드문 일이다. 그러므로 자기 목표를 추구하면서 타인의 욕구도 고려하는 건설적 상호의존의 인간관계에 관심을 기울일 필요가 있다.

지난 반세기 동안 연구자들은 이 상호의존이라는 현상과 우리가 맺는 관계의 문제에 관심을 두었다.[11] 우리는 이 책에서 타인과의 관계를 바라보는 시선이 실제로 타인과 상호작용하는 방식에 영향을 줄 수 있고, 그러한 상호작용은 다시 우리와 타인의 안녕에 영향을 준다는 점에 주목하려 한다. 1부에서는 현재 나와 있는 연구를 바탕으로 사람에 대한 애착을 발달시키는 과정들을 살펴볼 것이고, 2부에서는 서로 관계를 맺은 당사자들의 욕구에 적합한 이타적 행동을 발달시키는 과정들을 다룬 연구를 살펴보려고 한다. 3부에서는 건설적 인간관계를 발달시키는 조건들을 살펴볼 것이다. 마지막으로 4부에서는 과학적 연구에서 영감을 받아 긍정적이고 지속 가능한 관계를 고양하는 방법들을 모색해보려고 한다.

1부

애착과 자율은
함께 간다

Ces liens qui nous font vivre

"사랑은 무미건조함을 깨뜨리는 놀라움이지만 애착은 일상에서 엮어나가는 관계다."
— 보리스 시륄니크, 《관계: 사랑과 애착의 자연사》

부모가 되면, 혹은 가정을 돕는 일에 종사하다 보면 아동 발달을 저해하기도 하고 촉진하기도 하는 애착이라는 요소에 대해 자주 생각하게 된다. 아기를 최대한 많이 안아주는 게 좋을까 아니면 어른이 안아주지 않는 상황에 얼른 익숙해지도록 키우는 게 좋을까? 자율성을 잘 길러주려면 아기를 일찍부터 집단 보육 시설에 보내야 할까? 아기가 울더라도 스스로 감정을 조율하는 법을 배울 수 있도록 내버려둬야 할까? 부모가 갓난아기를 많이 안아주고 어루만져주면 어떤 좋은 점이 있을까? 아이가 주위 어른에게 너무 의존하지 않으면서도 좋은 애착 관계를 형성하는 방법이 있을까? 부모와 육아 종사자들은 이런 질문들을 점점 더 많이 (특히 육아서 등을 읽고 나서) 던지곤 한다.

부모라면 누구나 자녀의 발달에 아무 문제가 없는지 마음을 쓰게 마련이고 행여 뭔가 놓칠세라 정보를 찾아보거나 조언을 구한다. 양육이 한창 힘든 영유아기나 사춘기에는 혹시 자신이 애를 잘못 키운 게 아닐까

하는 죄의식도 종종 경험한다. 비록 상황이 각기 다르고 부모 노릇에 '기적의 처방' 따위는 없지만 과학적 연구 결과들은 아동의 자율성 발달을 이해하는 데 도움이 된다. 다행히 그 결과들이 수렴하는 지점이 보이기 때문에 부모가 아이의 발달을 위해서 내리는 결정에는 길잡이가 있다.

아기를 많이 안아줘도 괜찮을까

뉴욕 컬럼비아대학교 연구진은 신체 밀착이 아기의 발달과 자율성에 미치는 영향을 알아보기 위해서 젊은 엄마들을 대상으로 실험을 했다.[1] 연구진은 피실험자들이 임신 중일 때 접촉해서 섭외했는데 그들 중 절반에게만 아기 바운서를 제공했다. 이 집단은 출산 후에 전문가에게 바운서를 자주 쓸수록 좋다는 말을 들었다. 나머지 절반은 바운서 대신 아기 띠를 받았는데 이 아기 띠에는 만보계 비슷한 장치가 달려서 사용 횟수가 자동으로 측정되었다. 전문가는 이 집단에게는 아기를 많이 안아줄수록 좋으니까 아기 띠를 적극 활용하라고 권했다. 연구진은 그 후 아기들을 생후 13개월까지 추적 조사했다. 부모에게 많이 안겨 지냈던 아기 집단이 이동 능력을 갖추게 되자 오히려 편안하게 새로운 공간을 탐색하거나 다른 사람을 만나러 나서는 모습을 보였다.

이 연구는 부모와 어린아이 사이 신체 접촉의 중요성을 밝히는 단서를 제공했고 그러한 밀착이 아이의 자율화 과정을 방해하지 않는다는 것을 증명했다. 또한 이 결과는 아프리카 아기들은 엄마 등에 업혀서 자라다시피 하지만 운동능력이나 자율성 발달에 전혀 문제가 없다는 인류학자들의 관찰과도 맞아떨어진다. 요컨대 신체를 자주 밀착한다고 해서 아이가 자율성을 키우는 데 곤란을 겪지는 않는다. 50년 전에 존 볼비가 다양한 애착 유형과 그 영향을 연구한 결과도 이러한 관찰과 맥을 같이한다.

애착에 대해 꼭 알아야 할 것들

1930년대에 정신과 의사 존 볼비는 행동장애를 보이는 아이들을 치료했다. 그러다 제2차 세계대전 후에 고아들의 정신 건강을 주제로 세계보건기구WHO 위탁 연구 보고서를 쓴다. 당시 다른 연구자들도 그랬지만 볼비 역시 많은 사례를 관찰하고서 아이가 부모와 떨어져 잘 성장하려면 보건위생과 영양만으로는 충분치 않다는 결론을 내렸다. 같은 시기에 르네 스피츠와 캐서린 울프도 아이를 홀로 키우던 엄마가 수감되는 바람에 따로 자란 생후 12~18개월 아기 123명의 발달 상황을 추적 조사했다.[2] 그들은 영양이나 위생 같은 생리적 욕구만 충족받은 아기들이 자신을 둘러싼 환경에 전혀 관심을 보이지 않음을 확인했다. 아기들은 점점 활력을 잃고 축 늘어졌으며 결국 그중 3분의 1은 사망에 이르렀다.

살을 맞대는 것은 아기의 기본 욕구

20세기까지도 갓난아기는 생리적 욕구만 채워주면 쑥쑥 자란다는 생각이 만연했던 차에, 앞에서 소개한 연구들은 아동의 욕구에 대한 시각을 근본적으로 바꿔놓았고 특히 탁아소나 고아원에서 영유아에게 제공하는 교육과 돌봄에 큰 변화를 불러왔다. 먹고 마시고 잠자는 **생리적** 기본 욕구와 똑같이 **심리적** 기본 욕구도 개인의 건강과 발달에 꼭 필요한 것으로 생각하게 된 것이다. 그중에서도 가장 필수적인 것이 관계의 밀착성에 대한 욕구인데 그 욕구는 부모와 갓난아기가 서로 어루만지고 부대낌으로써, 살과 살을 맞대며 접촉함으로써 충족된다.

살가운 신체 접촉이야말로
안정적인 애착 관계를 구축하는
가장 기본적인 비결이다.

그러한 접촉이 신생아들의 건강, 나아가 생존에까지 미치는 이로운 효과는 금세 파악되었다. 신생아 사망은 약 70퍼센트가 몸무게 2.5킬로그램 이하 아기들에게서 일어난다. 그런데 그렇게 미숙아로 태어난 아기도 엄마가 지속적으로 살을 맞대고 모유만 먹이는 '캥거루' 요법으로 돌보면 사망 위험을 40퍼센트나 낮출 수 있다는 사실이 여러 연구로 입증되었다. WHO도 저체중 신생아는 산모와 늘 신체를 접촉하라고 권고할 만큼 캥거루 요법을 미숙아 사망을 막는 가장 효과적인 방법 중 하나로 인정한다.[3] 그럼에도 캥거루 요법은 아직 충분히 널리 실시되지 않으며 전세계 산모의 5퍼센트에게만 권고되는 실정이다. 그래도 점점 더 많은 병원의 신생아학과들이 예정일보다 너무 일찍 태어난 아기와 산모가 신체 접촉을 최대화할 수 있도록 시설을 마련하고 있다.

2019년 3월,《사이언스》에 실린 논문 한 편의 내용이 여러 신문의 1면을 장식했다.[4] 60년 전부터 신생아학에서 미숙아들에게 사용하는 센서 유형에는 변화가 없었다. 그런데 어느 연구진이 아기를 기계에 선으로 연결할 필요가 없는, 훨씬 덜 거추장스러운 새로운 센서를 개발했다. 이러한 기술 발전은 미숙아를 좀 더 많이 안아주면서 '살과 살 맞대기'를 실천하고자 하는 부모들에게 희소식이었다. 이 새로운 요법은 어떤 점에서 특히 신생아 발달과 부모에게 이로운가? 안정감 있는 애착 관계 구축에 필수적인 살가운 신체 접촉을 그만큼 확대할 수 있어서다. 이 애착은 아이가 평생 맺을 모든 인간관계를 물들이기 때문에 아동 발달에 결정적이다.

아이는 성장하는 동안 어른의 다정한 음성을 들어도 부모와의 신체 접촉에서 얻는 것과 비슷한 안정감과 차분함을 얻을 수 있다. 그리고 나중에 주위 사람들의 긍정적 의도를 감지할 때에도 (갓난아기를 안아줄 때만큼 실제로 빈번하게 접촉하지 않아도) 관계의 밀착감, 나아가 아이의 안녕감well-being에 영향을 미친다. 아이든 어른이든 일단 사람에게, 밀착된 관계는 안녕감을 위한 가장 결정적인 요소다.

삶의 의지를 북돋우는 안정적 애착 관계

여러 연구가 보여주었듯이
"당신을 행복하게 하고 인생에 의미를 주는 것은 무엇입니까?"
라는 질문에 가장 자주 나오는 답은 이것이다.
"(가족과 친구를 중심으로 하는) 사람들과의 관계죠."

인간은 태어날 때부터 친밀한 관계를 추구한다. 이 친밀감은 우리의 생존에 꼭 필요할뿐더러 삶에 더 큰 의미를 준다.[5] 반대로, 고독감은 나이와 상관없이 절망을 불러일으킨다. 이러한 이유에서 지금은 관계의 밀착성도 심리적 기본 욕구로 간주한다.

생리적 기본 욕구와 심리적 기본 욕구 전체를 아우르는 가장 대표적인 도식은 미국의 휴머니스트 심리학자 에이브러햄 매슬로가 1940년대에 발표한 인간 욕구 피라미드다.[6] 피라미드 아래쪽은 생리적 욕구가 차지하지만 위로 올라갈수록 점점 심리적 성격이 강한 욕구, 가령 안정감, 소속감, 애정, 존경, 자기실현 등이 추가된다.

매슬로 피라미드

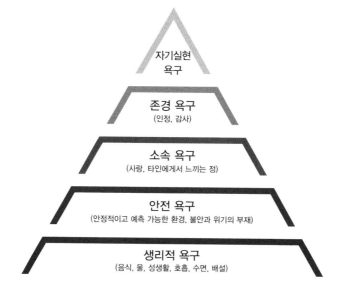

자기실현
욕구

존경 욕구
(인정, 감사)

소속 욕구
(사랑, 타인에게서 느끼는 정)

안전 욕구
(안정적이고 예측 가능한 환경, 불안과 위기의 부재)

생리적 욕구
(음식, 물, 성생활, 호흡, 수면, 배설)

이 피라미드 도식이 어떤 욕구는 하위 욕구가 먼저 해결되어야만 충족될 수 있음을 암시하긴 하지만(모든 욕구가 그렇지는 않다) 오늘날은 이 욕구들 전체를 기본적인 것으로 간주한다. 볼비 연구진은 인간이 살고자 하는 의욕의 근간에 안정된 애착 관계가 있다고 보고 이를 입증하는 연구를 했다.

연결되기 위해 태어난 존재들

볼비의 애착 이론에 따르면 갓난아기도 주위 사람들과 자발적으로 애착 관계를 맺을 수 있는 능력과 기능을 발휘한다. 아기는 태어나자마자 타인과 신체적으로 밀착되기를 원하는데 그러한 밀착성은 생존에 꼭 필요한 영양 공급뿐만 아니라 안정감을 주는 관계를 맺을 가능성과 이어진다. 우리는 신생아도 이처럼 어미의 젖과 품을 찾아 나설 수 있다는 사실을 확인했다. 갓 태어난 아기도 엄마의 배 위에서 꿈틀대며 젖가슴을 찾는다. 하지만 스피츠가 관찰을 통해 확인했듯이, 아기는 그저 젖을 먹고 싶어서 관계의 밀착성을 추구하는 게 아니다.

관계의 밀착성이란 쉽게 말해
타인과 가까운 사이이고 그들과 연결되었다고 느끼는
기분 좋은 경험이다.

이 밀착성에서 비롯되는 기분 좋은 느낌은 뇌에서 분비되는 옥시토신, 오피오이드, 도파민과 관련이 있다. 이 쾌감이 친화 행동, 다시 말해 우리를 타인과 연결해주고 궁극적으로는 어떤 사회집단에 소속되게 하는 행동 일체를 강화한다.[7] 옥시토신은 특히 신뢰감과 차분하고 안정적인 상호작용을 촉진한다.[8] 그래서 부모는 물론 태내 아기도 (사회적 연결을 준비하는 차원에서) 출산에 앞서 생리적 변화를 겪는데 바로 이 변화가 애착 관계를 수립하기에 적합한 행동들의 발생 가능성을 높인다.

산모의 몸은 진통이 일어나면 옥시토신을 다량 분비하고 이는 출산의 진전과 젖 분비를 돕는다. 하지만 옥시토신은 갓난아기의 욕구, 즉 엄마 품에 안겨 따뜻하게 달래주는 손길, 기분 좋게 어르고 흔드는 몸짓[9]을 느끼고 싶은 욕구에 걸맞은 반응도 촉진한다. 이 때문에 옥시토신은 애착 호르몬으로 통한다. 아기 아빠의 몸에서는 자녀의 출산을 경험할 때 바소프레신이라는 또 다른 호르몬이 분비되는데 이 역시 아기와의 애착 관계 형성을 돕는다. 이 같은 호르몬 분비 덕분에 서로 신체를 밀착하려는 몸짓이 점점 늘어나면서 아동의 원만한 발달에 이바지한다.

분리불안이 일어나는 이유

반대로 아기가 오랫동안 부모와 떨어져 지내면 접촉을 추구하는 신경계 활동이 억제된다. 이 경우 아기의 활동, 탐구 의욕, 주의력이 점차 감퇴하고 우울 징후가 하나둘 나타나기에 이른다. 그와 동시에 갓난아기의 또 다른 생존 시스템(공황 시스템)이 신체적 분리 상황에서 과잉 반응을 한다. 아기는 이때 경계 상태에 들어가므로 주위 환경에 호기심을 드러내기가 여의치 않다.[10] 안전한 상태로 돌아가는 것만이 유일한 목표이므로 설불리 불확실한 것을 건드릴 계제가 아니다. 아기는 자기를 보호하는 존재를 되찾기 위해 소리 지르고 울어대면서 주의를 끈다. 이 경계 상태는 신체 접촉으로만 해제된다. 특히 접촉이 불러일으키는 옥시토신 분비가 큰 역할을 한다.

태어났을 때부터 많이 안아주고 얼러주고 어루만져준 아기들,
다시 말해 신체적 밀착이라는 개념이 포괄하는
모든 행위의 수혜를 듬뿍 입은 아기들일수록
나중에 관계 역량이 뛰어나고 불안감이 덜한 것으로 밝혀졌다.

아기의 주위 사람들이 관계의 밀착성에 대한 욕구에 적절히 반응해주지 못할 때 아기는 양면적인 반응과 행동을 보인다. 아동 발달 전문가이자 볼비의 협력 연구자였던 미국의 심리학자 메리 에인스워스는 어머니와 아이의 상호작용을 관찰했고 향후 일어날 수 있는 문제를 일찌감치 파악하는 애착 유형 측정 도구를 개발했다.

이 도구를 낯선 상황strange situation이라고 부른다. 낯선 상황은 탐색 행동과 애착 행동을 관찰할 목적으로 몇 차례에 걸쳐 엄마와 아기가 잠시 떨어져 지내다가 다시 만나게끔 구성되었다. 관찰 대상은 생후 12~18개월 아기들이었다.

안정 애착, 불안 애착, 회피 애착

에인스워스는 관찰에 기반하여 아동의 세 가지 기본 애착 유형을 파악했다. 첫 번째 유형은 **안정** 애착이다. 안정감 있는 애착 기반이 형성된 아

기들은 엄마가 곁에 있으면 세상을 적극적으로 탐색하려는 경향을 보였고 엄마가 없으면 그런 경향이 다소 덜했다. 이 아기들은 엄마가 잠시 자리를 비웠다가 돌아오면 좋아하는 감정을 표현하거나 엄마의 주의를 끄는 행동을 하고 다시 처음에 엄마와 함께 있었을 때처럼 주변 탐색에 적극적으로 나섰다. 이러한 관찰은 1950년대부터 수없이 반복되었기 때문에 부모와 아이 사이에 애착이 강할수록 아이가 자율적으로 환경을 탐색한다는 결론을 내리기에 충분했다. 따라서 애착과 자율은 결코 상반되지 않는다. 오히려 안정감 있는 애착이야말로 자율의 탄탄한 토대다. 아이는 자기가 안전하다고 느낄수록 언제나 어른의 주의를 끌어야 한다는 부담감 없이 주위에 널린 장난감에 관심을 보이고 잘 논다. 에인스워스는 그렇지만 다른 두 유형, 즉 불안 애착이나 회피 애착 유형은 애착이 제대로 형성되지 않았다는 표시로서 부모를 향한 아이의 친밀한 행동을 위축한다고 보았다. 다시 말해 이러한 애착 유형에서는 아이가 부모와 관계를 적극적으로 추구하는 경향이 덜하다. **낯선 상황** 실험에서 불안(양가兩價) 애착 유형 아기들은 엄마가 시야에서 벗어나면 울고불고 난리를 피웠지만 엄마가 돌아오면 그 옆에 붙어 있으면서도 분노를 표현하거나 엄마를 밀어내는 몸짓을 했다. 반면 회피 애착 유형 아기들은 엄마가 잠시 자리를 비웠다가 돌아와도 별다른 반응이 없었고 일부는 아예 엄마와 눈도 마주치지 않고 무시하는 태도를 보였다.

애착 유형은 아기가 위험에 처했을 때도 눈에 띄게 드러났다. 애착이 안정적일수록 아기는 자연스럽게 부모나 **애착 대상**, 즉 자기가 신뢰하는 어른을 찾았다. 애착 연구라는 틀 안에서 심리학자들이 인간을 관찰하고 동물행동학자들이 동물을 관찰한 결과는 우리에게 애착 대상을 추구하는 선천적 기질이 존재함을 보여주었다. 이 시스템은 특히 스트레스 상황에서 안정의 근원을 찾아야 할 때 활성화된다.[11] 아이들은 발달 단계에서 부모나 애착 대상과 관련된 경험을 반복하게 마련인데 그런 존재가 얼마나 관심을 기울여주느냐에 따라서 애착 유형은 (안정 유형이든 불안 또는 회피 유형이든) 더욱 강화된다. 아이들은 이런 식으로 자기 자신, 타인, 관계에 대한 심적 표상 혹은 **내적 도식**을 구성한다. 그러한 도식이 부분적으로는, 그 아이들이 장차 성장해서 가까운 이들과 맺을 상호작용이나 새로운 만남을 좌우할 것이다.[12]

누구에게 애착을 느낄까

인간은 적응력과 유연성이 뛰어난 동물이다. 이를테면 부모 중 한쪽과 관계가 건설적이지 못하더라도 다른 쪽 부모와의 안정 애착으로 불안정 애착에서 비롯된 행동장애 리스크를 피할 수 있다.[13] 부모 가운데 어느 쪽과도 안정 애착을 수립하지 못했어도 나중에 부모 아닌 다른 어른과 신뢰 관계를 구축한 아이는 발달 과정에서 그 관계의 수혜를 드러낸다.[14] 할아버지, 할머니, 교사, 가까운 지인이 그런 역할을 할 수 있다. 어느 특정 어른에게 의지할 수 있을 때, 그 사람의 조건 없는 애정과 지지를 바랄 수 있을 때 신뢰 관계가 형성되고 현실 상황에 맞서는 능력과 회복탄력성이 높아진다. 이 때문에 그러한 어른을 **회복탄력성 후견인**이라고 부른다.

회복탄력성은 자신의 역량과 적응력을 펼침으로써
힘겨운 삶의 사건들을 극복하는 능력을 가리킨다.

WHO는 우리 모두에게 난관에 맞설 잠재력이 있다고 말한다. 이 잠재력에는 우리 자신을 이해하는 능력, 타인을 이해하는 능력, 행동을 목표에 맞게 조정하는 능력 등등이 포함되기 때문에 우리는 사고방식이나 분별력을 키우는 방식에서 창의성을 발휘할 필요가 있다.

아이가 안정 애착을 계발하지 못하면 그러한 적응 능력을 활용하기 힘들어하고 다른 곳에서 안정감을 추구하려는 경향을 보인다. 함께 스포츠를 즐기는 팀에서, 동네 아이들 무리에서, 어쩌면 종교집단에 들어감으로써 그럴 수도 있겠다. 유년기에 회피 애착 유형을 구축한 사람은 청소년기나 성년기에 갑자기 종교에 귀의하는 경우가 많다고 지적한 연구도 있었다. 여기서 종교적 회심回心은 공동체 구성원들과 관계의 밀착성을 높임으로써 안정 애착의 결핍을 보충하는 수단일 것이다.[15] 비슷한 맥락에서, 가까운 사람들과 불안(양가) 애착 유형을 보이는 대학생들은 이른바 **준사회적**parasocial 관계를 맺는다는 연구 결과도 있다. 준사회적 관계란 인간적 접촉이 없는 존재, 이를테면 현실에서 한 번도 본 적 없고 텔레비전에서만 보았던 연예인에게 관계성을 느끼는 것이다. 평균에 비해 애착 유형이 불안정하게 나타난 대학생들은 텔레비전 연속극 캐릭터들을 유독 가깝게 느끼는 것으로 설문조사 결과가 나왔다.[16] 허구 인물을 가깝게 느끼는 감정은 현실에서 주위 사람과 신뢰 관계를 구축하기 힘들어하는 심리에 대한 일종의 보상으로 이해할 수 있겠다.

어린 시절의 애착이 사회성을 좌우한다

어린 시절에 획득한 기반의 안정성이 장차 안정적 관계를 얼마나 수월하게 맺을 수 있느냐를 좌우한다. 성인의 애착 유형을 관찰한 연구들은 많다. 연구자들은 커플 사이에 갈등이 불거질 때 안정 애착 유형 파트너들이 배우자의 욕구를 고려하면서 다가가려고 노력하는 모습을 관찰했다. 이것은 상황에 적응한 접근이다. 그렇지만 불안 애착 유형 파트너들은 과도한 밀착성, 심하게는 간섭과 월권을 추구하다가 상대에게 거부를 당하곤 한다. 반대로 회피 애착 유형 파트너들은 커플 사이가 안 좋아지면 더욱더 거리를 두고 관계 개선을 위한 노력을 멈춘다.[17]

어린 시절에 획득한 애착 유형이 미래에 맺을 관계의 애착 유형을 예언하긴 하지만 이 도식은 살면서 어떤 경험을 하느냐에 따라 바뀔 여지가 있다.[18] 루마니아 고아원 출신 아이들에 대한 연구는 양부모를 만난 아이들이 고아원에 남은 아이들보다 안정 애착 수준이 높다는 것을 보여주었다. 그 아이들도 양부모를 만나기 전까지는 불안정 애착 표시가 두드러지는 경우가 75퍼센트에 달했는데 말이다.[19]

마찬가지로 어른도 새로운 연애를 시작할 때, 자신이 힘들게 느끼는 상황에서 파트너가 안정감을 주는 반응을 보여줄 때 정서적으로 안전하다는 느낌을 받고 안정 애착 도식을 강화한다. 안정감을 주는 반응은 예측 가능하고(상황이 비슷하면 반응도 비슷할 것으로 예측할 수 있다) 일관성 있으며(파트너가 왜 그렇게 나오는지 이해할 만하다) 상대가 잘되기 바라는 마음을 드러낸다(상대의 욕구를 고려한다).

신체의 온기에서 관계의 온기로

●
○

볼비 연구진의 작업 이래로 아동이 어른에게 느끼는 애착이 아동의 자율성이 발달하는 데 중요한 요소로 인식되었다. 애착 관계는 아이가 춥다고 느낄 때(안전 욕구) 몸을 덥힐 수 있는 난롯불 역할을 한다. 아이가 이만하면 충분히 따뜻하다고 느낀다면(안정 애착) 순순히 난롯가를 떠나 환경을 탐색할 것이다(자율성 욕구). 반대로 아이가 계속 추워서 오들오들 떤다면(애착이 충분히 안정적이지 않은 상태) 난롯가에만 붙어 있으려 하지 않겠는가(자율성 획득 곤란). 연구자들은 이러한 온도의 은유가 은유에만 그치지 않는다는 것을 알아냈다. 실제로 갓난아기들은 주위 사람들과 접촉하려는 기질을 타고나는데 그 이유는 체온을 고르게 유지하는 것이 아기의 생존에 아주 중요하기 때문이다.[20]

이처럼 아이는 초기에는 인간의 '체온'을 필요로 하고 이 욕구는 차차 안전, 신뢰, 안정을 느끼게 하는 인간적 '관계'의 온기로 대체된다.

소외당하면 손발이 차갑게 얼어붙는다

갓난아기에게 살과 살이 맞닿는 접촉은 자기 체온을 끌어올리는 가장 효과적인 수단이다. 실제로 갓난아기가 옷을 여러 겹 두툼하게 껴입을 때보다 다른 사람과 맨살을 맞댈 때 체온을 한층 더 효과적으로 유지한다는 사실을 증명한 연구도 있다.[21] 사람 품에 안긴 아기는 안정감을 느끼기 때문에 그렇지 않은 아기에 비해서 훨씬 덜 운다.[22] 하지만 아기가 부모와 분리되면 생리적 교란이 일어나고[23] 마치 다시 신체 접촉이 필요하다고 알리는 경보처럼 체온이 떨어진다. 그러므로 아기가 울고 보채면 곧바로 안아주고 얼러주고 달래야 한다. 아기가 손을 타면 안 된다, 안아 줘 버릇하면 계속 안겨 있으려고 해서 안 된다, 이런 식으로 말하는 사람들이 많다. 하지만 안아주기는 아기를 안정시킬 뿐만 아니라 삶에 대한 자신감을 크게 키워주는 가장 효과적이고 단순하며 자연스러운 수단이다. 그리고 이 자신감이 상황에 대처하는 자기 고유의 능력과 자율성 발달을 촉진한다.

아이가 웬만큼 성장하면 꼭 신체 접촉을 통해 심리적으로 안전하다는 느낌을 전달하지 않아도 되지만 그래도 이러한 접촉은 안정감과 물리적 온기를 느끼게 한다. 그르노블알프스대학교의 연구자 한스 이제르만은 실내 온도가 관계성에 영향을 줄 수 있다는 것을 보여주었다. 그는 실험 참가자들을 연구소로 불러들였다. 참가자들은 연구소에 도착하기 전까지 서로 전혀 안면이 없었다. 실험 결과, 따뜻한 공간에 한데 모였던 참가자들은 썰렁한 공간에 모였던 참가자들에 비해 서로를 더 가깝게 느낀 것으로 나타났다.

이상에서 살펴보았듯 '인간적 온기'라는 표현은 기분 좋고 안정적이며 호의를 느끼게 하는 특성에 준하지만 물리적 온도감과도 관련이 있다. 따라서 관계의 밀착성은 생리 조절작용에도 영향을 미친다. 성인 대상 실험들은 사회적 배제 상황에서 실제로 체온이 급격히 떨어지는 것을 보여주었다. 그러나 가까운 사람이 관심을 기울일 때는 위협 상황에 대한 생리적 반응이 한결 완만하다.[24] 또 다른 실험에서 제임스 코언은 기능성자기공명영상fMRI 촬영으로 커플들을 연구했다.[25] 그는 실험 참가자들에게 파트너의 욕구에 부응하는 능력을 측정하는 설문조사를 먼저 실시했다. 그다음에는 여성 참가자에게 스트레스 상황을 부여하고(발가락에 불규칙하게 전기충격을 가함) 활성화되는 뇌 영역을 분석하여 위협 상황에 대처하는 생존 반응을 측정했다. 실험 참가자가 그런 스트레스 상황에 대해서 상세한 설명을 듣고 난 후 동의를 하고 실험에 임했는데도 뇌는 정말로 생존이 달린 문제처럼 반응했다. 그 와중에도 실험이 진행되는 동안 파트너가 옆에 와서 여성 참가자의 손을 잡아주자 **생존** 모드가 해제되었다. 코언은 커플 관계가 만족스러울수록 (공포 감정을 관장하는) 대뇌변연계가 덜 활성화되는 것도 보았다. 또한 신뢰가 희박한 관계에서는(아예 처음 보는 사람이 와서 손을 잡아주는 상황) 뇌의 해당 부위가 완전히 활성화되었다.

신체 접촉이 고통을 진정시킨다

이미 확인했듯이 가까운 사람과의 접촉에서 느끼는 안정감은 통증을 견뎌내는 데 도움이 된다.[26] 파트너의 손을 잡는 것만으로도 아픔이 조금 견딜 만해진다. 커플 관계인 두 사람이 맥박과 호흡의 보조를 맞추면 이 진통 효과가 더욱 커진다. 서로를 가깝게 느낄수록 생리작용이 두 사람에게 함께 일어나기 쉽고 이를 통해 서로를 더욱더 가깝게 느끼는 일종의 선순환이 일어난다. 신체 고통과 관련된 스트레스는 특히 고통을 느끼지 않는 사람의 심장박동이 고통을 느끼는 당사자의 심장박동을 진정시킴으로써 감소될 수 있다.

이 동시화는 생리 조절에만 작용하는 것이 아니라 감정에도 영향을 미친다. 부모 자식 관계에서 동시화 현상은 흔하게 관찰된다. 부모는 생리, 감정, 행동 수준에서 갓난아기와 동시성을 보이곤 한다. 행동의 동시성은 무의식적으로 이루어지며 시선 교환, 감정을 드러내는 유사한 표정, 비슷한 음성 구사 등으로 관찰된다. 엄마와 아이의 심장박동 동시화도 의식적으로 이루어지는 게 아니라 자동으로, 거의 즉각 이루어진다.[27] 그렇지만 감정의 동시화가 이루어지려면, 다시 말해 부모가 아이의 감정에 공명할 수 있으려면 그럴 만한 여지와 역량이 있어야 한다. 여기에는 여러 가지 능력이 포함되는데 특히 아이가 어떤 욕구를 표현하는지 생각하고 떠올릴 수 있어야만 그러한 간청에 더 잘 부응할 수 있다. 따라서 아이를 독자적인 정신 작용을 하면서 특정 행동에 의욕을 품는 존재, 즉 동일한 상황에서 부모와는 다른 행동을 할 수도 있는 존재로 인정하는 것이 중요하다. 자기 아이의 욕구와 의욕을 이해하는 이 태도를 부모의 정신화mentalization라고 부른다.[28]

경청하는 부모, 차분한 아이

정신화는 아이의 생각을 읽는 능력이 아니라 아이 입장에 서서 아이의 반응에 걸맞게 부모가 행동을 조절할 수 있는 능력이다. 정신화는 관계의 기본이다. 이러한 부모의 태도는 아이에게 애착을 좀 더 안정적으로 심어준다. 정신화를 잘하는 부모는 아이의 욕구에 잘 부응할 수 있기 때문이다. 또한 아이의 원만한 발달과 감정 능력, 사회 능력의 계발도 기대할 수 있다. 부모가 아이에게 적절히 반응하려면 경청과 감수성 못지않게 자기조절 능력이 꼭 필요하다. 그래야만 부모의 행동이 분노나 짜증

같은 격렬한 감정에 휘둘리지 않기 때문이다.

부모가 아이에게 주의를 기울일 여유가 있으면 아이는 아이대로 부모의 상태에 공명할 수 있다. 아이도 부모에게서 차분함이나 느긋함을 더 많이 느낀다는 얘기다. 비록 어떤 감정이 마구 치밀어오르더라도 가까운 사람이 차분함을 유지하면 좀 더 수월하게 감정을 누를 수 있다. 나의 감정은 나에서 그치지 않고 타인의 감정 반응에도 영향을 미친다. 이것이 감정 전염이다. 따라서 부모 자식 간 생리와 행동의 동시화는 안전함과 일관성을 느끼게 하고 아이를 차분하게 만든다. 부모가 조금도 걱정을 하지 않는다? 그런 감정이 아이에게 전해지고 아이를 달래줄 수 있다. 좀 더 구체적으로는, 엄마와의 감정적 동시성은 아이의 부정적 감정을 완화하는 효과가 있는데 아빠와의 감정적 동시성은 긍정적 감정을 증강하는 효과가 있다고 한다.[29] 그래서 엄마는 아이가 감당하기 어려운 슬픔, 공포, 분노 같은 감정을 조절하도록 돕는 경향이 있고, 아빠는 기쁨이나 기분 좋은 놀라움 같은 감정을 일으키는 데 도움이 된다.

••• 아이에게 호응할 때 급한 것과 중요한 것을 구분해라

매일매일, 길게는 매년, 해야만 하는 활동과 과업을 찬찬히 분류하면서 급한 것과 중요한 것을 구별할 수 있습니다.

급한 것은 일정이 정해져 있지만 늘 정말로 중요하지는 않습니다. 다이어리를 들여다보면 조속히 해결해야 할 일들이 꽤 있을 겁니다(업무 마무리, 장보기, 청소, 집수리, 이메일 보내기 등). 그런데 찬찬히 살펴보면 그중 어떤 것은 여러분의 가치관이나 인생 목표와 무관합니다. 반면 부모에게 아이 돌보기는 그 자체로 부모의 가치관에 부응하는 일이지요. 하지만 이 중요한 과업을 다이어리에 일부러 적어두는 부모는 별로 없을 겁니다…. 시간을 확보하려면 선택을 해야 합니다. 무엇보다도, 늘급한 일에만 발목을 잡혀 정말로 중요한 일을 잊어서는 안 되겠지요.

● ● ● 정신적으로 여유로워지는 법

때로는 시간을 확보하려고 할 일을 분류하는 동안에도 정신이 딴 데 팔리곤 합니다. 그런 상태에서는 다른 사람에게 귀를 기울이거나 호응하기가 정말 어렵지요. 그렇다면 여유로워지려면 어떻게 해야 할까요?

다양한 정신 훈련법이 여러분에게 도움이 될 수 있습니다. 마음챙김mindfulness 명상도 여러 가지 방법으로 할 수 있고요. 불안한 상념이 밀려들 때는 다른 사람에게 주의를 쏟을 수가 없습니다. 그런데 마음챙김 명상은 그러한 상념에 휩쓸리지 않고 지금 이 순간에 온전히 임할 수 있도록 도와줍니다. 아주 단순한 방법들도 있습니다. 예를 들어 잠시 앉아서 정신을 집중해보세요. 2~3분이면 충분합니다. 나는 지금 어떤 자세로 앉아 있지? 발이 땅에 닿은 게 느껴지나? 지금 숨을 어떻게 쉬고 있지? 지금 이 순간, 내가 중요하게 할 일은 뭐지?

이러한 명상법은 뭔가를 크게 바꾸지 않고도 주의력을 바로 여기, 바로 지금으로 돌릴 수 있도록 도와줍니다. 판단하지 말고 관찰하세요. 감각 하나하나, 감정 하나하나를 거스르려 하지 말고 집착하지도 말고 그냥 있는 그대로 인정하세요. 하루에 몇 번 잠깐만 시간을 할애하면 정신적 여유를 확보하는 능력, 즉 자신의 상념과 거리를 두고 곁에 있는 사람들과의 관계에 임하는 능력을 계발할 수 있습니다.

부모와 살을 부대끼며 자라야 하는 이유

부모의 도움과 신체 접촉에 힘입은 생리적, 감정적 조절은 아이가 자기관리 능력을 원만하게 키우는 데 도움이 된다. 아이가 분노, 좌절을 다스리거나 문제 해결에 노력을 기울이는 능력을 좀 더 수월하게 계발할 수 있다는 얘기다.[30] 이보다 좋은 자기 지식, 정서 및 관계 역량은 없다. 부모는 안전하고 안심되는 환경을 제공함으로써 아이가 그러한 역량을 점진적으로 계발하도록 도울 수 있다. 미숙아를 관찰한 한 연구는 그러한 환경의 장기적 효과를 확인했다. 미숙아 73명은 2주 내내 '캥거루' 요법으로 엄마 품에 안겨 살갗을 맞대고 지냈다. 다른 미숙아 73명은 장시간 신체 접촉 없이 일반적인 인큐베이터에서 2주를 지냈다. 연구진은 이 아기들의 성장을 10년간 추적 관찰했다. 캥거루 요법으로 엄마와 살을 부대끼고 지냈던 아기들이 생리적 기능이 더 좋았고 스트레스 징후가 덜했으며 수면의 질이 높았고 부모와의 애착 유형이 안정적이었으며 자기 조절 능력도 더 뛰어났다.[31]

연구자들은 관계의 밀착성에서 오는 정서 안정이 자기감정과 행동 관리 능력을 촉진한다는 것을 알아냈다.[32] 따라서 아동 발달의 우수성은 주위 사람들과의 동시화가 얼마나 우수한지와 밀접한 관계가 있다. 가령 생후 3개월에서 9개월까지 반년 동안 아이와 부모 사이의 정서 및 행동 동시화 수준을 측정한 결과를 보면 그 아이의 감정 조절력,[33] 사회적 응력,[34] 공감 능력까지 예측 가능하다. 또한 아빠와의 동시성은 관계 역량을 증진해 장차 청소년기에 공격적인 행동을 덜 하게 하는 효과가 있다.[35] 아빠, 엄마가 아이와 함께하는 시간(3인 동시성) 역시 관계 역량 발달의 토대 역할을 한다.

● ● ● 동시화의 유용성

동시화는 다른 사람과 '일치를 이룬다'는 뜻입니다. 다시 말해 타인의 지각, 이해, 감정, 행동에 자신도 동조하는 것이지요. 정신적 여유가 충분할 때는 동시화가 대체로 자연스럽게 일어납니다. 동시화는 감정이입 능력과 관계 역량을 발달시키고 공격 행동을 누그러뜨리는 효과가 있습니다. 타인과의 대화나 교감에 온전히 임할 때면 언제나 이러한 동시화를 감지할 수 있습니다. 자녀, 배우자, 친구, 직장 동료, 그 누구하고든 말이에요.

자기감정을 이해하고 조절하는 사람이 되려면

부모는 자녀를 자주 안아줌으로써 생리적, 감정적 조절력을 키워줄 수 있을 뿐 아니라 감정을 조절하는 방법을 더 적극적으로 가르칠 수 있다. 아이가 화를 내거나 슬퍼할 때 부모가 주의를 기울이고 위로하면 상황 대처에 도움이 된다. 혹자는 부모가 달래주지 않고 아이가 알아서 마음을 추스르라고 하면 감정 조절법을 더 빨리 습득할 거라고 생각할지도 모르겠다. 하지만 연구 결과를 보면 절대로 그렇지 않다. **부모가 감정 조절을 적극적으로 도와줄수록 아이는 그러한 역량을 더 수월하게 계발한다.** 아이가 경험하는 감정의 이름을 알려주고 왜 그런 감정이 드는지 설명하고 어떻게 하면 그 순간을 함께 잘 넘길 수 있는지 보여줘야 한다. 분노, 슬픔, 공포, 기쁨, 어떤 감정이든 그 자체는 위협적이지 않다. 감정은 이해할 수 없을 때 위협적이다. 그리고 또 감정을 이해하는 것이 중요한 이유는, 감정이 현 상황에 적응할 필요가 있다는 신호일 수도 있기 때문이다. 공포는 도망가는 게 좋겠다는 신호일지 모른다. 분노는 자기주장을 하든가 불의에 맞서 싸우라는 신호일 수 있다. 기쁨이나 만족 같은 긍정적 감정은 그 활동을 계속해나가라는 신호일 것이다.

체온이 너무 높아지거나 떨어지지 않도록 어른에게 보살핌을 받을 때 아이는 비로소 다른 행동을 할 여력이 생기고 주변 사물에 관심을 기울일 수 있다. 이와 마찬가지로 아이는 어른의 도움을 받아 감정을 조절할 수 있을 때 비로소 환경과 학습에 주의를 쏟고 이런저런 요령을 터득한다. 특히 감정 역량은 적응의 성공 수단이라고 할 만큼 중요하다. 이 역량은 아이가 아주 어릴 때부터 부모와의 접촉을 통해, 부모의 도움을 통해 커나간다. 이처럼 신체적 밀착성을 추구함으로써 나타나는 최초의 의존은 아동 발달을 저해하기는커녕 탐색 행동을 촉진하고 자율적으로 상황에 대처하는 능력을 신장한다. 마찬가지 맥락에서 정서적 자율, 다시 말해 자기감정을 조절할 줄 아는 태도도 관계의 밀착성이 잘 확보되었을 때 더 쉽게 습득할 수 있다. 부모와의 밀착된 관계 속에서 부모의 뒷받침을 받으면서 감정을 조절하는 법을 배우다 보면 차츰 아이 혼자서도 자기 마음을 달랠 수 있다. **안정 애착은 아이 생애 최초의 의존, 즉 어른에 대한 의존에 근거하며 점진적인 자율성 발달의 발판이 된다.** 그러나 어른이 아이의 욕구에 일관되거나 예측 가능하게 반응하지 않는 관계에 기반한 불안정 애착은 자율성 획득에 걸림돌이 된다.

자율은 독립과 어떻게 다를까

○
○

서양 사회는 자율을 장려하는 경향이 있는데 이때 타인을 필요로 하지 않는다는 의미의 독립과 자율을 혼동하기 쉽다. 그런데 사실은 애착 관계가 안정적일수록 자율은 자연스럽게 따라온다. 로체스터대학교 심리학과의 에드워드 데시와 시드니 가톨릭대학교 심리학과 교수 리처드 라이언은 심리적 기본 욕구들을 정의하면서 자율 욕구도 여기에 속한다고 보았다. 이 두 학자는 30년 이상 자기결정self-determination을 연구하고 이론을 수립했다. 이들의 자기결정론에 따르면 자율 개념은 자신이 선택의 주체이고 자기 가치관에 따라 행동할 수 있으며, 항상 우연에 휘둘리거나 타인의 지시를 따르기만 하는 게 아니라 스스로도 주위 환경을 어느 정도 통제할 수 있다는(영향을 끼칠 수 있다는) 기분을 중요한 기준으로 삼는다.[36]

자율성을 발달시키는 세 개의 기둥

자기결정론은 심리적 기본 욕구를 크게 세 가지로 본다. 자율감autonomy, 자기효능감self-efficacy, 관계성relationship이 그 욕구들이다.

•••자율의 세 기둥
- 자율감은 스스로 선택하고 자발적으로 행동할 때 느낄 수 있어요.
- 자기효능감은 자기에게 주어지는 일을 잘 해내고 일상에서 부딪히는 상황들에

대처하면서 느낄 수 있어요.

• 관계성은 어떤 집단에 소속될 때, 혹은 타인에게 인정받거나 좋은 평가를 받을 때 느낄 수 있어요.

그런데 이 세 가지 기본 욕구는 서로 연결되어 있다. 이 욕구들에 부응하는 환경에서는 더 큰 안녕감을 느낄 수 있다. 자율 욕구가 관계의 밀착성 욕구를 배제하기는커녕 두 욕구는 상호 보완적이다. 둘 중 어느 한쪽이라도 결핍되면 힘들고 불만스러운 상태가 되고 문제 행동이 나타난다. 따라서 부모는 아이에게 관계의 밀착성을 느끼게 하는 태도와 자율감을 느끼게 하는 태도 사이에서 균형을 잘 잡아야 한다. 예를 들어 아이가 위로를 필요로 할 때는 얼른 가서 안아줘야 하지만, 부모가 늘 아이의 선택과 활동을 정해주는 것이 아니라 아이 스스로 자기 환경을 탐색할 수 있도록 내버려둘 수 있어야 한다. 따라서 어른은 얼핏 모순으로 보이는 이 욕구들을 실제로 필수 불가결하며 상호 보완적인 욕구로 인식하고 반드시 염두에 두어야 한다.

부모가 늘 아이 '뒤에 붙어서' 일거수일투족을 지켜보거나
이걸 해라, 저걸 해라 지시만 하면
아이는 통제당하는 기분을 느낄 것이고
부모가 금지한 일을 일부러 한다든가 하면서
자율을 더 과격한 방식으로 추구할 것이다.

반대로 부모가 시도 때도 없이, 아이가 위로를 구하는 상황에서도 자율만 장려한다면 어떨까. 유치원에서 속상한 일이 있었던 아이를 안아주고 달래주는 대신 "자, 그만. 넌 이제 아기가 아니야"라고 말한다 치자. 그 아이는 더욱더 어른에게 엉겨 붙고 매달리며 신체 밀착을 요구할 것이며, 스스로 무슨 활동을 찾아 나설 엄두를 내지 못할 것이다.

부모가 아이의 안녕감에 반드시 필요한 두 욕구를 고려하면 아이의 문제 행동은 완화된다. 그러한 문제 행동은 자율 욕구나 관계의 밀착성 욕구가 불균형하다는 신호이기 때문이다. 또한 이 욕구들은 아이의 발달에 꼭 필요하므로 어느 문화권에서든 기본 욕구로 본다. 가정에서나 학교에서나 이 욕구들에 부응하는 행동 방식을 장려할 수 있다. 좀 더 상세하게는, 다음과 같은 태도들을 일관되게 보여야 할 것이다.

아이의 자율 욕구와 그에 부응하는 부모의 바람직한 행동

아이의 욕구		어른의 태도	
자율감 욕구	자유롭게 결정하고 선택하고 행동하는 기분	자율감 지지	아이 스스로 시도하고 발견하고 실험하게 하기
자기효능감 욕구	일상과 자율이 요구하는 바를 감당해내는 기분	자기효능감 지지	아이 대신 선택하지 않고 스스로 역량을 키우는 법 가르쳐주기
관계성 욕구	타인과 연결되고 도움 받을 수 있으며 사랑과 인정을 받는다는 기분	관계성 지지	아이를 사랑하고 언제든지 도와줄 수 있는 존재 되기. 아이에게 안전, 위안, 정보를 제공하는 기지 역할

자율감을 키워주고 싶다면

자율감 지지는 뭐가 좋은지 아이 스스로 정하고 목표를 세우며 사소한 것이라도 자기 계획대로 해낼 수 있도록 장려하는 것이다. 쌓기 놀이로 성 만들기, 예쁜 돌 파내기, 나무 이름 알아보기, 그 외 어떤 활동이든 괜찮다. 선택이 아니라 반드시 해야만 하는 일상 활동(충분한 수면, 개인위생 등)에 대해서는 왜 그 활동이 꼭 해야 할 만큼 중요한 일인지 설명해주면 아이의 자율감에 도움이 된다. 자기가 설명을 듣고 동의를 했다고 느끼면 자기가 선택하지 않은 활동에도 순순히 나설 수 있다. 반면 통제 행동이나 강제 행동은 아이의 자율감에 역행한다. 가령 어른이 아무 설명 없이 무조건 부여하는 선택들이 그렇다. 똑같은 행동이어도 먼저 왜 그 행동을 해야 하는지 이해를 시키면 아이도 그 행동에 어떤 좋은 점이 있는지 깨닫고 선뜻 나설 수 있는데 이 과정이 생략되는 것이다.

마지막으로, 어른은 아이와 관계를 맺으면서 아이의 정서적 밀착 욕구에 부응해야 한다. 구체적으로는 따뜻한 관심, 일관된 행동, 대화 시간, 아이를 믿어주는 태도, 함부로 판단하지 않는 자세를 유지해야 한다. 어른의 차갑고 무심한 태도, 아이를 멀리하는 행동, 아이에 대한 부정적 판단, 감정을 받아주지 않고 대화와 공유가 별로 없는 생활은 이 근본적인 정서적 밀착 욕구에 부응하지 못한다.

••• 부모와 아이가 함께 걸어가는 자율의 길

아이가 뭔가를 해내는 과정을 간섭하지 않고 쭉 지켜보는 부모가 아이의 자기효능감을 길러줍니다. 이때 부모는 그 활동에 잠재된 어려움을 인정하고 아이에게 충분한 시간을 내주어야 할 뿐 아니라 반드시 필요한 설명도 해줘야 합니다.

활동 목표를 아이도 알아들을 수 있을 만큼 정확하고 구체적으로 알려주면 특히 효과적이지요.

하지만 어떤 부모는 아이에게 설명이 필요 없을 만큼 쉬운 일이라는 인상을 심어주고서 결국 한창 활동 중인 아이를 재촉하거나 시간을 단축하기 위해 자기가 나서서 뭔가를 대신해줍니다. 이때 아이의 자기효능감은 위축될 수밖에 없지요.

어른의 기대와 지시가 불분명할 때, 자기가 겪는 어려움을 어른이 이해하지 못하고 조바심을 낸다고 느낄 때, 그 아이는 잘할 수 있을 법한 활동도 어떻게 해야 할지 모르고 쩔쩔매게 됩니다.

선생님을 좋아하면 공부도 좋아진다

자기효능감 욕구와 자율감 욕구는 언뜻 보기에도 당연히 아동 발달과 학습에 밀접한 연관이 있는 것으로 보인다. 반면 관계성 욕구는 학업이라는 맥락에서 다소 부수적인 것으로 간주되기 십상이다. 그렇지만 수년 전부터 여러 연구가 사제 간의 정이 얼마나 이로운지 과학적으로 입증해 보였다. 교사와 학생의 돈독한 관계는 불안증, 우울증, 청소년범죄 리스크를 낮추는 식으로 학생들의 정신 건강이나 안녕감에만 영향을 미치는 게 아니라 학업 성적에도 영향을 미친다. 학급 운영에 대한 연구 데이터 100건을 취합하고 분석한 종합 연구는 **양질의 교사-학생 관계가 학습에 이로운 환경**[37]과 **우수한 성적**[38]의 필수 요소임을 보여주었다. 교사는 어른으로서 사회관계 욕구에 부응함으로써 학생이 배움에 적극적으로 임할 수 있도록 의욕을 자극한다. 정서적 밀착은 부분적으로 학습과 학업 성취를 향상하는 효과, 또한 학업의 중도 포기를 막는 효과가 있다.[39] 또 다른 연구에서는 학급 운영 방식이 학생의 성적에 미치는 영향이 더 일반적인 척도의 변화(학업 과정 변화, 성적 평가 방식 변화)보다 두 배 이상 높다고 보았다.[40]

교육기관에서 관계의 밀착성 수준은 주로 교사와 학생의 협력 수준으로 결정된다. 구체적으로, 교실에서 협력적인 교사는 학생들의 가능성을 믿어주고, 학급 전체의 학습에 도움이 되는 행동들을 격려하며, 학생의 시각을 파악하고 경청하면서 해당 주제에 관심을 붙잡아두고, 학생 개인이나 두세 명씩 모인 그룹에도 시간을 할애한다. 이러한 자세들이 관계의 밀착감을 느끼게 한다.

어떤 연구자들은 교사의 유연한 태도를 특히 중요하게 보았다. 교사가 학생들의 피드백과 교실에서 관찰한 사항을 고려해가면서 자신의 교수법을 적용한다면 그것은 협력 행동이다. 이때 학생은 선생님이 자신을 생각해준다고, 자신이 타인과 연결되어 있다고 느낀다.

교육학 연구자들도 교사와 학생 사이의 비공식적인 대화, 학생이 학교 밖에서 추구하는 관심사에 대한 교사의 고려가 사제 간의 협력을 강화하고 관계의 밀착감을 끌어올린다고 보았다.

어떤 교육기관에서는 교사가 매일 아침 교실 문 앞에 서서
학생 한 명 한 명의 이름을 부르며 인사를 하고 맞아들인다.

또 어떤 교사는 수업에 들어가기 전에
잠시 학생들의 근황을 물어보면서
함께 기뻐하거나 축하할 만한 소식이 없는지 확인한다.

꼭 교내 활동이 아니더라도 운동 경기에서 좋은 성과를 낸 학생, 멋진 공연을 해낸 학생을 교사가 칭찬하고 축하할 수 있다. 이처럼 수업과 직접 관련이 없는 대화는 몇 분밖에 걸리지 않는데도 그로써 고양되는 긍정적 관계성은 학생의 학업 참여도에 크게 영향을 줄 수 있다.

여기서 짚고 넘어갈 점이 있다. 교사와 학생의 이런 협력 관계는 교사의 방임이 아니라 오히려 매우 높은 관심에 해당한다. 다시 말하자면 교사가 학생을 자신의 요구에 부응할 잠재력이 충분한 존재로 바라볼 때 학생은 자기효능감을 느낀다. 단, 이때도 지시와 목표의 분명한 전달이 전제되어야 한다. (심리적 기본 욕구를 지지하는) 협력 행동을 하는 교사는 학생들에게 요구를 하되 지지도 더 크게 보냈다. 가령 학생이 어떤 공부를 하면서 도움을 요청하면 교사는 적극적으로 대응했다.[41] 학생은 자율성을 키우면서도 교사의 정확하고 상세한 설명에 힘입어 학습에 요긴한 자질들을 더욱 발전시킬 수 있었다.

학교는 아이를 지지하고 보호하는 둥지

지금까지 연구 결과들은 학교 밖에서만이 아니라 안에서도 관계의 밀착성이 중요하다는 결론으로 수렴하는 듯 보인다.

확인된 사실들을 기반으로 보건대 학교가 친절한 교육에 더욱 공을 들이는 것이 유익할 성싶다.[42] 이런 면에서 소위 '새로운' 교육기관(몬테소리, 프레네, 발도르프, 데크롤리…)에서 아동의 위치 문제도 다시 생각하게 된다. 이러한 대안 교육기관들은 아늑한 둥지 같아서 나중에 아이들이 벗어나기 힘들 거라고 말하는 사람들이 있다. 부모와 교육 종사자들은 대안 교육을 받다가 나중에 '진짜 삶'(각자도생하는 경쟁사회)에 진출하면 너무 고생하지 않을까 걱정한다.[43]

이 문제를 면밀하게 파헤치고자 대안 교육기관에 다녔던 학생과 학부모를 대상으로 실시했던 조사가 있다.[44]

흔히 기대하는 바와 달리
대안 학교 출신 학생들이 일반 학교 출신 학생들보다
상급 학교에 가서 적응을 더 잘했다.
이 학생들은 안녕감 수준이 더 높고 불안과 우울 징후가 덜했으며
삶에 대한 만족도가 더 컸고 학업 성과도 좋았다.[45]

이러한 결과는 적응과 자율 학습에 유리한 역량들이 잘 발달했기 때문으로 설명될 수 있다. 그런 역량들로는 문제를 회피하지 않고 해결하려고 하는 진정한 창의성과 노하우가 있다.[46] 이처럼 대안 학교가 학생들을 지지하고 보호하는 둥지 역할을 하더라도 학생들이 거기에만 의존하거나 자율성이 부족해지지는 않는다. 오히려 아이들에게 호의적인 교육 환경은 장차 어떤 상황에서든 써먹을 수 있는 잠재력을 키워준다.

자율과 상호의존은 공존할 수 있다

자율과 독립을 생각하는 일반적인 방식에 머물면 이 사실이 역설적으로 보일 수도 있다. 실제로 우리는 아주 어릴 때부터 스스로 하는 법을 배워야 어른이 되어서 자율적으로 산다고 생각한다. 그런데 지난 70년 동안 발표된 여러 연구는 안정적 인간관계가 자율에 가장 중요한 역량들, 그중에서도 특히 감정 및 행동 조절 역량을 발달시키는 원리를 보여주었다. 이러한 역량은 관계의 질을 향상하는 동시에 학습에 대한 참여와 성과에 이바지한다.

일단, 자기결정론이 정의하는 자율감은 관계성 욕구와 얼마든지 공존할 수 있는 것으로 보인다. 교육기관 내에서 이러한 욕구가 충족된다면 그야말로 누이 좋고 매부 좋은 일이다. 지금은 널리 인정되는바 교사의 안녕감은 학급 운영에 영향을 미치고 그로써 학생들의 의욕과 참여에도 영향을 미친다.[47] 그런데 학생들이 학교에서 즐겁게 생활하고 공부도 잘하면 교사는 자기 일에서 더욱더 의미를 찾고 직업 만족도가 높아진다.[48] 교직은 학생들의 잠재력 계발을 돕고자 자원하는 일이다. 교사는 학생들이 발전하는 모습을 지켜보면서 각자의 역량 계발에 이로운 교실 분위기를 함께 만들어나가고 거기서 삶의 보람과 만족을 얻는다. 긍정적인 교실 분위기와 교사와의 좋은 관계는 학생들의 안녕감과 학습 참여를 향상한다. 그래서 이 관계는 교사와 학생 모두에게 이롭다.

어떤 상황에 대처하면서 타인의 도움을 구하는 태도는 자율에 대한 욕구와 타인과 관계 맺고 싶은 욕구 사이에 균형을 잡아준다. 일단 자기가 자율적이라고 느껴야만 상호의존을 긍정적으로 생각할 수 있다. 자율감이 있으면 타인과의 관계가 비중이 커지더라도 위협을 느끼지 않는다. 스스로 자신의 가치관에 걸맞게 선택하고 행동한다고 느끼는 사람은 타인에게 기댄다고 해서 어린애가 된 기분이나 굴욕감을 느낄 확률이 낮다. 그와 동시에 주위 사람들도, 상대가 힘든 상황을 회피하거나 수동적으로 받아들이지 않고 자신의 지지에 힘입어 발전적으로 대처하는 모습을 보면 한결 마음을 놓는다. 지지의 건설적 성격을 깨달아야 관계의 만족도가 올라간다.

따라서 자율과 관계성은 얼마든지 공존 가능할뿐더러 서로 유익하게 작용한다.

관계의 밀착성은
자율의 발달과 개인적인 목표 추구에 도움이 된다.

그러므로 타인과의 상호작용에 부응하면서 그 사람과 내가 다 같이 자기실현을 하기에 유리한 균형을 찾아야겠다.

돈독한 관계는 건강에도 이롭다

●
○

인지신경과학 연구는 애초에 인간이라는 존재가 서로 연결되고 애정 어린 관계를 맺게끔 프로그래밍되어 태어난다는 것을 보여주었다. 관계성은 신체 및 정신 건강의 문제를 예방하는 중요한 요소다. 지난 수십 년 동안 긍정적인 인간관계가 지속 가능한 안녕감에 미치는 영향을 다룬 연구가 쏟아져 나왔다.[49] 타인의 인정과 지지, 그 사람과 서로 가깝다는 기분을 느낄 수 있는 관계는 긍정적이다. 이때는 자신이 사회적으로 지지를 받는다고 느낀다. 미국에서 대학생 222명을 대상으로 실시한 조사는 행복도 상위 10퍼센트 학생들에게 어떤 특징이 있는지 밝혀주었다. 이 학생들은 나머지 조사 대상 학생들에 비해 사회생활의 질과 만족도에서 뚜렷한 차이가 있었다.[50]

개인에게 미치는 사회생활의 질은 그 사람의 자존감, 곤란한 상황을 대하는 태도, 정신적 안녕감, 나아가 신체 건강에까지 영향을 준다.[51] 그 이유는 사회적 지지가 적응력을 향상하고[52] 스트레스와 불안을 낮춰줌으로써 건강에 해로운 술이나 약물 소비,[53] 과식[54] 같은 문제 행동을 줄여주기 때문이다.

사회적 관계가 정신 건강에 미치는 영향

양질의 인간관계는 나이에 상관없이 모든 이에게 중요한 보호장치 역할을 한다. 청소년 1만 2000명을 5년간 추적하면서 그들의 사회관계, 정신 건강(부정적 기분, 자살에 대한 생각 등), 위험 행동(향정신성 약물 복용) 등을 조사해보았다. 그 결과 청소년들에게 양질의 사회관계가 위험 행동을 막아주고 정신 건강을 보호하는 요소라는 사실을 확인할 수 있었다.[55] 그 중에서도 가장 중요한 요소는 부모 및 다른 가족과의 관계였다. 구체적으로는 아버지나 어머니와의 관계 밀착성, 부모의 지지와 관심, 부모와의 관계에 대한 만족, 다른 가족들의 사랑과 인정이 여기에 해당했다. 부모와의 긍정적 관계는 가족 형태와는 무관했다. 부모가 함께 사는지 따로 사는지, 부모와 자주 함께하는지 아닌지, 그런 것은 별 상관이 없었다. 청소년이 부모가 자기에게 얼마나 관심과 애정이 있다고 느끼느냐가 단연 중요한 변수였다. 이렇듯 가정 형편이 어떻든 부모, 자식 관계의 질을 높이려는 발상과 노력은 청소년기 삶의 질과 정신 건강에 결정적 영향을 미친다.

이 연구에서 청소년의 정신 건강 보호와 위험 행동 방지에 두 번째로 중요한 요소는 중학교 혹은 고등학교에서 경험하는 관계의 질이었다. 이 시기 좋은 관계란 청소년이 학교에서 부당한 대우를 받는다고 느끼지 않고 교사나 다른 학생들과 가깝게 지낸다는 뜻이다. 교사와 학생 관계가 어떤지, 특히 학생이 교사를 얼마나 가깝게 느끼는지가 학교에서의 적응,[56] 학습 의욕, 수행 과제 참여도, 학업 효능감[57]에 결정적 영향을 미친다.

비슷한 맥락에서 하버드 의대 연구자들은 정신병원 입원 병력이 있는 청소년들을 추적 조사하여 그들이 더 나은 삶을 바랄 수 있게 된 회복탄력성 요소들을 확인했다. 연구자들은 사회적 관계의 질, 사람들과의 관계성이 그들로 하여금 좀 더 편안해지고 성취감을 느끼게 하는 데 결정적이었다고 말한다.[58] 반대로 이러한 신뢰 관계가 부족하면 사회적 고립감을 느끼고 이는 삶의 의미, 행동에 나설 의욕의 상실로 이어진다. 따라서 사회적 고립감은 중요한 자살 위험 요인이다.

마지막으로 성인 4642명을 대상으로 한 연구에서는 사회적 지지 결여와 극심한 사회적 스트레스로 10년 후 우울증 리스크를 예측할 수 있었다.[59] 높은 수준의 사회적 지지는 정신 건강 문제를 예방해줄 뿐 아니라 신체에도, 특히 정신 건강에서 비롯하는 신체 질환에도 영향을 미쳤다.[60] 그러한 효과는 구직 중인 실업자, 영유아를 키우는 부모, 중증 환아의 부모, 배우자와 사별한 사람, 대학생 등 다양한 인구 집단에서 관찰되었다.[61] 이처럼 사회적 지지는 만성 스트레스 상황에서도 회복탄력성을 촉진할 수 있다.[62]

고독감이 건강을 해친다

하버드 공중보건대학이 9년간 조사를 진행하여 대상자 7000명의 사회적 관계를 전부 파악해보았다. 사회적 관계는 커플, 가족, 친구, 조직 및 단체 소속, 종교 활동 등으로 다양하게 나타났다. 이 연구는 다른 기초 조건(음주, 흡연, 체질)이 같다는 전제 아래 **사회적 관계가 빈약한 사람의 사망 위험이 그렇지 않은 사람보다 세 배나 높다는 결론을 내렸다.**[63] 나아가 리사 버크먼은 사회적 관계의 유형에 상관없이 양질의 관계는 이로운 효과를 발휘한다고 보았다. 버크먼의 추적 조사에 따르면 혼자 살더라도 단체에 참여해 활발하게 교류하는 사람의 사망률은 배우자와 함께 살지만 단체 활동을 하지 않는 사람의 사망률과 비슷했다.

또 다른 연구는 276명을 대상으로 열두 가지 사회관계 유형(원가족, 현 가족, 친구, 동료, 반려동물, 단체 등)에 대해서 설문조사를 했다. 여섯 가지 유형의 관계를 맺고 있는 실험 참가자는 가벼운 바이러스가 주입됐을 때 비인두염을 일으킨 확률이 네 배나 낮았다.[64] **긍정적 인간관계가 신체 건강에 미치는 효과는 생리 조절이 원활해져서 면역 기능이 향상되기 때문으로 설명된다.**[65] 안정 애착 관계에 있는 아이와 성인의 신체 접촉이 생리적, 정서적 균형에 이바지한다는 사실은 이미 관찰되었다.[66] 또한 스트레스 상황을 겪은 후에도 안정 애착 관계에 있는 사람들끼리의 신체 접촉은 회복을 촉진하고[67] 스트레스의 악영향을 제한한다.[68]

연구자들은 양질의 인간관계가 조기 사망률을 낮추고 중증질환자나 만성질환자의 회복에도 도움이 된다는 것을 알아냈다. 1980년대 데이비드 스피걸이 진행한 연구에서는 말기 유방암 환자들을 대화 모임에 참여시켜 비슷한 처지인 다른 여성들과 돈독한 관계를 맺게 했다. 이 여성들은 똑같은 의료 조치를 받았지만 모임에는 참여하지 않은 여성들, 즉 집단의 사회적 지지를 누리지 못한 여성들에 비해 생존 기간이 평균 두 배 이상 길었다.

사회적 지지가 신체 건강에 미치는 결정적 영향에 대해서 전문가들은 사회적 지지의 결여란 마치 비만, 흡연, 고혈압, 운동 부족이 수명에 끼치는 효과와 같다고 했다.[69] 실제로 장기간 떨어져 지내는 커플에게서 생리적 불균형, 수면장애, 부정적 정서가 더 많이 나타나는 것을 볼 수 있었다.[70] 또한 사회적 배척감에 대한 연구들은 이 감정이 공포와 고통을 관장하는 뇌 영역을 활성화하는 현상을 확인했다.[71]

사회적 배척감은 둘째 치고 고독감만으로도 건강에 미치는 위험이 증대된다. 실제로 고독한지가 아니라 개인이 고독하다고 느끼는 감정의 효과임을 분명히 해두자. 혼자 훌쩍 여행을 떠나거나 어딘가에 틀어박혀 생각을 정리하면서도 외로움을 느끼지 않는 사람들은 많다. 한동안은 혼자 있는 게 좋을 수도 있지만(육아에 지친 부모는 혼자만의 시간이 심지어 간절하다!) 그렇게 기운을 재충전할 때의 기분과 사회에서 홀로 고립된 것 같은 기분은 전혀 다르다. 사람들이 바로 옆에 있어도 외로움은 느낄 수 있다. 외로움을 느끼는 사람이나 그렇지 않은 사람이나 얼마나 많은 사람을 만나고 사느냐는 차이가 없는 듯하다.[72] 원래는 관계성 역량이 부족하지 않은 사람이라고 해도 외로움을 느끼면 점점 움츠러들어서 그런 역량을 발휘하기가 힘들어지고 그 때문에 사람들과의 교제가 더욱더 어려워진다.[73] 고독감은 사회적 상호작용을 회피하게 하므로 스스로 강화되게 마련이다.

인간의 다양한 욕구(안전, 소속감, 사랑)는 인간관계 없이는 충족되지 않는다. 그러므로 고독감이 낮은 수준의 안녕감[74]과 결부되는 것은 논리적으로 자명하다. 고독감은 자제력을 떨어뜨리므로 건강을 해치는 향정신성 약물, 술, 담배 과용으로 이어지기 쉽다.[75] 그리고 나이 많은 사람의 고독감은 치매 위험을 높인다.[76] 이 사람이 객관적으로 사회적 고립 상태라고 볼 수 없더라도 본인이 외롭다고 느낀다면 알츠하이머 발병 위험이 두 배나 더 높다.[77] 이러한 관계들을 설명할 수 있는 원리는 아직 다 밝혀지지는 않았으나 연령대에 상관없이 모든 사람에게 관계의 밀착성이 중요한 역할을 한다는 사실만큼은 분명하다. 혼자가 아니고, 다른 사람들과 연결되어 있다고 느끼는 것이 중요하다.

연결되어 있으면 더 행복하고 더 튼튼하다

인생을 살면서 겪는 어려움이 타인과의 관계를 단단하게 다지는 계기가 되기도 한다. 하지만 우리의 행복에 타인이 얼마나 중요한지 깨닫기 위해서 굳이 어려움이 닥칠 때까지 기다릴 필요는 없다. 연구자들은 지속 가능한 안녕감을 계발하는 여러 방법이 있음을 보여주었는데 그것들은 전부 우리가 유지하는 관계의 질과 관련된다는 공통점이 있다.[78] 살면서 감당하기 힘든 일이 닥치면 우리는 지지를 구하게 마련이고, 그러한 계기로 기꺼이 도움을 주려는 주위 사람들을 보면서 관계의 밀착성을 깨닫는다. 이러한 인간적 경험이 안녕감에 중요하다. 힘든 상황에서도 가까운 이들은 우리가 건설적인 자세를 굳건히 하고 장애물을 도전 과제 혹은 변화의 기회로 바라보게끔 도와준다.[79] 그들의 태도는 우리가 체념하지 않고 계속 행동할 수 있게 한다.

또 다른 방법은 인생의 기회들과 관련 있다. **좋은 일이 생겨서 그 기쁨을 가까운 이들과 나눌 때 일종의 촉매 효과가 일어나 긍정적 효과가 더욱더 커진다.** 실험 참가자들에게 스크린에 긍정적 영상, 부정적 영상, 중립적 영상을 띄워서 보여주는 실험을 했다.[80] 실험 참가자들은 모두 친구를 한 명씩 데려와서 2인 1조를 이루었다. 각 조에서 한 명이 스크린을 보면서 MRI를 찍는 동안 나머지 한 명은 다른 방에 가 있었다. 친구와의 긍정적 경험 공유 효과를 측정하기 위해, 촬영실에 들어가 있는 사람에게 친구도 다른 방에서 똑같은 영상을 보면서 MRI를 찍는 중(경험 공유 조건)이라고 말하거나 나중에 보게 될 것(경험 비공유 조건)이라고 말해주었다. 이 연구 결과, 긍정적 경험(긍정적 영상 시청)을 공유한 참가자들은 긍정적 기분을 느꼈고 쾌락을 관장하는 뇌 영역(배쪽선조체와 내측 안와전두피질)이 크게 활성화되었다.

이렇게 관찰된 이점들은 연쇄 효과를 일으킨다. 긍정적 감정이 관계의 질을 향상하고 관계의 질은 안녕감을 높여준다. 이렇게 긍정적 감정으로 유지된 관계는 여러 측면으로 안녕감을 지속적으로 지키는 데 결정적인 영향을 미친다.[81] 건설적 관계는 우리를 향한 타인의 격려와 신뢰, 가까운 이들의 열성을 통해서 사회 참여를 촉진한다. 그리고 사회 참여는 스스로 쓸모 있다는 기분을 느끼게 한다. 이 기분은 삶에 의미를 주고 안녕감을 결정하는 근본 요소다.[82] 어떤 상황을 맞닥뜨리든지 버스 정류장에서 주고받는 몇 마디 말이 힘겨운 시기에 이웃과의 상부상조를 믿게끔 한다. 사회적 관계의 질은 건강과 자기실현에 지대한 영향을 미친다.

힘든 시기에 느끼는 사회적 지지, 좋은 일을 가까운 이들과 함께할 때의 촉매 효과는 여러 메커니즘을 통하여 전반적인 안녕감에 이바지한다. 일단 사회적 지지가 촉발하는 감정은 관계성, 자기 존재의 수용과 인정, 신뢰를 향상한다.[83] 타인의 긍정적 시선은 내가 나를 바라보는 시선도 변화시킨다. 타인이 나의 역량을 믿어줄 때 나 또한 내가 품고 있는 가능성을 좀 더 잘 헤아릴 수 있다.

심리학 분야 연구들은 대화 상대에게
그 사람의 역량과 자질에 대해서 질문을 던지기만 해도
자존감을 끌어올릴 수 있음을 보여주었다.[84]

또한 대화 상대에게 이미 어떤 자질이 있음을 납득시키면 그 사람의 자존감에 더 뚜렷한 효과를 일으킬 수 있었다. 예를 들어 "최근에 이런 어려움을 겪었을 때는 어떤 능력이나 자질을 발휘했나요?"라고 질문하면 상대는 여기에 대답하면서 자신에게 어떤 자질이 있는지 새삼 깨닫고 현 상황에 대처할 수 있는 방법까지 생각해보게 될 것이다.

관계의 밀착성과 안녕감의 관계를 이해하게 해주는 또 다른 메커니즘은 상황에 대한 지각이다. 가까운 사람이 옆에 있기만 해도 상황을 바라보는 시선이 달라진다. 위협이나 도저히 극복하지 못할 일처럼 보였던 상황이 한번 도전해볼 만한 일이 된다.[85] 지인의 존재는 우리에게 삶의 역경을 헤치고 나아갈 수 있다는 믿음을 준다.[86] 비록 어려움은 그대로이지만 혼자가 아니라는 생각이 들면 좀 더 낙관적으로 해결책을 모색할 수 있다. 요컨대 핵심은 혼자가 아니라는 생각으로 행동력을 되찾는 것이다. 또 하나 확인된 사실이 있다. 친밀한 관계는 인지 및 에너지 차원의 손실을 줄이는 기능을 한다.[87] 타인을 가깝게 느끼는 사람, 다시 말해 상호의존적인 사람일수록 남에게 의지해가면서 각자 능력에 따라 해야 할 일을 분담하고 집단 구성원들을 돌볼 수 있다. 긍정적 상호의존 관계라면 사회 연결망이 자기 자신의 확장이 되어 일상에 좀 더 잘 대처하게 된다. 이처럼 관계의 밀착성은 적응력과 행동력에 중요하게 작용한다.

인간에게는 선천적으로 관계를 맺고 유지하는 재주가 있다. 목표를 공유하고 노력과 관심을 분담하며 효과적인 협력 방식을 계발하는 재주 말이다.[88] 이런 이유로 에너지를 많이 잡아먹는 과제가 주어질 때 단지 자신의 사회 연결망을 생각하기만 해도 일과 수고를 나누는 기분이 들고 과제가 한결 덜 부담스럽게 느껴진다. 연구자들은 지속적인 주의를 필요로 하는 과제를 상정해서 이러한 현상을 분석했다. 주의력 조절에는 인지 자원이 아주 많이 필요하다. 그래서 똑같은 일, 특히 반복적이면서 노력이 많이 드는 일에 오래 집중하기란 매우 힘들다.[89] 예를 들어 컴퓨터로 뭔가 집중이 필요한 일을 하면서 어떤 생각을 의식적으로 몰아내려고 해보자. 시간이 지난 후 일의 내용을 살피면 실수가 꽤 눈에 들어올 것이다. 그렇지만 관계성은 이런 노력을 지속할 수 있도록 돕는다.[90] 요컨대 사회적 지지에 대한 지각은 현실 지각에 영향을 미치고 노력이 필요한 행동에 좀 더 깊이 투신하게끔 격려한다.

　심리학과 신경과학 분야의 발견은 우리 뇌 기능이 긍정적 상호의존을 촉진한다는 것을 입증했다. **우리가 저마다 타인과 상호작용 관계를 맺을 수 있는 이유는 상호 신뢰가 있기 때문이다.** 이처럼 타인과의 관계에 맞춘 반응 양식을 **정신적 상호의존**이라고 한다.[91] 우리 뇌는 신뢰 관계에 대해서는 기존 관계를 유지하려는 반응을 만들어낸다. 나와 상대가 모두 만족할 만한 행동들을 격려하는 것이다. 구체적으로, 타인에게 주의를 기울일 때는(주의력 개방) 당연히 그의 욕구, 바람, 계획에도 관심을 쏟고 타인은 이 관심에 힘입어 자기 목표를 더 잘 밀고 나간다. 또한 이처럼 타인을 지지하는 태도에는 대개 상대의 지지가 따라와 결국 상호성이 자리 잡는 것을 볼 수 있다. 우리 자신의 목표 추구에도 타인의 지지라는 보답이 주어진다.[92] 이러한 작용이 긍정적 상호의존의 바탕에 있다. 그러한 상호의존에는 우리 누구라도 다가갈 수 있다.

깊이 생각해봅시다

1. 타인과 너무 가까우면 의존적이 되고 정신적으로 약해진다는 생각에 우리는 너무 오래 매여 있었습니다. 부모가 아이를 너무 많이 안아주면 애가 버릇없어진다고 생각했고, 교사와 학생이 너무 가까운 것도 좋지만은 않다고 보았지요. 하지만 그렇지 않습니다. 그런 믿음의 오류는 이미 입증되었습니다. 아기를 많이 안아주세요. 더 무럭무럭 자랄 겁니다. 학생들과 친하게 지내세요. 그들은 더 잘 배울 겁니다!

2. 사람의 온기는 신체 접촉이라는 물리적 의미로나 심리적 유대라는 비유적 의미로나 인간에게 이롭고도 반드시 필요한 기본 욕구에 해당합니다.

3. 이러한 인간관계는 아이들의 학습과 심리 발달에 이롭습니다. 주위 사람들에게 충분히 지지받는다고 느끼지 못하는 아이는 발전하기 어렵습니다.

4. 아이가 자율적으로 자라기를 원한다면(자율 자체는 아주 좋은 겁니다!) 아이를 격려하고 독자적으로 경험을 쌓을 수 있는 여지를 주되 늘 지원하고 애정 어린 자세로 함께해야 합니다.

5. 어른에게도 사회적 관계는 여러모로 이롭습니다. 관계성은 정신과 신체의 건강에 이바지합니다. 관계성 덕분에 우리는 역경에서 더 강해지고 일상에서 더 행복해집니다.

6. 다른 사람들과의 관계를 잘 돌보세요. 이 관계가 가장 중요한 핵심이니까요!

2부

관계의 균형을
찾아서

Ces liens qui nous font vivre

"장애물은 언제나 현실이 아니라 현실에 대한 생각이다."
― 에티 힐레숨,《가로막힌 삶An Interrupted Life》

1960년대에 안정 애착의 이점을 지적하는 연구들이 등장하기는 했지만 남에게 의존하지 않고 살아가는 것이 바람직하다는 생각이 (특히 미국에서) 훨씬 더 장려되었다. 놀랍게 보일 수도 있겠지만 심리치료도 타자에 대한 욕구에서 해방되어 자기를 발견하고 더욱더 사랑하는 법을 배워야 한다는 생각을 널리 퍼뜨리는 데 한몫했다. 이혼과 별거는 계속 증가했고 도저히 함께 살 수 없다는 이유로 그러한 선택을 하는 비중이 점점 높아졌다. 이러한 세태를 일부 저자들은 파트너의 지지 없이도 충분히 잘 살 수 있다는 일종의 독립 선언 비슷하게 해석했다.[1] 수십 년간 커플 치료 임상 경험을 쌓아온 의사 마리옹 살로몽은 긍정적 의존을 다룬 저서에서 현재 커플들이 겪는 문제는 남성들의 '진지한 관계 공포증' 때문이 아니라 서구 사회가 모든 관계에 존재하는 상호의존적 성격을 받아들이지 못하고 독립과 자기실현을 그런 것과 완전히 상반되는 가치처럼 떠받들기 때문에 빚어졌다고 말한다.

그렇지만 우리가 보았듯이 자율과 관계성은 상반되는 것이 아니라 상호 보완적인 것이다. 어느 하나를 희생해서 다른 것을 장려하기보다는 자율을 지속 가능하게 하는 어떤 관계성을 바탕으로 균형을 잡는 것이 중요하다. 실제로 상호 지지, 안정 애착, 관계 밀착감이 자율감과 자유로운 기분까지 더 향상한다는 사실이 입증되었다. 그러한 관계 밀착감은 개인이 사회에서 어느 한 자리를 차지하기 위해 보여야만 하는 모습이 아니라 있는 그대로의 모습으로 받아들여진다는 자부심을 키워준다. 탄탄한 신뢰 관계에 기댈 수 있다는 것은 아주 특별한 이점이다. 그런 사람은 자기 에너지를 잘 지켜서 정말로 마음 쓰는 일에 투입할 수 있기 때문이다.

귀중하고도 필수적인 '인간적 연결의 순간'

●
ㅇ

과학적 연구는 타인에게 온전히 주의를 기울이는 능력이 신뢰를 쌓고 관계성을 좋게 평가하게 한다는 사실을 밝혀주었다. 하버드 의대 교수 에드워드 할로웰은 《커넥트Connect》에서 이처럼 타인에게 충실히 임하는 시간을 **인간적 연결의 순간**human moment이라고 불렀다. 인간적 연결의 순간에는 타인이 물리적으로 현존하면서 나와의 대화에 몰두한다는 특징이 있다. 긴 시간이 필요하지는 않다. 관계에 대한 만족감을 낳기에는 다만 몇 분으로도 충분하다. 마찬가지 맥락에서 부모가 자녀에게 주의력을 하루 10분씩만 온전히 쏟으면 아이가 부모에게 느끼는 애착의 질이

향상되고 향후 청소년기에 위험 행동 리스크가 줄어든다는 연구 결과가 있다.[2]

● ● ● 타인에게 주의를 기울이려면 어떻게 해야 할까

오늘날 누군가에게 주의를 기울인다는 것은 휴대전화, 아이패드, 컴퓨터 따위를 다 치워놓고 음악이나 소리 나는 것을 다 끄는 것입니다.

아이에게 온전히 집중하고 싶다면 이런 방해 요소를 다 치우고 그저 아이 옆에 내처 앉아 있을 줄 알아야 합니다.

쉬워 보일지 모르지만 실제로는 이런 시간을 내기가 만만치 않습니다. 학교에서든 가정에서든 우리는 늘 급하게 해야 할 일이 있게 마련이지요. 차분한 교감의 시간은 늘 그런 급선무에 밀려납니다. 혹은 몸은 누군가의 곁에 있지만 머릿속은 오만 가지 일거리로 꽉 찼을 수도 있고요.

그래도 관계를 가꿔나가는 데는 이런 시간이 꼭 필요합니다.

관계성을 절감함으로써 필수적인 자양분을 확보하지 못한다면, 다시 말해 외로움과 고립감이 심해지고 소속감을 찾을 수 없다면, 우리의 정신과 신체 건강이 서서히 망가질 수도 있다. 이 때문에 우리 신체는 사회적 고립 상황에서 꽤 격렬히 반응하게 마련이다.

배제되고 싶은 사람은 아무도 없다

•
⚬

우리는 사회적 상호작용을 관찰하고 해석하느라 심리 자원의 상당 부분을 투입한다. 저 사람이 내가 한 말을 제대로 알아들은 것 맞나? 날 좋게 생각하는 걸까? 왜 나는 그 파티에 초대받지 못했지?[3] 이처럼 인간관계에 예민하게 반응하는 주의력이 우리의 생존에는 더없이 중요하다. 그러한 주의력이 발달해야만 관계의 질을 유지하는 방향으로 행동을 조절할 수 있고, 관계를 통해 우리의 정신 및 신체 건강을 예측할 수 있기 때문이다. 생리적, 감정적, 행동적 차원에서 사람들 사이의 상호의존이 어떤 기능을 하는지 안다면 인간관계가 틀어졌을 때 겪는 크나큰 절망도 이해될 것이다. 우리 신체는 타인과 분리되거나 고립될 때 격렬하게 반응한다. 고독감, 사회적 고립감은 자살 위험의 중요한 예측 지표로서 종종 삶의 의미 상실로까지 이어진다.

사회적 거부 공포

배제 공포는 인간 행동의 주요한 원동력 중 하나인데 이 공포 역시 관계성으로 설명된다. 관계에 대한 욕구와 고독감은 개인에 따라 타인에게 거부당하거나 집단에서 배척당하는 경험, 즉 사회적 배제에 대한 감수성이 자못 다르다는 사실을 보여준다.[4] 저마다 살면서 그런 경험을 했을 것이다. 쉬는 시간에 친구들이 하는 놀이에 끼지 못했다던가 급식 시간에 식판을 들고 어떤 자리에 앉으려 했는데 "안 돼, 거긴 아무개 자리야"라면서 못 앉게 하는 아이가 있었다던가. 이렇게 사회적으로 거부당하거나 따돌림당하는 경험은 우리 신경계에서 신체 통증과 유사하게 처리된다.[5] 그래서 연구자들은 배제 현상이 사회적 고통을 낳는다고 말하는 것이다. 그러한 상황에 유독 약해서 쉽사리 절망의 신호를 드러내거나 그 상황을 위협으로 받아들이고 공격적으로 반응하는 이들이 있다. 하지만 그런 반응은 사회적 배제 리스크를 한층 더 높일 뿐이다. 어떤 면에서 사회적 배제에 대한 이 감수성은 혼자이고 싶지 않은 욕구가 충족되지 않을 때 신호를 보내주는 내면의 자동온도조절기 구실을 한다. 이 감수성이 발동하면 타인의 주의를 끌어당기고 관심을 자극하려는 바람 때문에 절망이 불꽃처럼 작열한다.

그렇지만 타인을 덜 필요로 하거나 배제에 대한 감수성이 그리 예민하지 않은 이들은 그러한 절망의 신호들을 때때로 과장으로 받아들인다. 예를 들어 커플 동반 모임에 초대받았는데 어떤 참석자들이 당신네 커플이 도착한 것을 보고도 인사를 하지 않았다 치자. 당신은 사회적으로 배제당한 기분이 들어서 왠지 짜증이 나고 대화를 나누고 싶은 마음도 사라졌다. 그런데 원래 그런 쪽으로 좀 무딘 편인 당신 파트너는 그 손님들이 자기네끼리 대화하기 바빴다는 사실을 알아차리지 못했기 때문에 나중에 그 사람들과도 편안하고 유쾌한 태도로 얘기를 나누었다. 집에 돌아와서 당신네 커플은 그날 모임을 두고 이런저런 말을 주고받는다. 사람이 왔는데 인사도 안 하다니 얼마나 무례하냐고 당신은 성토를 하는데 파트너는 당신이 너무 예민하게 구는 거라고 할지도 모른다.

멀어지고 거부당한다는 느낌

사회적 배제에 민감하게 반응하는 사람들을 되레 비판하는 말이 심심치 않게 들린다. 그런 사람들에겐 으레 신경증이라느니 심리 조종자라느니 하는 딱지가 붙는다. 하지만 사람마다 빛, 소리, 신체 통증을 받아들이는 감도가 다른 것처럼 사회적 배제에 대한 감수성은 개인차의 문제다. 이 감수성이 유독 발달한 사람은 주위 사람들이 이해심을 보일수록 안심하고 과민반응도 줄어든다. 그리고 이런 사람이 속으로 배제 위협을 느끼면서도 행동은 건설적으로 하려면 감정 조절 능력이 반드시 필요하다. 감정을 조절한다는 것은 자신이 어떤 상황에 과하게 반응한다고 자각할 때 이를 억누를 수 있다는 뜻이다. 앞에서 예로 들었던 커플 동반 모임의 경우, 자기 자신을 잘 알고 비슷한 상황을 몇 번 겪어본 사람은 자기가 대수롭지 않은 일을 과하게 해석하고 반응해서 목표에 어울리지 않는 행동(사회적 배제를 더 부추길 수 있는 행동)을 할지도 모른다고 자각할 것이다. 이처럼 현상을 자각하고 좀 더 객관적으로 관찰하는 역량이 있으면 장차 같은 실수를 반복하지 않을 수 있다.

타인에 대한 감수성은 우리가 태어나고 자라온 환경에 따라서 조율된다. 내 주위에 사람이 충분히 있고 사회환경이 나를 받아준다고 느낀다면 그 건실한 기반이 자신감과 타인에 대한 믿음을 고양할 것이다. 이 경우에는 사회적 배제감과 그로 인한 정서적, 인지적, 행동적 여파가 완화된다. 반대로 사회적 배제에 대한 감수성이 아주 발달한 사람이 자신을 별로 지지해주지 않는 환경에서 지낸다면 비관적 생각을 키우기 쉽고 일상을 불안한 시선으로 보게 된다. '저 사람들이 나를 어떻게 생각할까? 내가 무슨 재미있는 얘기를 할 수 있을까? 오늘 저녁에도 우스운 꼴만 보이고 말겠지…. 남편이야 늘 그렇듯 내 편이 아니라 남의 편만 들 테고….' 잘못된 상황 해석은 불안한 예측, 배우자에 대한 비난이 되어버린다. 그럴수록 배우자는 더욱더 지지와는 거리가 먼 태도를 취할 것이고 당사자는 배제를 더욱더 심하게 느낄 것이다.

소셜네트워크에서도 방심할 수 없다.
배제당하는(혹은 그렇게 느끼는) 경험이
인터넷 세계에서 일어난다고 해도
감정의 상처나 우리 행동에 미치는 영향은 결코 덜하지 않다.

여러 연구가 입증한바, 또한 일상에서 우리 자신과 지인들, 우리 자녀들을 살펴보아도 알 수 있는바, 가상 관계라고 해도(그 '친구'를 실제로 만난 적은 없더라도) 서로 멀어진다는 경험이 현실에 영향력이 없지는 않다.[6]

외로울수록 달콤한 음식이 당긴다

타인의 시선에 부여하는 주의력, 타인의 마음에 들고자 하는 욕망이 새로운 관계 수립으로 나아갈 수도 있다. 그렇지만 사회적 평가를 지나치게 중요시하면 오히려 자기비판, 타인에 대한 부정적 판단, 공격성이 생겨나고[7] 이타성은 떨어지는[8] 행동이 두드러지기도 한다. 진 트웬지와 로이 바우마이스터 연구진은 실험 참가자들에게 실험 틀 안에서 사회적 배제감을 불러일으켜 보았다. 예를 들어 실험 참가자는 처음에 여럿이 함께 참여한다는 설명을 들었지만 나중에는 아무도 그를 원치 않기 때문에 어쩔 수 없이 혼자 해야 한다는 안내를 받았다. 이 사회적 배제감은 협력 같은 이타적 행동(가령 다른 실험자가 '실수로' 바닥에 떨어뜨린 연필을 함께 줍는다든가)을 위축시키는 경향이 있었다. 또 다른 실험에서 사회적 배제감은 자신의 돈과 시간을 내어주는 행동(자원봉사 활동 등)[9]을 위축시키는 경향으로 나타났다. 이러한 결과는 사회적 배제감을 느낄 때 타인에 대한 공감 능력이 떨어지기 때문으로 설명된다.

사회적 배제감이나 외롭고 고립된 기분은 공감 능력만 위축시키는 것이 아니라 다른 인지 과정에도 영향을 미친다. 인지 능력에 미치는 영향을 과학적으로 입증한 여러 연구는 특히 사회적 배제감이나 고독감이 학업이나[10] 직업 분야[11]에서의 성공을 잠재적으로 갉아먹는다는 사실에 주목한다. 게다가 그런 사람들은 부정적 감정을 달래기 위해서 단것을 먹고 즉시 쾌감을 얻는다든가 하는 보상행동에 빠지기 쉽다.

이러한 경향은 부정적 정서가 행동 조절력을 떨어뜨리기 때문에 더욱더 두드러진다. 예를 들어 한 연구에서는 비스킷 맛 테스트를 한다고 해놓고서 실험 참가자 중 일부에게 아무도 그와 함께 테스트를 하지 않는다는 말로 사회적 배제감을 조장했다. 나머지 참가자들은 반대로 그와 함께하고 싶어 하는 사람은 많지만 설비 문제 때문에 단독으로 실험에 참가해야 한다는 설명을 들었다. 요컨대 설명만 달리 들었지 모든 참가자는 혼자서 비스킷을 시식한 것이다. 그런데 사회적 배제감을 경험한 집단은 그렇지 않은 집단에 비해 비스킷을 두 배는 더 집어 먹었다.[12]

또 다른 연구도 비슷한 맥락에서 (인구 대표 표본상) 성인이 고독에 시달

릴수록 기름진 음식을 많이 먹는 경향이 있다고 보고했다.[13] 이러한 식습관 조절의 어려움은 고독과 결부된 부정적 정서를 보상하는 방식으로 이해될 수 있을 것이다. 나아가 배제감까지 가지 않고 (고독감 지수로 측정했을 때) 관계성이 희박한 수준만 되어도 절망을 상쇄하려는 보상행동들이 나타난다.

앞서 커플 동반 모임에서 보았듯이 배제에 대한 감수성이나 관계성 욕구가 판이한 커플은 서로를 이해하지 못하고 갈등에 빠지기 쉽다. 한쪽은 파트너가 바라는 게 너무 많다고 생각하는데 파트너는 그 사람이 당연한 것조차 챙기지 않는다고 생각한다. 서로 상대방을 향해 한 발짝, 아니 몇 발짝이라도 다가가려면 상대의 부적절한 반응을 지적하는 것보다 서로의 차이를 이해하는 편이 도움이 된다. 상대의 특수한 욕구를 인정해주면 그 사람은 마음이 놓여서 오히려 그 욕구를 조금 내려놓을 수 있다. 하지만 그러기까지는 시간이 필요하다. 고독감은 상호작용을 부정적으로 지각하게 할 뿐 아니라 사회적 관계에서 비롯되는 쾌감까지 위축시키기 때문이다.[14]

쓸데없이 삐딱해지지 않으려면

사회적 배제에 특히 민감한 사람이 긍정적 상호작용의 유익을 온전히 누리려면 자신의 약점을 보완해야 한다. 이 말인즉슨 객관적 현실과 동떨어진 해석을 내리거나 자기 가치를 자꾸 부정적으로 생각하는 습관을 버려야 한다는 뜻이다. 현재의 구체적 행동에 집중하는 특수한 정신훈련이 그런 면에서 도움이 된다. 마음챙김 명상은 민감한 상황에서 과한 해석, 과한 반응을 완화하는 데 효과가 있다고 검증되었다.[15] 이 명상법에서는 주의력을 신체나 호흡에 집중시킨 채 머릿속에서 떠오르는 생각을 의식하라고 권한다. 그 순간의 활동에 대한 생각일 수도 있고('나는 지금 왜 이러고 있지?') 자기 자신에 대한 생각일 수도 있으며('나란 녀석은 주의력을 30초도 유지하지 못하는구나!') 그 밖에 전혀 다른 생각일 수도 있다. 어쨌든 자기 안에서 떠오르는 생각을 관찰하고 주의력이 달아날 때마다 집중점(신체 혹은 호흡)으로 다시 끌고 오는 것이 훈련의 관건이다. 어느 정도 시간이 지나면 이 훈련이 우리의 판단과 해석을 빠르게 자각하고 감정과 스트레스를 좀 더 잘 관리하는 실질적 수단이 된다.[16] 따라서 마음챙김 유형 훈련은 특히 사회적 배제에 민감한 사람들에게 요긴할 수 있다.

우리는 곧잘 타인의 행동을 과잉 해석해서 스스로 골탕을 먹는다. 우리 뇌는 소소한 단서들을 바탕으로 때때로 그와 상관없는 의미를 부여하려고 한다. 일례로 이미 오래전에 실시했던 한 실험에서는 성인 참가자들에게 기하학적 도형들이 일정한 규칙 없이 이리저리 움직이는 짧은 동영상을 보여주었다.[17] 그다음에 이 참가자들에게 자기가 본 것을 묘사해보라고 했다. 참가자들은 사각형, 원, 삼각형이 움직이는 것을 보았다고 있는 그대로 말하는 대신, 그 도형들을 바탕으로 어떤 이야기를 만드는 경향을 보였다. 물론 이야기 자체는 단순했지만 참가자들은 도형에 으레 심리 상태(분노, 슬픔)와 의도(삼각형이 원을 쫓아내고 싶어 했다)를 부여했다.

자신이 지각한 바를 **과잉 해석하는** 경향은 위협감을 느낄 때 한층 더 심해진다. 뇌가 사회적 신호에 주의를 바짝 곤두세울수록 그 신호를 과장되게 해석하는 위험이 있다. 밀러드는 상념보다는 사회적 상호작용 상황에 정신을 집중시키는 방향으로 훈련을 하면 관계를 좀 더 유연하게 이해할 수 있다. 이 사실은 심리적 유연성을 다룬 연구로 입증되었다.[18] '자기에 대해서' 생각하려는 경향은 우리의 행동 방식을 경직시키고 관계의 질을 떨어뜨린다. 그보다는 타인과의 대화에 온전히 임할 때 상황에 적합한 반응이 좀 더 쉽게 나온다. 그래야만 관계에서 더 큰 만족감을 끌어낼 수 있고 사회적 친밀감이 증대된다.

사회적 관계의 최선과 최악

우리는 타인을 접하면서 그들의 태도, 생각, 행동에 영향을 받는다. 그러한 영향력은 상호적이다. 이 사실을 바탕으로 **사회적 베이스라인** 모델이 개발되었다. 개인의 정상적 활동은 사회적 맥락에 위치하지만 이례적 작용(균형을 찾기 어려운 상태)은 고독이라는 맥락에 위치한다. 관계는 타인의 긍정적 특징에 관심을 기울일 때 건설적일 수 있다. 가령 연구자들은 커플 관계에서 파트너의 가장 좋은 면을 끄집어낼 수 있는 역량을 관찰했다.[19] 게다가 파트너의 자질에 관심을 기울이고 격려하는 태도는 실제로 파트너가 스스로 정한 목표(학위 취득, 규칙적으로 운동하기 등)에 좀 더 쉽게 도달하게 한다. 이러한 긍정적 태도가 커플 관계의 만족감을 낳을뿐더러 개인적으로도 각자 중요한 계획을 달성하는 데 원동력이 된다. 이런 것이 긍정적 상호의존으로서, 관계에서 쌍방이 얻는 유익으로 가늠된다.

그렇지만 가까운 사람과의 관계에서 상호적으로 발생하는 영향력이 그리 건설적이지 못한 행동을 낳을 수도 있다. 특히 청소년기에는 이러한 양상이 곧잘 두드러진다.

청소년 흡연 및 음주의 가장 중요한 예측 지표 중 하나는
친구들의 흡연 및 음주 수준이다.[20]

여자아이들은 외모, 특히 몸무게 문제에서 친구들에게 영향을 크게 받기 때문에 곧잘 의료적 견해와 무관하게 다이어트에 열을 올린다.[21] 집단 내 관계가 사회적 배제감 차원을 떠나서도 부정적인 결과를 미칠 수 있다. 때로는 타자와의 관계 그 자체가 고통의 원인이 된다. 정서적 의존 상황에서 이런 고통은 흔히 관찰된다.

정서적 의존인가 건설적 애착인가

●
○

상호의존의 이면인 배제 공포가 타인에게 더욱더 악착같이 매달리는 경향을 낳기도 한다. 그런데 이 태도가 다시 거부를 낳고, 결과적으로 고립감을 더욱더 자극할 수도 있다. 따라서 건설적 애착 관계와 정서적 의존 관계를 구별할 줄 알아야 한다. 건설적 애착은 관계 당사자 모두에게 이로운 결과를 안겨주지만 정서적 의존은 끝이 고약하다.

당사자와 주위 사람에게 파괴적인 행동 양상을 드러내는 애착은 정서적 의존(혹은 관계중독)이다. 요컨대 정서적 의존과 건설적 애착을 구별하는 가장 중요한 기준은 관계 당사자들에게 이로운가 그렇지 않은가이다.

의존 개념의 긍정적 측면을 가장 잘 보여주는 예는 갓난아기와 부모의 관계다. 이 최초의 의존은 아이의 발달에 이롭기 때문에 긍정적이다. 그

리고 애착의 질은 여기서 핵심적인 역할을 한다. 이 의존은 물질적인 면(영양 공급, 돌봄, 신체 안전 등)만 있는 게 아니라 정서적인 면(신뢰, 조건 없는 애정, 받아들임 등), 나아가 실존적인 면까지 포함한다.

> 아이가 부모와 맺는 관계는
> 아이가 자기 자신을 잘 알고, 자기 가치관을 믿고,
> 자신의 힘과 자질을 인식하는 데 도움이 된다.
> 모든 것은 어른의 긍정적인 시선과 관심 어린 태도에 달렸다.

아이와 너무 가까워지면 안 된다는 억측

최초의 애착 관계 이후에 맺는 애착 상황들은 때때로 덜 적합한 것으로 여겨진다. 일부 교육기관 책임자들은 해마다 같은 반 친구들끼리 '너무' 가까워지지 않도록 신경을 쓴다고 한다. 학생들 사이의 지나친 애착이 당사자나 학부모에게 골칫거리가 될 수 있다나. 사회사업 조직이나 보육 기관 책임자들은 아이가 특정 어른에게 지나친 애착을 품는 '리스크'를 피하기 위해 어떤 제도적 장치를 마련하기도 한다.[22] 담당자를 주기적으로 바꾼다든가 하는 식으로 애착 관계 형성을 방해하는 것이다. 그러한 애착이 부모에 대한 아이의 의존을 연상시키기 때문에 미성숙 혹은 퇴행의 표시일 것이라는 이유에서다. 마엘 비라는 박사논문 집필 과정에서 자신이 인터뷰한 교육자와 교사들이 교육학을 배울 때나 교육 현장 실무에서나 "지나치게 정이 들지 않도록" "적당한 거리"를 유지하는 것을 목표로 삼았다는 점을 지적한다.[23]

그런데 소위 **적당한 거리**에 기초한 사제 관계는 유익하기는커녕 아이가 **유연한 지도자**에게 기대어 자신감, 타인과 미래에 대한 신뢰를 키우는 데 오히려 방해가 되었다. 유아 보육 기관에서 일하는 성인들을 대상으로 조사한 결과를 보면 아이가 어느 특정 어른 한 명에게 보살핌을 받은 구조에서는 어른이 아이의 욕구에 더 잘 부응하고 양질의 애착 관계를 맺음으로써 아이의 발달에 이로운 활약을 할 수 있었다.[24] 요컨대 아이가 특정 교사와 안정적인 애착 관계를 쌓아가기에 유리한 보육 방식이 가장 좋다는 얘기다. 학업을 일찌감치 중단한 아동들을 대상으로 한 조사도 관계성 결여가 중요한 동기 중 하나임을 보여주었다.[25] 따라서 우리는 '좋은 인간관계'를 권유하고 장려함이 마땅하다. 애착에 대한 연구에서 이미 살펴보았듯이 아이는 안정 애착을 잘 쌓을수록 자율적인 탐색 행동에도 적극적으로 나선다. 그러므로 어린이나 청소년이 특정 보육자나 교사와 애착을 쌓는 것이 좋지 않다는 주장은 근거가 없을 뿐 아니라 비생산적이다.

교육 관계에서의 애착과 애정 문제는 최근에 등장한 것이 아니다. 오히려 지나친 애착에 대한 우려 쪽이 최근에야 대두되었다. 교육학 박사 필리프 가브랑이 지적했듯이 일부 정신분석학 저작들이 그러한 우려를 부각했다. 가브랑은 교육이라는 사회사업이 혼동이나 투사projection 같은 특정 개념을 근거로 '타자와 거리 두기' 위에서 구축되어왔다고 설명한다.[26]

건설적 애착 관계의 세 가지 특징

그렇지만 애착을 다룬 저작과 신경과학 연구가 나오기 한참 전에도 에라스뮈스 같은 현인들은 교육에서 애착이 발휘하는 장점을 역설했다. "아이를 가르치는 사람이 친부모 같은 애정과 용기를 덧입는다면 필시 크나큰 유익이 있으리라. 사랑이 매사의 난관을 상당 부분 제거하기 때문이다."[27] 서머힐학교를 설립했던 A. S. 닐처럼 대안 교육 및 보육 기관을 설립한 경험이 있는 교사, 사회사업 종사자, 교육학자들은 그 사실을 직접 확인하고 관계성을 장려함으로써 아이들이 신뢰를 바탕으로 스스로 성장할 수 있게끔 도왔다.

관계의 밀착성에 우려를 표하는 입장과 유익한 효과에 주목하는 입장을 모두 고려하건대, 개인 발달과 실현을 방해하는 정서적 의존 관계와 건설적 애착 관계를 구별하는 것이 특히 유익할 성싶다.

건설적 애착 관계에는 세 가지 기본 특성이 있다.[28] 일단 첫 번째 유형에 속하는 개방성과 정직은 상대와 자유롭게 생각, 의견, 감정, 고민을 주고받는 가능성을 마련한다. 두 번째 유형의 특성은 상대에 대한 감정이입과 관심이다. 두 유형 모두 상대의 경험을 이해하고 감정을 받아주며 보살피는 관계다. 세 번째 유형의 특성은 서로에게서 느끼는 안정과 신뢰다. 상대가 건설적인 반응을 보여주리라는 확신으로 좋은 소식을 알리거나 자신이 겪는 어려움을 설명하거나 바라는 바를 말로 표현할 수 있다는 얘기다.

건설적 애착의 세 기둥	
개방성과 정직	상대와 자유롭게 생각, 의견, 감정, 고민을 주고받으려는 노력
감정이입과 관심	상대의 욕구와 감정에 주의를 기울이려는 노력
관계에서 느끼는 안전과 신뢰	상대의 무관심, 거부, 갈등을 우려하지 않고도 복잡한 심경이나 골치 아픈 상황 공유

타인에게 잘 보이고 싶다는 욕심 버리기

건설적 관계 유형이 커플 사이에만 국한되라는 법은 없다. 앞에서 살펴본 세 가지 유형의 기본 특성이 부재하거나 오히려 그 반대가 두드러지는 관계라면 과잉 의존이나 공의존, 어쨌든 정서적 의존에 해당하는 관계일 것이다.

정서적 의존은

자기주장의 부재, 지나친 영향력 행사,

자신의 장점과 그 관계를

끊임없이 재확인하려는 경향이 특징적으로 두드러진다.

그런 경향은

상대가 도움을 받고 싶다는

욕구를 표현하지 않았는데도

도움을 주려는 행동으로 나타나곤 한다.[29]

정서적으로 의존하는 사람은 자기 욕구를 생각하지 않으면서까지, 게다가 철저하고도 지속적인 방식으로 상대의 환심을 사려고 한다.[30] 물론 배우자가 늘 당신 비위를 맞춰주고 변함없이 지지해준다면 그 자체는 꽤 좋은 일이다. 하지만 어떤 사람이든 타인의 환심을 사는 것이 행동의 유일한 목표가 되어버리면 숨이 막히고 짜증이 나서 차라리 그 사람 자체를 멀리하고 싶어진다. 부부 사이가 너무 한쪽으로 기우는 것이 싫어서 상대가 대등한 입장으로 올라오기를 바라다가 자칫 공격적이 될 수도 있다.

세 가지 측면을 살펴보는 설문조사(92~93쪽)로 공의존(또는 과잉 의존) 수준을 측정해보았다. 첫 번째 측면은 희박한 자존감을 끌어올리기 위해 자신의 개인적 가치를 자기 자신보다는 타인에게 확인받으려는 욕구와 관련이 있다. 두 번째 측면은 언제나 타인의 욕구를 자기 욕구보다 중요하게 고려하는 경향이다. 세 번째 측면은 과잉 의존 상태에 놓인 당사자가 자신의 자신감, 안녕감, 행동에 지대한 영향력을 끼치는 타인의 행동에 강하게 반응하는 성질이다.[31]

일례로 이 설문조사에서 의존 지수가 높게 나온 한 조사 대상자는 배우자의 거듭된 파행에도 자식들 때문에 부부관계를 유지한다고 답했다.

정서적 의존의 세 가지 특징	
자기 가치를 타인에게 확인받으려는 욕구	자신의 독자적 의견이나 판단을 무시하면서까지 남들에게 끊임없이 확인, 칭찬, 인정을 받으려 함
타인의 욕구를 자기 욕구보다 우선시하는 경향	자기에게 결코 좋은 일이 아닌데도 자기 욕구보다 타인의 욕구를 먼저 고려하려고 함

타인의 행동에 지나치게 중요성을 부여하는 경향	남의 말, 행동, 시선을 지나치게 신경 씀. 남의 비판은 무조건 옳은 것처럼 받아들이고 자기를 칭찬하거나 인정하지 않는 사람은 자기에게 반대한다고 생각함

파트너 말고도 다양한 관계들이 필요하다

심리치료사들은 이런 커플 관계에서 우리가 충족되지 못한 욕구를 채우기 위해 상대를 바꾸려는 경향이 나타난다고 지적했다.[32] 반대로 상호의존 관계에서는 서로 어떤 점이 뛰어나고 어떤 점이 부족한지 의식하고 서로를 지지하는 팀워크를 이루어 만족과 기쁨을 얻는다. 이 관계에서는 상대의 욕구에 관심을 기울이고 서로 타협점을 찾는다. 건설적 관계를 구축하려면 각자에게 필요한 신뢰, 지지, 이해를 고려해야 한다. 이러한 인간적 욕구를 공의존 관계에 끌어들이는 것만은 절대적으로 피해야 하지만 그런 욕구에 부응하지 못해도 관계는 망가질 것이다. 얼마 못 가 자기네들은 서로 잘 맞지 않는다, 나보다 나를 더 잘 챙겨줄 사람은 없다, 으르렁대면서 같이 사느니 혼자 사는 게 속 편하다는 생각이 들 것이다.

이런 상황에서 심리치료의 도움을 받으러 오는 사람들은 정서적 의존의 고통을 호소하고 타인에 대한 욕구를 낮추고 싶어 한다. 일부 심리치료사들은 이러한 경향이 나중에는 타인에게 덜 내어주고 많이 기대하는 태도로 나타나기도 하지만[33] 결과적으로 관계에 도움이 되지는 않는다고 보았다. 또 어떤 사람은 타인에 대한 의존을 다른 것에 대한 의존으로 대체하기도 한다. 속상한 일, 좌절, 스트레스 상황에 부딪힐 때 술과 담배는 타인의 도움을 구하지 않고 혼자서 그 상황에 대처할 수 있다는 기분

을 불러일으킬 수 있다.[34]

이혼율이 50퍼센트에 육박하는 이 시대에, 우리가 타인에게 품는 기대를 잘 자각하는 것이 중요하다. 사실 우리에겐 파트너가 모든 욕구를 채워주기를 기대하는 경향이 있는지도 모르겠다. 그런데 **균형이 잘 잡힌 관계, 공의존이 아닌 상호의존을 유지하려면 모든 기대를 커플 관계에만 걸어서는 안 된다.** 이 때문에 지인, 가족, 친구 네트워크가 각 사람의 정서적 균형과 자기실현에 꼭 필요하다. 사회적 관계가 다각화되지 않은 사람은 정서적 의존 위험이 더 크다. 게다가 파트너와 관심을 공유하는 영역과 파트너와는 별개로 자신이 관심을 두는 영역을 다 같이 확대하는 것이 중요하다. 파트너와 상관없는 활동 영역이 반드시 있어야 한다는 말이 아니라 파트너에게만 관심을 집중할수록 정서적 의존 위험이 크기 때문에 독자적인 관심 영역을 넓혀나가는 것이 바람직하다는 얘기다.

정서적으로 의존하는 사람은 자기 삶의 까다로운 상황들을 타인이 관리해주기 바라거나 자존감을 유지하기 위해 주로 타인의 시선에 자기를 맞추는 경향이 있다. 이 의존에는 네 가지 측면이 있다. 인지적 측면의 특징은 자기 힘으로 상황에 대처할 수 없다는 지각에 있다. 정서적 측면은 버림받을지 모른다는 고도의 불안으로 나타난다. 동기적 측면은 잠재적 보호자(부모, 배우자, 교사, 의사 등)와 극도로 가까운 관계를 유지하려는 경향을 보인다. 마지막으로 행동적 측면의 특징은 잠재적 보호자를 자기에게로 끌어오려는 행위(비위 맞추기, 기대에 부응하기, 위계질서가 지시하는 규범에 맞춰 살기 등)에 있다.[35]

정서적 의존의 네 가지 측면	
인지적 측면: 생각하는 바	나 혼자서는 상황을 해결하거나 바꿀 수 없다는 생각. '다른 사람들이 도와줘야 해. 도움 없이 나 혼자선 못 해.'
정서적 측면: 느끼는 바	혹시라도 버림받을까 봐 자주 불안해하고 타인의 비판, 거리 두기, 무시 등에 감정적으로 심하게 반응
동기적 측면: (무의식적일 때도 많지만) 추구하려는 바	잠재적 보호자(부모, 배우자, 교사, 의사, 친구 등)와 극도로 가까운 관계를 유지하려는 경향
행동적 측면: (무의식적일 때도 많지만) 실행하는 바	잠재적 보호자를 자기에게 끌어오려는 행위(비위 맞추기, 기대에 부응하기, 위계질서가 지시하는 규범에 맞춰 살기 등)

한 연구팀은 보호자적 존재로부터 관심을 받으려는 이 경향을 규명하기 위해서 교수에 대한 학생의 의존 형태를 두 가지 상황에서 연구했다. 교수에게 말을 걸기 위해 수업 후에 일부러 기다려야 하는 상황에서 정서적 의존도가 높은 학생은 그렇지 않은 학생에 비해 두 배의 시간을 기꺼이 할애했다. 단, 학생들에게 그 교수가 곧 대학을 떠날 예정이라고 언질을 주었을 때는 정서적 의존도가 높은 학생이라고 해서 더 오래 기다리지는 않았다.[36] 이 연구는 정서적 의존도가 높은 학생은 학업에 도움이 되는 피드백을 원한다기보다는 보호자적 존재와 가까워지려고 한다는 사실을 보여주었다. 이런 관심 및 관계성 추구는 개인의 발전에 건설적인 역할을 하지 못한다.

다른 상황을 보자. 정서적 의존도가 높은 사람은 혼자서 감정 조절이 잘 안 될 때 관계성을 추구한다. 이런 사람은 충동적으로 관계를 좁히려는 행동을 하고 관심을 확 끌 수 있는 위험 행동(자해, 자살 기도 등)도 마다하지 않는다. 하지만 그런 행동은 외려 상대의 신뢰를 떨어뜨리고 관계에 부담을 지우기 때문에 역효과를 내고 결별 위험을 높인다. 게다가 버림받는다는 불안이 상대를 떠나지 못하게 할 목적의 공격 행동으로 이어지기도 한다. 정서적 의존도가 높은 남성이 파트너에게 폭력을 행사할 위험도 높다는 조사 결과도 있다.[37]

정서적 의존은 낮은 자존감으로 이어진다

정서적 의존도가 높은 사람은 자존감을 살리기 위해 권위 있는 인물들의 관심을 끌기 좋아한다. 어떤 실험에서 대학생들에게 창의력이 필요한 과제를 2인 1조로 수행하게 했다. 조 구성은 사전 설문조사를 통해서 정서적 의존도가 높은 학생과 '건전한' 상호의존 수준을 나타내는 학생이 서로 짝이 되게끔 미리 정해두었다. 실험자가 과제 성취도를 개인별로 평가하겠다고 명시했을 때 정서적 의존도가 높은 학생들은 자신이 더 우수하다는 인상을 주기 위해서 자기 짝을 좀 더 엄격하게 비판하는 경향을 보였다.[38] 반대로 실험자가 과제 평가 여부를 말하지 않았을 때는 정서적 의존도가 높은 학생이 과제 참여에 더 수동적이고 소극적이었다.

정서적 의존은 낮은 자존감과 이어진다.
이런 사람일수록 타인에게 더 쉽게 휘둘리며
권위에 순응하고 복종하는 경향이 크다.

어떤 상황에서는, 이를테면 치료를 받을 때는 이러한 태도가 부인할 수 없는 장점이 되기도 한다. 정서적 의존도가 높은 사람은 질병이 의심될 때 신속하게 병원을 찾을 뿐만 아니라 의사의 처방과 권고를 잘 따르고[39] 심리치료에 꼬박꼬박 참여하며 다음 치료 전까지 연습 과제도 잘 해서 온다.[40]

그렇지만 이들은 수동적인 태도가 타인의 관심을 끌 것 같은 상황에서는 그러한 태도를 견지하는 편이다. 가령 어떤 사람은 혼자서도 충분히 답을 찾을 수 있는 질문을 굳이 하곤 한다. "바쁘신데 폐를 끼치는 것 같아 정말 죄송한데요, 제가 이 답안 작성 지시를 제대로 파악한 건지 확인하고 싶어서 그래요. 답안지가 다섯 장을 넘어가면 안 되는 거죠?" 학생들에게 나눠준 지시문만 보면 명백히 알 수 있는 사항이다. 요컨대 이러한 상호작용에는 단순히 교사와 더 가까워지려는 목적밖에 없다.

'건전한' 대인對人 의존에서는 대화나 관계를 발전시키거나 풍부하게 하려는 목적에서 상호작용이 일어난다. "선생님 강의에서 특별히 흥미로운 부분이 있어서 다시 짚어보고 싶었어요. 자존감을 높이려고 애쓰는 것도 위험할 수 있다는 논문을 읽었거든요? 다음 시간에 그 문제를 다시 다뤄주실 수 있을까요?" 이 대화에서 학생은 교수의 전문적 식견에 힘입어 자신의 이해를 높이려고 한다. 단순히 상대의 관심을 끌고 보자는 의도도 없고 맥락에 어울리지 않게 교수와 가까워지려는 의도도 없다. 또한 제기한 문제를 개인적으로가 아니라 수업에서 다뤘으면 좋겠다고 제안하지 않는가.

이 상호작용은 학생과 교수 양쪽 모두에게 유용하다. 학생은 자기에게 중요한 문제를 명쾌히 파악할 수 있어서 좋고, 교수는 학생 전체에게 그 문제를 다뤄줄 기회, 수업에서 자신의 연구를 가르치는 방식을 재고할 기회가 생겨서 좋다.

오늘날은 대인 의존성이 '건전한' 사람일수록 자신의 특수한 욕구와 타인들의 욕구에 그때그때 부응하는 방식을 더 잘 의식한다고 본다. 가령 도움 요청은 상황, 관계 유형, 표현된 욕구에 적합해야 한다. 그러자면 대인관계 능력도 있어야 하고 타인과 유연하게 상호작용을 해야 한다. 선을 넘었다는 느낌이 들지 않게 상대에게 말할 수 있어야 하고 상대도 타인의 발전을 꾀할 수 있다는 자기효용감을 느끼게 해야 할 것이다.

관계의 이분법에서 벗어나라

긍정적 상호의존은 네 가지 면에서 정서적 의존과 구별된다고 이미 말했다. 자신의 행동력을 의식하는 인지적 측면, 사회적 관계들을 좋게 보는 정서적 측면, 쌍방의 욕구를 존중하고 양질의 관계를 유지하려는 동기적 측면, 자신의 가치를 존중하면서 개인적이거나 서로 공유하는 목표와 욕구에 맞게 행동하는 행동적 측면이 그렇다.

긍정적 상호의존에 바탕을 두면 관계를 바라보는 이분법적 시선에서 벗어날 수 있다. 독립(정서적 자급자족) 아니면 공의존(파트너 없이는 살아 있다고 느끼지도 못할 정도의 의존)을 선택할 필요가 없다. 긍정적 상호의존에는 타인의 중요성과 상호 지지를 받아들이는 것도 포함된다.

솔로몬 박사가 긍정적 의존에 대한 저작에서 설명했듯이 성숙한 관계는 독립성 수준이 아니라 자신이 타인과 연결되었다는 사실을 받아들이는 능력에 달렸다. 이 능력이 긍정적 상호의존 발달의 으뜸가는 필요조건이다.

상호의존 받아들이기는 부분적으로 개인의 교양, 교육, 상호의존에 대해서 전달받은 생각, 인생 경험, 각자가 처한 상황에 달렸다. 이것은 전반적인 태도인 동시에, 인생을 살면서 변해갈 수 있는 사고방식이다.

인간관계라는 영역에서 고정된 것은 아무것도 없다.
새로운 관계 경험은 언제나 타인과의 연결 가능성을 열어준다.

그러한 관계들은 지지의 소중한 원천일 뿐 아니라 삶에 의미가 있다는 기분을 더해준다.

긍정적 상호의존도를 측정해보자

여러분이 상호의존을 받아들이는 정도를 측정하고 싶다면 다음에 제시하는 몇 가지 질문에 답해보자. 다음 문장들을 하나씩 꼼꼼하게 읽고 자기 생각에 걸맞은 수치에 동그라미를 치자. 정답도 없고 오답도 없다. 그냥 여러분의 현재 태도에 가장 알맞은 답을 택하면 된다. 그다음에 각 문항의 점수를 모두 더해서 총점을 낸다. 총점이 높을수록 상호의존을 바라보는 시각이 긍정적이다(그러한 행동을 많이 한다). 이런 사람은 선뜻 도움을 청하거나 받을 줄 알면서도 자신의 능력이나 자율성을 부정적으로 보지 않는다.

긍정적 상호의존도 측정 설문

	정말 그렇다				전혀 그렇지 않다
1. 나는 다른 사람의 도움을 기꺼이 받아들인다.	□1	□2	□3	□4	□5
2. 여럿이 함께하는 일이나 과제를 좋아한다.	□1	□2	□3	□4	□5
3. 내가 이미 도와준 적이 있는 상태라고 해도 그 사람에게 내가 도움을 받는 건 별로 좋지 않다.	□5	□4	□3	□2	□1
4. 집단이 함께 하는 일에서 업무 분담을 어려워한다.	□5	□4	□3	□2	□1
5. 개인적인 성공은 자신의 능력과 타인들의 도움이 '함께한' 결과다.	□1	□2	□3	□4	□5
6. 차라리 어떤 면에서는 다른 사람에게 이바지할 수 있기 때문에 집단으로 하는 일이 좋다.	□1	□2	□3	□4	□5
7. 곤란을 겪는 사람에게 도움이 되는 것을 중요시한다.	□1	□2	□3	□4	□5
8. 내 일을 하면서 남에게 기대는 건 싫다.	□5	□4	□3	□2	□1
9. 남에게 도움을 청할 때 열등감을 느끼지 않는다.	□1	□2	□3	□4	□5
10. 누군가를 도와주면서 보답을 기대하지 않는다.	□1	□2	□3	□4	□5
11. 남들을 돕는 일이 나에게는 자연스럽다.	□1	□2	□3	□4	□5
12. 도움을 청하기가 불편하다.	□5	□4	□3	□2	□1
13. 사람들이 서로 돕고 살지 않으면 사는 재미가 덜할 것 같다.	□1	□2	□3	□4	□5
14. 다른 사람을 도와줄 때 기쁘고 자신이 쓸모 있는 사람이 된 것 같다.	□1	□2	□3	□4	□5
15. 서로 도와가며 일을 해야 더 좋은 결과가 나온다.	□1	□2	□3	□4	□5

상호의존을 잘 받아들이는 사람일수록 협력이나 사회적 지원에 적극적인 편이지만 자기가 도움을 요청하는 입장에서는 소극적 자세에 머물 수도 있다. 남들에게 짐이 되고 싶지 않거나 끊임없이 남들을 돕느라 진을 빼고 싶지 않다면 의문을 품을 법하다. 어느 수준까지, 어떤 문제로, 얼마나 자주 도움을 청해도 되는가? 누구에게? 어떤 상황에서? 어떤 식으로? 어떤 목적으로?

언제 도움을 요청하거나 받아들여야 할까

"어느 날 저녁, 이웃에 새로 이사 온 사람이 크레이프를 굽는데 달걀이 없다면서 좀 나눠줄 수 있는지 청하더군요. 우리는 그 사람이 친구들과 크레이프 파티도 너끈히 할 수 있도록 달걀 한 판을 서둘러 챙겨줬어요. 그러고서 한 시간쯤 지났을까, 그 사람이 우리 집 식구가 다 먹을 만큼 크레이프를 구워 왔어요! 놀라기도 했고 반갑기도 했고, 아무튼 그 일을 계기로 이웃과 좀 더 가깝게 지내게 됐어요. 뭔가 도와달라는 부탁을 받았기 때문에 새로운 인간관계를 맺을 수 있었던 거죠. 그런데 며칠 후, 이번에는 우리가 요리를 하다가 재료가 없어서 난감해졌어요. 아들이 우리도 이웃에게 부탁하러 가자고 했지만 왠지 거북하고 어색한 기분이 앞섰죠. 그래도 우리가 이웃에게 달걀을 나눠줄 때 느꼈던 기쁨을 떠올리면서 꼭 그렇게 생각할 필요는 없겠다 마음을 고쳐먹었어요. 우리는 이웃에게 사정을 얘기하고 달걀을 좀 나눠달라는 말을 하면서 그쪽에서 뭔가 불편해하지는 않는지 눈치를 살폈어요. 하지만 그런 기색은 전혀 없더군요. 오히려 다들 우리를 반갑게 맞아주고 잘 왔다면서 부탁하지 않은 식재료까지 더 챙겨주려고 했답니다."

지나가던 사람이 떨어뜨린 모자를 주워준다든가 계단에서 유모차를 옮겨준다든가 차도를 건너는 시각장애인을 도와준다든가 하는 소소한 이타적 행동도 기쁨과 만족감을 불러일으킬 수 있다. 게다가 누군가에게 도움을 주면 곧잘 긍정적 반응이나 미처 생각지 못했던 이타적 행동이 보답으로 돌아오고, 그러면서 새로운 관계가 맺어진다. 하지만 이 같은 긍정적 강화에도 불구하고 대부분은 남에게 도움 청하기를 껄끄러워한다. 타인에게 부담을 준다는 인상, 사회적 거부의 리스크가 적어도 부분적으로는 그 이유를 설명해줄 것이다.

도와달라고 하기가 부끄럽다고?

가끔은 도와달라고 말하기가 왜 이리 어려울까? 때로는 자신의 존엄과 자유를 잠시 접어야만 도움을 청할 수 있는 걸까? 두 살 반 쌍둥이를 키우는 전업주부 수미아가 부모 교육 워크숍에서 이런 말을 했다. "그게요, 육아에 도움을 받기가 부끄럽거든요. 직장에 다니는 것도 아닌데 집에서 자기 자식들도 건사 못 한다는 얘기밖에 더 되나요…. 그래서 친구들에게조차 좀 도와달라는 말을 못 하겠어요! 우리 남편도 이해를 못 할 텐데요, 뭐…. 육아 도우미가 우리 집에 와 있을 때 손님이 불쑥 찾아온다면 난 아마 창피해서 몸 둘 바를 모를 거예요!" 그렇지만 그날 저녁 워크숍 분위기가 좀 더 무르익자 수미아는 이런 말을 했다. "이제 정말 거울에 비친 내 모습을 차마 볼 수도 없는 지경까지 왔어요. 매일 내가 이러다 두 아이 중 한 아이를 버리지는 않을까 생각해요. 친정엄마가 그런 말씀도 하셨어요. 쌍둥이를 함께 돌보기가 힘들면 한 아이는 파리 친정에 놓고 가라, 내가 봐줄게라고요." 프랑스에서는 친정 어머니의 이 제안이 놀랍게 보일 수도 있겠지만 인류학자들의 연구에 따르면 이른바 전통 문화권에서는 부모가 조부모뿐만 아니라 마을 전체의 도움을 받으면서 아이를 키운다! 그들 모두가 '협동 양육자'다.[41] 더욱이 수미아의 어머니는 공동체 중심 문화권 출신이었기 때문에 애들이 아직 어릴 때 육아 부담을 덜어준다는 생각이 자연스러웠을 것이다.

스트레스, 피로, 불안, 우울감은 여력과 상황 사이에서 균형을 찾을 방법을 다시 생각해봐야 한다는 신호일 수도 있다.[42] 그러자면 때로는 지원을 요청해야만 한다. 애초에 인간은 외부와 단절된 채 살아갈 수 있게끔 태어나지 않았다. 상호 지지가 없으면 발전도, 균형도 위태롭다. 실제로 부모들을 대상으로 한 최근 연구는 부모 역할 수행에서 느끼는 피로가 아동 방임 및 학대 행동 위험을 30퍼센트나 높인다고 보았다.[43]

육아에 힘이 많이 드는 시기에 그러한 부담을 덜어주는 도움은 부모와 가족의 삶의 질이라는 차원에서 특히 요긴하다. 그렇지만 앞에서 보았듯이 가까운 이들에게 도움을 구하려면 우리는 상당한 심리적 비용을 치러야 한다. 또한 너무 무리한 요청, 너무 빈번한 요청은 잠재적 리스크가 크다. 그래서 괜히 친구들이나 따로 사는 가족들과 사이가 껄끄러워질까 봐, 혹은 자기 가정도 건사 못 하는 무능한 부모로 보일까 봐 걱정한다. 카린도 부모 교육 워크숍에서 도움을 부탁하기가 얼마나 어려운지 토로

했다. "아이를 낳기로 한 건 내 선택이잖아요. 내가 낳아놓고서 어떻게 연로하신 부모님께 도와달라고 하겠어요. '네가 감당해야 할 일'이라고 하실걸요!"

우리는 무능하고 약해빠진 어른으로 보이고 싶지 않다면서 카린과 비슷한 말을 하는 부모들을 워크숍에서 많이 보았다. 그렇지만 그들도 버티기 위해서, 어려운 상황을 넘기기 위해서, 혹은 자신들의 교육관이나 가치관에 부합하지 않는 보육 기관에 자녀를 보낼 수 없어서 외부 도움이 꼭 필요했던 때가 대부분 있었다.

> 긍정적 상호의존은 서로의 욕구를 존중하면서
> 건설적인 방향으로 행동할 필요가 있을 때
> 도움을 받아들이거나 요청할 수 있는 자세다.

상부상조는 확실히 번아웃을 방지하는 핵심 수단이다. 번아웃의 여파는 가족 전체는 물론 주위 사람들에게까지 미친다. 부모가 직장이나 인간관계에서 보이는 반응은 물론이고, 학교에서 아이가 하는 행동에서도 그 영향을 관찰할 수 있다. 하지만 이러한 사실에도 불구하고 부모들은 좀체 도움을 청하려 하지 않기 때문에 상부상조 네트워크를 만들기가 쉽지 않다. "남들은 더 힘들 텐데요. 나는 그래도 한 명만 키우면 돼요!" 카린이 말했다.

도움을 청하는 것은 정상이고 모두에게 좋은 일이다

하지만 우리 자신이 다른 사람을 도와주었던 때를 찬찬히 돌이켜보면 우리가 느꼈던 만족감이 기억날 것이다. 심지어 내 코가 석 자인 와중이었다고 해도, 그날 하루를 마무리하면서는 뿌듯한 기분이 들었을 것이다. 자신의 가치관에 부합하는 일을 했다고 느꼈고, 그로써 삶에 의미가 더해졌기 때문이다. 또한 아직 자신에게 남을 도울 여력이 있음을 확인했으므로 마음이 놓이고 자기효능감과 상황 통제감도 향상되었을 것이다. 앞에서 살펴보았지만 타인을 돕는 행위가 자기에게도 이롭다는 사실은 여러 연구로 확인되었다. 한 연구에서 실험 참가자들에게 본인의 시간이나 노력을 투입함으로써 타인의 지지를 얻는 행위들을 전부 기록하게 했다.[44] 그 후 이 참가자들이 부부나 친구 사이에서 느끼는 만족감과 관계의 질적 수준을 측정해보았다. 연구자들은 소소한 '희생'을 자주 하는 사람일수록 양질의 인간관계가 예측된다는 결론을 내렸다. 이타적 행동은 배우자나 친구에게 호의 어린 관심으로 받아들여지고 관계를 중요하게 생각한다는 증거가 된다. 따라서 신뢰는 더욱 공고해지고 상대도 보답하고 싶은 마음이 든다.

그렇지만 이 유익한 효과들은 갈등이나 부정적 감정(가령 타인의 질책이나 실망에 대한 두려움)을 피하기 위해서가 아니라 상대를 좀 더 편안하고 행복하게 해주고 싶다는 목적으로 도움 행위가 실현될 때에만 나타난다.[45] 2주에 걸친 한 실험에서 실험 참가자들에게 타인을 위해 자기 비용을 들인 행위, 즉 소소한 '희생'을 매일 모두 기록하고 그러한 행위를 하게 된 동기도 적어보라고 했다. 그 후 각각의 행위에서 경험한 만족감과 관계성 수준에 스스로 점수를 매기게 했다. 연구자들은 질책이나 불쾌감 같은 부정적 결과를 피하려고 희생적 행위를 했을 때는 관계에 대한 만족감이 떨어질 뿐 아니라 오히려 갈등 위험이 높아졌다고 보았다. 반대로 타인을 생각해서 희생적 행위를 했을 때는 긍정적 감정이 일어나고 관계 만족도도 높아졌다.

개개인의 이타적 행동에 기댈 수도 있지만 어려움에 처했거나 사회적으로 고립된 사람들을 돕는 사회적 조치와 인력도 엄연히 존재한다. 그런데 '권리와 서비스 비非이용 실태 전망'에서 실시한 조사로도 알 수 있듯이[46] 받을 수 있는 도움이 있는데도 신청을 하지 않고 그냥 힘들면 힘든 대로 감내하는 사람들이 참 많다. 도움이나 지원금을 받는다는 사실이 자기 자신에 대한 부정적 생각을 강화할 수도 있다. 도움은 청하는 것도, 받는 것도 여전히 민감한 행위다. 긍정적 상호의존상을 바탕으로 도움을 바라보는 시선을 바꾼다면 타인의 지지에 기대고 그러한 지지를 받아들이기가 좀 더 수월할 것이다.

타인의 지지를 받아들이거나
내가 타인을 지지하는 만큼
사회적 관계를 공고히 할 기회는 많아지고
주는 자와 받는 자가 다 같이 이점을 누린다.

이타주의, 더불어 나누는 이로움

•

。

이타주의는 직접적으로든 간접적으로든 다른 사람의 생존, 건강, 자유 혹은 자기실현에 도움이 되는 행동을 함으로써 그들의 안녕을 꾀하는 태도로 정의할 수 있다.[47] 전 세계 23개 대도시의 이타적 행동 빈도를 조사한 실험 연구가 있었다.[48] 연구자들은 일상에서 흔히 볼 수 있는 행동에 주목했다. 지나가던 사람이 떨어뜨린 물건을 주워서 돌려준다든가, 시각 장애인의 도보 이동을 돕는다든가 하는 행동 말이다. 연구자들이 연구 표준화 프로토콜을 세계 여러 도시에 적용하여 실험한 결과, 이타적 행동이 가장 적게 나타난 비율은 40퍼센트(말레이시아 쿠알라룸푸르), 가장 많이 나타난 비율은 93퍼센트(브라질 리우데자네이루)로 집계됐다. 비교 차원에서 거론하자면 프랑스의 자원봉사율은 약 25퍼센트다(2016~2017년 프랑스 자원봉사회 조사 집계). (통계청 조사에 따르면 2019년 한국의 자원봉사 참여율은 16.1퍼센트다─편집자) 이 수치가 실제로 우리의 이타적 경향을 나타내는 지표가 될지는 모르지만 행여 그렇다면 갈 길이 멀다!

남을 도우면 내가 행복해진다

남을 돕는 행위는 흔히 희생과 결부되지만 30여 년 전부터 연구자들은 그러한 행위를 하는 사람의 안녕감에 미치는 이로운 효과들을 발표해왔다.[49] 신경과학자들은 우리가 가까운 사람을 도와줄 때 뇌에서 보상 체계가 활성화되고 안녕감에 좋은 자극을 받는다는 사실을 확인했다.[50] 도움을 제공하는 사람의 기분에 미치는 효과가 워낙 극적이기 때문에 '착한 행동의 마약 효과'라고 부를 정도다.[51] 남을 돕는 행위가 전반적인 만족감과 안녕감에 미치는 효과를 입증한 연구는 매우 많은데 특히 《사이언스》에 실렸던 기부금 실험 연구가 그렇다. 얼핏 생각하기에는, 곤궁에 처한 다른 사람에게 돈을 주는 것보다 자기를 위해서 돈을 쓰는 편이 개인의 안녕감을 더 높여줄 것 같다. 연구자들은 실험 참가자들에게 돈을 조금씩 나눠 주고 그 돈을 자신을 위해서 쓰거나 남을 위해서 쓸 때 어떻게 효과가 달라지는지 분석했다. 그들은 한 집단에게는 그 돈을 자기 자신을 위해서만 써야 한다고 했고 다른 집단에게는 남을 위한 일에만 써야 한다고 했다. 그날 저녁 연구자들은 실험 참가자 한 명 한 명에게 전화를 걸어 그들이 느끼는 삶의 만족도를 물었다. 그 결과 남을 위해서 돈을 쓴 사람들이 자기를 위해서 돈을 쓴 사람들보다 더 행복감을 느꼈다.[52] 참가자들이 애초에 갖고 있던 생각과는 정반대되는 결과였다.

비슷한 맥락에서, 자신의 기력과 여유를 내어주면서 타인을 지지하는 입장보다는 지지를 받는 입장이 신체적으로나 정신적으로 더 좋다고 생각할지 모른다. 그렇지만 여러 연구를 보면 그러한 지지도 수혜자보다 제공자에게 더 이로운 효과가 있는 것으로 보인다. 노년층을 대상으로 한 조사는 가까운 지인, 친구, 이웃 혹은 자기 배우자를 돕는 사람이 도움을 받는 사람보다 문제 행동을 일으킬 가능성이 더 낮다는 것을 보여주었다.[53] 또 다른 연구에서는 만성질환으로 고생하는 사람들에게 비슷한 질환을 앓는 다른 사람을 돕게 했더니 무려 43퍼센트가 예전보다 기력이 좋아졌고 13퍼센트는 병으로 인한 고통이 완화되었다고 대답했다.

타인을 도울 때의 이로운 효과는 이처럼 다양한 연령대에서 관찰되었다. 이타적인 청소년일수록 우울증과 자살 위험이 낮다는 연구 결과가 있다.[54] 이타주의가 정신과 신체에 미치는 이로운 효과는 무려 50년에 걸쳐 관찰되었다![55] 노년층 대상 조사에서도, 자원봉사 활동을 하는 노인들은 그런 활동에 참여하지 않는 노인들에 비해 삶에 대한 만족과 의욕 수준이 높게 나타났다.[56]

이타주의의 쓸모

이타적 행동의 이로운 효과를 설명하는 메커니즘은 여러 가지가 있다. 일단 이타적 행동이나 조직적으로 이루어지는 자원봉사는 긴밀한 사회 네트워크를 유지하거나 발전시킨다. 이 네트워크가 삶의 역경이나 중대한 변화(은퇴, 이주, 이별 등)에 맞서는 중요한 보호 요인이 된다.[57] 게다가 건강을 목표로 하는 행동을 촉진하는 효과도 있다. 예를 들어 알코올 의존증이었다가 술을 끊은 사람들이 다른 사람의 금주를 도와줄 경우 다시 술에 손을 댈 확률이 3분의 1로 떨어진다.[58] 그리고 15개월 동안 술을 끊고 타인의 금주도 돕는 프로그램에 참가한 사람의 94퍼센트는 타인을 돕지 않고 혼자 술을 끊은 사람에 비해 우울 증상이 훨씬 덜했다.[59]

'익명의 알코올의존자' 모임은 이렇게 처지가 비슷한 타인의 금주를 지지하게끔 장려한다. 이러한 지지 효과는 참여 수준에 대한 연구들로 입증되었다. 참여율이 높을수록, 참여가 공공연할수록, 많이 노력할수록 그 사람은 자신이 참여하고 타인에게 권장하기도 하는 그 행동을 스스로 잘 실천할 확률이 높다. 이 결과는 인지부조화라는 현상으로 설명될 수 있다.[60] 태도나 신념이 실제 행동과 따로 놀 때 느끼는 내적 긴장, 그것이

인지부조화다.

건강에 유익한 행동을 공공연하게 설파하고 금주나 금연을 긍정적으로 보는 태도를 취하는 사람은 실제로 술이나 담배를 덜 한다. 스스로 개인주의자라고 생각하는 사람도 남들에게 이타적 행동을 권장하는 프로그램에 참여하면 이타적 행동을 더 많이 하게 된다.

이타주의가 안녕감에 미치는 효과가 사회적 관계 때문만은 아니다. 이타적으로 행동하면 개인적 고민에 덜 골몰하게 되므로 불안과 스트레스도 낮아진다.[61]

사회 참여의 중요한 효과는
자기효용성과 그로써 도출되는 삶의 의미다.
이 의미가 지속적인 안녕감에 이바지한다.[62]

어떤 행동을 하기로 선택하고 실행한다면 그 행동은 대개 개인의 동기와 가치관이 결합해서 나온 결과다.[63] 그러한 행동은 자기 삶에 일관성을 느끼게 한다. 또한 자존감을 향상하기 때문에[64] 정신 건강에 이롭다.[65] 게다가 타인을 지지하기 위해 자신의 자질과 힘을 동원하다 보면 자신의 역량을 더 잘 알게 되고 자기 가치감도 높아진다.

주어진 상황에 맞게 행동할 수 있을 때 자기 자신과 삶에 대한 통제감이 상승하고 스트레스, 우울 징후는 완화되는 반면 안녕감은 높아진다. 생활 수준이 각기 다양한 5694명을 조사한 연구를 보면, 비록 가난할지라도 자기 삶을 잘 다스리고 있다고 느끼는 사람이 더 건강하고 삶을 잘

받아들이며 우울증 징후는 덜 했다.[66]

사회 참여는 활동을 유지하게 해주고
새로운 상황에서 적응력을 발휘하게 하므로
정신과 신체 건강에 이롭고 스트레스를 낮춰준다.

스트레스를 덜 느끼게 하는 이로운 효과 덕분에[67] (특히 노년층에서)[68] 신체가 건강해지고 삶의 질이 올라간다. 자원봉사에 참여하는 사람은 조기 사망률이 낮다.[69] 심지어 조기 사망에 영향을 미치는 다른 변수들을 통제하고 봐도 그렇다.[70] 중증 환자들을 대상으로 한 연구도 타인을 지지할 때의 이로운 효과를 잘 보여주었다. 연구자들이 암 환자들에게 몇 주간 전화로 다른 암 환자들의 고충을 들어주고 조언해주는 활동을 제안한 결과, 나중에 이들에게서 생체지표가 호전되었음을 발견했다. 더욱이 전화 상담으로 지지를 받은 환자들보다 지지를 제공한 환자들에게서 생체지표가 더 좋게 나타났다. 이 결과도 통제감, 역량, 사회적 효용감이 신체와 정신 건강에 얼마나 중요한지 새삼 보여준다.

이렇게 확인된 결론은, 약해졌을 때는 자기 자신부터 챙겨야지 남을 돕는답시고 시간과 기력을 들이면 안 된다는 통념과 정반대다. 내 시간과 기력을 내주는 활동이 불리한 것만은 아니며, 되레 내 삶에 의미를 주는 안녕감을 키워줄 수도 있다. 그렇지만 최근 20~30년 동안 이타적 활동에 참여하는 사람들이 직업적 **번아웃** 위험에 크게 노출되었다는 점도 잊어선 안 된다. 병자를 돌보는 일을 하는 사람, 가까운 사람이 병에 걸려 자연스레 간병을 맡은 사람들의 번아웃은 심각하다. 본인의 여력 이상으로 애를 쓸 때, 다시 말해 자신을 재충전할 수 있는 활동과 관계를 충분히 누리지 못할 때 번아웃이 발생한다.[71] 요컨대 돕는 자가 상황을 통제할 때는 도움 행위가 '짐'으로 느껴지지 않고 오히려 삶의 만족도를 높인다.[72] 부모 역할도 마찬가지다. 따라서 일상에 필요한 힘과 다른 데 쏟을수 있는 힘의 균형을 잡는 것이 단연코 중요하다.

부모가 된다는 것

"아이가 생기기 전에는 인생이 어떻게 흘러갈지를 참 단순하게 생각했던 것 같아요. 옛날에는 애를 학교에 데려다주면서 계속 혼내고 잔소리하는 부모를 보면서 난 저러지 말아야지, 아이에게 매사를 잘 설명하고 납득시켜서 아이 스스로 잘 따라오게 교육해야지 그랬단 말이죠. 그런데 아기도 태어나자마자 제 성격과 기질대로 행동하고 반응한다는 걸 알고는 얼마나 놀랐는지 몰라요! 부모의 교육관이 아무리 건실하다고 해도 아기를 그런 방식에 맞출 수 있다는 보장은 없죠. 이 사실을 깨닫고는 항상 내 자유를 희생하는 기분으로 아이에게 나를 맞춰야 할 것 같았어요. 아이들은 관심과 도움을 요구하지요. 그게 아이들의 마땅한 권리이기도 하고요."

부모가 되면 뭔가가 근본적으로 변한다. 나 아닌 다른 인간의 발달에 반드시 필요한 존재가 된다는 점이 그렇다. 이 관계가 처음에는 부모에 대한 아이의 일방적 의존 같지만 이후에는 서서히 긍정적인 상호의존, 즉 양쪽 모두에게 안녕감을 주는 관계에 가까워진다. 자신이 타인의 생존에 없어서는 안 된다는 기분이 자기효용감, 역량, 자존감을 향상하고 부모에게 안녕감을 준다.

그렇지만 타인이 시도 때도 없이, 늘 나를 필요로 한다면 잠시도 긴장을 풀 수 없고 그 점이 번아웃 위험 요인이 된다. 자신이 반드시 필요하다고 느낄수록 관계에 집중하게 된다. 그런 자세 자체는 긍정적이지만 여기에도 어떤 한계는 있다. 아이의 발달에 필요한 일들을 챙기느라 부모가 감당할 수 있는 선을 넘어 정신에 과부하가 걸리면 부모는 자유를 완전히 잃고 짓눌리는 기분이 든다. 따라서 아이의 욕구에 대한 반응과 자신의 욕구 사이에서 균형을 찾는 것이 중요하다.

부모의 역할과 개인의 욕구 사이에서

부모 노릇을 하다 보면 부모와 자녀 관계에 관련된 욕구와 부모 개인의 욕구가 충돌할 때가 많다. 부모는 으레 아이에게 우선순위를 두기 때문에 다른 욕구는 뒷전으로 밀려난다. 하지만 이 불균형은 짜증스럽기 때문에 때때로 긴장과 부적응 행동을 낳는다. 이 때문에 부모에게 그들 자신의 심리적 기본 욕구를 무시하지 말고 균형을 잡아야 한다고 권고한다. 부모 역할을 제대로 생각해보는 것도 그러한 균형 잡기의 일환이다. 부모 역할이 어떤 면에서 개인의 가치관과 삶의 중요한 목표에도 부합하는지를 보아야 한다.

자기 아이를 돌보는 일은 비록 힘과 시간과 자기조절력을 엄청나게 빨아들이지만 대개는 부모의 심리적 욕구를 충족하는 면도 있다. 그중 으뜸은 관계의 밀착성에 대한 욕구다. 부모에 대한 아이의 애착은 관계성 추구로 이어지므로 이 인간적인 욕구에 부응한다. 또한 아이를 잘 보살피려는 헌신이 부모 개인의 가치관에 부합함으로써 자율감도 향상된다. 부모의 교육관이 가치관과 따로 놀 수는 없다. 반면 아이는 종종 부모에게 긍정적인 환상을 품는다. 아이는 엄마 아빠가 세상에서 제일 힘세고 예쁘고 똑똑하다고 생각하곤 한다. 그러면 부모도 자기효능감이 강화된다. 아이를 돌보느라 자기를 못 챙기고 살아도 자기 가치관과 연결되어 있다면 자율감과 부모 노릇의 의미를 되찾을 수 있다. 사실 부모는 자율을 잃어버린 채 아이에게 많은 것을 맞추고 많은 시간을 쏟는데도 인정과 감사를 보답으로 받지 못할 때가 많다!

슈퍼 부모가 되어야 한다는 압박

자유와 자율을 느끼고 사는 것은 누구에게나 특별히 중요하다. 게다가 자유로운 개인의 자율적 삶은 서양 사회가 매우 높이 평가하는 특징이다. 가족과 친구는 우리가 진로를 잘 찾고, 하는 일을 통해서 자기실현을 하기 바란다. 저마다 자유롭게 선택하고 그 선택을 드러낼 수 있는 민주사회에서 산다는 이 기회를 잘 활용할 의무가 있다. 그리고 여기에는 결코 가볍지 않은 책임이 따른다.[73] 자신의 선택을 책임지고 자기 자신을 돌보며 개인적 균형을 찾는 것은 각자의 몫이다. 인생이 잘 안 풀릴 때는 자기에게 일어난 일이 다 자기 책임 같고 자신의 무능과 부적응이 뼈저리게 다가온다. 어디 그뿐인가, 타인의 시선과 판단도 피할 수 없다. 나는 애초에 **선택**을 한 것인데 다른 사람들은 내가 행복해지기 위해 해야 했던 일을 하지 않았다고 생각한다.

나를 향한 비판적 시선, 남들의 판단은 우리가 삶을 영위하는 방식뿐만 아니라 우리 아이를 양육하는 방식과도 관련된다. 지금은 교육, 자녀와의 관계성, 아이의 발달에서 자신이 맡은 책임을 의식하는 부모가 점점 늘어나고 있다.[74] 그와 동시에 남들의 관찰, 통제, 판단에 늘 노출되고 자기비판에서도 벗어날 수 없어서 괴로워하는 부모도 늘어난다. '슈퍼 부모'가 되어야 한다는 압박이 커져만 가는 것이다. 그런데 슈퍼 부모가 되려면 상당 수준의 자기부정이 필요하다. 부모는 자기실현 여부를 찬찬히 생각할 겨를 없이 아이들의 자기실현을 가장 잘 뒷받침할 수 있는 방법을 고민하는데, 이건 정말 정성과 노력이 많이 드는 일이다. 루뱅 가톨릭대학교 심리학과 교수 모이라 미콜라이차크와 이자벨 로스캉은 이른바 '긍정적' 부모 역할에 결부된 기대를 다음과 같이 요약했다. "긍정적 부모는 자녀를 따뜻하게 지지하는 부모로서 자녀와 함께 보내는 시간의 질이 높고 자녀의 경험을 이해하려고 노력하며 자녀가 지켜야 할 규칙을 설명해주고 긍정적 행동을 촉진하고 강화한다."[75] 부모에게 기대되는 긍정적 행동은 이렇게 한두 가지가 아니다. 그 목록은 길고도 복잡하다. 이렇게 신경 써야 할 일이 많은데 자기 욕구에 귀 기울일 시간이 있겠는가.

좋은 부모 되기와 자기에 대한 관심, 자기실현은 일견 양립하기 어려워 보인다. 자기실현에 대한 외적 압박은 서로 모순되는 욕망과 목표 사이에 놓인 부모 입장에서 부담스럽기까지 하다. 자식을 위해서 하는 선택이 부모 개인으로 보면 독립이나 자율처럼 서양 사회가 높이 사는 가치, 진짜 선택의 자유를 느끼게 하는 가치에 부합하지 않기 때문이다. 그래도 아이가 생기면 자기가 하고 싶은 대로만 하며 살 수 없으니 자유를 제한당하는 기분이 든다. 프랑스 사회가 이 기분을 워낙 중시하기 때문에 부모는 자율과 자유를 행사하면서 '좋은' 부모도 되어야 한다는 역설과 압박을 고스란히 경험한다. 너무 남을 위해서 살면 이런 소리를 듣는다. "그 사람은 너무 희생만 하고 살아. 그러다 자기가 탈이 나고 말걸." 하지만 자신을 부모로서 의식하는 사람은 자기 자신을 챙기는 활동에 죄책감을 느끼기 쉽고 온전히 집중하기도 힘들다.

아이를 키우는 일의 의미

아이가 특별히 키우기 어려운 편이 아니라고 해도 일단 부모가 되면 자신의 바람이나 의욕과 상관없이 일상에서 책임지고 감당해야 할 상황들이 생긴다. 심리적 기본 욕구에 근거한 연구들이 보여주었듯이 개인은 가치관과 행동이 일치할 때 자율감을 느낀다. 힘든 상황에서 한 발짝 물러나 장기적인 목표와 가치에 비추어 일상을 관리하기란 결코 쉽지 않다. 예를 들어 아이에게 하루에도 몇 번씩 똑같은 말을 차분한 태도로 해야 한다면(밥 먹기 전에 손부터 씻으렴, 날씨가 추우니까 외투를 입어야 해…) 자기 감정과 행동을 조절할 여력과 끈기가 남지 않는다. 당장은 아이가 나아지지도 않고 부모로서 무능하거나 존중받지 못한다는 기분이 들지도 모르지만 그 상황을 전체적으로 파악할 수 있게 되면 무엇이 최선의 길인지는 안다. 아이의 욕구를 존중하는 것이 바람직하고 아이가 사회의 습관과 규칙을 익히려면 시간이 걸린다는 것을 이해하게 된다는 얘기다.

이렇게 꼭 필요한 거리를 두고 상황을 보면 부모도 자율감, 나아가 자유까지 어느 정도 되찾을 수 있다. 나는 아이를 잘 키우기로 선택했다. 이 말은 나의 요구에 걸맞게 아이가 성장하려면 꼭 필요한 시간을 존중하기로 했다는 의미다. 이렇게 생각하면 아이가 내 요구에 즉각 응하지 않는 상황에 내가 일방적으로 놓인 게 아니다. 요컨대 이 상호의존을 짐으로 느끼지 않고, 내가 아이를 위해서 하는 일이 나의 가치관과 이어졌음을 인정할 수 있으면 자유를 저당 잡힌 기분은 사라진다.

힘든 상황에서 그저 자식을 생각하기만 해도
방향을 다잡기가 수월하다.
아이를 키우는 일에서 의미를 찾을 수 있으니까 그렇다.

가령 친구나 파트너와 심한 갈등을 겪을 때도 자식을 생각하면 마음을 다잡을 수 있다.

생후 6개월 전후 아기를 둔 부부 140쌍에게 갈등을 일으키기 쉬운 주제로 대화를 나누게 했다. 연구자들은 그 상황에서 커플들의 생체반응을 측정함으로써 상호작용의 적대성 수준을 파악했다. 그런데 이 커플들 가운데 절반은 서로 민감한 대화를 주고받으면서 스크린으로 그들의 아기 사진을 보았고 나머지 절반은 정서적으로 크게 와닿지 않는 평범한 이미지를 보았다. 결과적으로, 아기 사진을 보았던 엄마들은 그렇지 않은 엄마들에 비해 파트너에 대한 적대성 수준이 낮았고 생체반응도 그리 격렬하지 않았다.[76] 이러한 결과는 자신에게 아이가 있다는 의식이 감정 및

행동 조절에 이바지하고 가족의 긍정적 상호의존과 궤를 같이함을 보여
준다.

부모의 번아웃 위험

미콜라이차크와 로스캉은 부모의 번아웃 예방과 감소가 한편으로는
스트레스와 감정 관리에, 다른 한편으로는 주위 사람들의 지지에 달렸다
고 보았다. 상황이 부모가 감당할 수 있는 선을 넘어갈 때 극심한 스트레
스가 발생하고 이는 다시 번아웃으로 이어질 수 있다. 게다가 부모라면
아이의 욕구에 할애하는 관심과 자기 욕구에 할애하는 관심의 균형이 어
긋나 있을 확률이 높다. 그 여파로 부정적 감정, 긴장이 쌓이고 이는 다시
주어진 상황에서의 반응 조절력이나 문제 해결 능력을 갉아먹는다. 심리
적 자원이 희박할 때는 적절하게 행동하는 능력이 제한되고 무능감, 자
기 자신과 타인의 판단이 크게 다가온다. 번아웃에 빠지기 딱 좋은 조건
이다! 이 상태는 물론 본인, 배우자, 자녀에게 유해한 영향을 미친다. 부
부 사이가 나빠지고 행동이 부주의해지며 심하면 자녀를 폭력적으로 대
하기도 한다. 따라서 부모의 번아웃 위험을 낮추는 것이야말로 실제 가
정에서 우선순위가 되어야 한다.

부모의 과잉보호가 아이의 불안을 부른다

번아웃 위험은 부분적으로 '슈퍼 부모'가 되려는 경향과 관련이 있다.
어떤 저자들은 아이가 뭔가를 떨어뜨리거나 퍼즐을 맞추다가 잘 안 되어
짜증을 내기만 해도 부리나케 달려가는 부모를 가리켜 '헬리콥터 부모'[77]

라는 용어를 썼다. 이런 행동은 좀 더 넓게 보면 어떻게 해서든 자기 아이가 실패나 좌절을 겪지 않게 하려는 '과잉보호' 양육에 해당한다. 권위적 양육은 부모가 권위를 앞세워 아이의 행동을 지나치게 통제하기 때문에 아이가 무력감을 느끼기 쉽다. 과잉보호 양육도 방식은 다르지만 비생산적이라는 점은 마찬가지다.[78] 흔히들 생각하는 바와 달리 과잉보호가 되레 아이를 불안하게 만든다.[79] 시도 때도 없이 애를 싸고도는 부모는 이 상황도 위험하고 저 상황도 위험하다고 간접적으로 일러주는 셈이다. 아이가 어디 부딪히거나 넘어지는 일은 흔하다. 이때 아이가 얼마나 오래, 얼마나 큰 소리로 우는가는 어느 정도 부모의 반응에 달렸다. 아이는 그런 식으로 주위에서 보내는 신호에 맞게 자기 반응을 조절한다.

선천적으로 불안한 기질을 타고난 아이가 아닌 이상, 아이를 너무 달래주려고 애쓰면 오히려 역효과가 나는 듯하다. 8~14세 아이 138명을 데리고 실험을 진행한 결과, 원래 불안도가 높지 않은 아이는 부모의 안심시키는 행동을 더 불안해했다.[80] 아이들은 스크린에서 여러 사람의 얼굴 사진을 보았다. 어떤 얼굴은 위협적인 표정(분노 유형)이었고 또 다른 얼굴은 전혀 그렇지 않았다(기쁨 유형). 사진을 한 장씩 보여주고 넘어갈 때마다 스크린에 점이 하나 떴는데 아이는 그 점에 최대한 빨리 주목해야 했다. 이 실험에서 아이들은 순한 표정을 보고 난 다음보다 위협적인 표정을 보고 난 다음에 더 빨리 점에 시선을 주었다. 이러한 주의력 이동은 위협에 대한 민감성을 보여준다. 사회적 불안도가 높은 아이들은 그렇지 않은 아이들보다 반응이 빠르고 위협에 민감했다. 사회적 불안도가 높은 아이들은 순한 얼굴 사진을 보고 난 다음에도 그렇지 않은 아이들보다 반응이 빨랐다. 연구자들은 또한 부모가 옆에 있으면 아이들의 두려움과 경계를 낮출 수 있다는 사실도 확인했다.

연구자들은 부모가 미치는 효과를 측정하기 위해서 실험 대상자를 두 집단으로 나누고 한쪽 집단에서는 실험을 시작할 때 부모가 아이 왼쪽 어깨에 1초 동안 손을 올려놓았다가 떼고 멀어지게 했다. 그 결과, 이 작은 접촉만으로 위협에 대한 아이의 반응이 조금 느려졌다. 부모의 지지가 아이를 안심시키는 효과가 있었던 것이다. 그렇지만 놀라운 현상은 원래 불안도가 높지 않은 아이들에게서 나타났다. 이 아이들은 부모의 지지를 받은 후 순한 얼굴 사진을 보고 나서 오히려 경계 반응을 보였다. 이 실험에서 딱히 위협을 느끼지 못했던 아이들이 부모가 자신을 안심시키는 몸짓을 하자 잠재적 위험을 의심했던 것이다. 그들은 뭔가 걱정해야 하나 싶어서 전혀 위협적이지 않은 자극에도 민감하게 반응했다. '헬리콥터' 부모가 아이의 성장에 도움이 되는 타인에 대한 개방성과 탐구 정신을 저해할 수 있다는 주장도 이런 면에서 납득할 만하다.

부정적 감정을 두려워하지 말자

슬픔, 좌절 같은 부정적 감정과 삶의 역경도 아이의 발달과 자율을 잠재적으로 북돋운다고 볼 필요가 있다. 우리는 유독 힘들었던 시기를 되짚어보면서 삶의 어려운 국면이 우리 자신에 대한 집중, 다시 말해 우리가 남들보다 더 중요하고 우월하고 뛰어난 사람인 것처럼 생각하는 경향을 억제해준다는 사실을 깨닫는다. 나도 청소년기에 무척 힘들었던 기억이 있다. 열여섯 살 때, 거리의 아이들을 돕는 해외 봉사 활동을 하려고 아르헨티나에 갔다. 아르헨티나에 머무는 동안 프랑스에서 가깝게 지내던 여자 친구들 몇 명에게 계속 편지를 보냈다. 그런데 편지를 받지 못한 다른 친구들이 질투를 해서 내가 없는 사이에 아이들끼리 분위기가 아주 나빠졌다. 몇 달 후 학교로 돌아와 보니 같은 반 친구들이 나에게 말도 걸지 않으려고 했다. 그게 너무 충격이었다. 아르헨티나에서는 다 같이 가깝게 지내고 흥겹게 어울리다가 왔기 때문에 더욱더 적응이 안 됐다.

어색한 상황은 하루 지나고 나니 풀어졌지만 그래도 그 충격은 잊히지 않았다. 같은 반 친구들이 나만 따돌리는 것 같았던 그 상황에서, 따돌림을 당해본 사람들이 문득 가깝게 느껴졌다. 옷을 촌스럽게 입는다든가 우리 사회가 좋아하는 날씬한 몸이 아니라는 이유로 너무 쉽게 판단당하는 사람들 말이다. 그 일을 경험하고 나서는 전학생이나 수줍음이 많은 친구에게 내가 먼저 다가가게 되었다. 힘든 일을 겪어야 배우는 것이 있고 그래야 남들의 욕구에 주의를 기울일 수 있다.

고난을 함께하면 끈끈해진다

살면서 부딪히는 문제들이 이타성을 키워준다. 그러므로 아이가 어떤 문제에도 부딪히지 않기를 바라면 오히려 역효과가 난다. 그 아이는 문제 상황을 관리하고 해결책을 찾아내고 적응 전략을 계발하는 법을 배우기 어렵다.[81]

어려움을 만나는 것도 사회화의 원동력 중 하나다.
이 원동력이 도움 행동과 관계성 추구를 촉진한다.

열악한 환경에서 사회적 지지와 관계성이 유독 끈끈한 것도 이렇게 보면 전혀 놀랍지 않다. 그러한 환경에서 살아가는 사람들은 일상적으로 극복해야 할 어려움이 많은데 이때 경쟁보다는 연대가 효과적인 대처 수단이다.

한 연구에서 실험 참가자들이 스트레스를 유발하는 상황에 처했다.[82] 실험자는 그들에게 (허구의) 취업 면접을 준비하라고 했다. 그 후 한 사람씩 비언어적 커뮤니케이션 전문가라는 면접관을 만나게 했다. 그러한 언급은 그들의 일거수일투족이 분석당할 것이라는 암시였으므로 실험 참가자들에게 스트레스로 작용했다. 한편 다른 참가자들은 그렇게 스트레스가 심하지 않은 상황에 놓였다. 이들은 다른 사람에게 평가받는다는 언질을 받지 않은 채 그저 큰 소리로 글을 읽기만 하면 되었다. 이런 식으로 실험 1단계를 거친 참가자는 자기가 모르는 (1단계를 거치지 않은) 다른 참가자와 돈이 걸린 게임을 했다. 2단계의 목표는 스트레스 상황을 경험한 사람이 돈을 벌 수 있는 게임에서 얼마나 상대를 신뢰하는지, 얼마나 신뢰할 만한지, 경제적 가용자원을 얼마나 공평하게 나눌 수 있는지 측정하는 것이었다. 연구자들은 스트레스를 유발하는 상황이 (코르티솔 분비로 측정한) 스트레스 수치를 높이기도 하지만 이타적인 태도와 행동(신뢰, 믿음직함, 공평한 배분 제안)도 더 많이 유발할 거라는 가설을 세웠다.

비슷한 맥락에서 신체 고통을 타인과 공유하는 상황도 사회적 관계를 실감하게 하고 연대 행동을 촉진한다. 오스트레일리아 멜버른대학교에서 고통을 전문으로 연구하는 브록 배스티언이 대학생들에게 설문조사를 실시했다. 그중 절반은 조사에 응하기 전에 근육이 타는 느낌이 들 때까지 벽에 등을 대고 의자에 앉은 것 같은 자세를 취해야 했다. 이 집단은 모두 다 같이 근육통을 경험했다. 그 후 그들은 설문지를 작성했다. 그중에는 다른 참가자들을 얼마나 신뢰하는지, 서로 얼마나 연대감을 느끼는지 답해야 하는 질문도 있었다. 연구 결과 (실험 전에 모르는 사이였지만) 신체 고통의 순간을 공유한 참가자들은 그렇지 않은 참가자들보다 서로 신뢰와 연대감을 더 많이 느끼는 것으로 나타났다.[83]

비슷한 맥락에서 페루 안데스산맥에서 몇 시간 동안 버스 투어를 했을 때도 그런 경험이 있었다. 승객들은 버스가 가파른 절벽 아래로 떨어질까 봐 투어 내내 조마조마했던 나머지 버스에서 내리자마자 서로 모르는 사이인데도 손을 잡고 무사히 끝나서 다행이라며 안도했다. 함께 위험을 통과했다고 생각하면 서로 더 친한 사이처럼 느껴진다.

스스로 어려움에 부딪히게 해라

일부러 위험을 추구할 것까진 없지만 힘들거나 불쾌한 경험을 함께 해보는 것도 꽤 건설적인 경험이다. 그렇게 생각하면 어떻게 해서든 아이에게 어려운 상황을 없애주는 '헬리콥터' 부모가 되려는 경향도 좀 억제될 것이다. 아이의 저력을 믿어야 하고, 아이가 자기 역량으로 어려움을 해결하려고 노력할 때 이로운 효과가 있을 것이라고 믿어야 한다. 이 믿음이 아이의 자신감과 자율을 키워준다. 예를 들어 여섯 살짜리 여자아이가 어느 날 이제 보조 바퀴 없는 자전거를 타겠다고 선언했다. 하지만 엄마는 아이가 다칠까 봐 안 된다고 했다. 하지만 아이는 고집을 꺾지 않았고 계속 보조 바퀴를 떼어내 달라고 졸랐다. 결국 부모가 한번 해보자고 보조 바퀴를 떼어주었더니 놀랍게도 아이는 두발자전거를 완벽하게 타는 모습을 보여주었다!

'헬리콥터 부모'처럼 행동하는 경향을 다스리면 부모 자신에게도 이롭다. 사실 '슈퍼 부모'가 되려고 할 때는 스스로에게 가하는 압박이 크다. 하지만 신체 밀착이 부모와 아이의 공감에 중요한 역할을 한다고 보고한 연구들을 보면, 환경에 특히 민감한 아이들의 특수한 욕구에도 관심을 두어야 한다. 따라서 모든 부모의 상황은 그 자체로 특수하므로 저마다 자신의 여력과 욕구를 반드시 고려해야 한다. 특히 3세 이하 아이를 키우는 부모와 특수아동(만성질환, 학습장애 등) 부모는 번아웃 위험이 높다.[84]

나를 이해하고 받아주는 태도의 힘
◦

어느 날 아침, 아누크가 애들이 학교에 늦지 않도록 옷을 입히고 신을 신기느라 바쁜데 아들내미가 그 신발을 신지 않겠다고 고집을 피웠다. "그 신발 이제 너무 작아! 나 그거 안 신어!" 아누크는 어제까지 멀쩡히 신었던 신발을 하룻밤 사이에 못 신는다는 게 말이 되느냐, 오후에 새 신발을 사줄 테니 오늘 아침은 그냥 신고 가라 타일렀지만 아이는 요지부동이었다. 결국 엄마도 인내심을 잃고 아들을 양말 바람으로 자동차에 태운 후 신발을 던져 줬다. 아이는 차 안에서 질질 짜면서 마지못해 그 신발을 신었다. 그날 하루 종일 아누크는 마음이 좋지 않았다. 그렇게까지 할 일이었나 싶었고 나쁜 엄마가 된 기분이었다. 그 일을 도로 주워 담고 싶었지만 달리 어떻게 했으면 좋았을지도 몰랐다.

밤에 잠이 잘 안 왔고 아침에 또 신발 신기면서 실랑이를 해야 하나 걱정이 됐다. 아니나 다를까, 다음 날 아침에도 아들은 신발이 너무 작아서 못 신겠다고 바닥에 드러누웠다…. 어제 하루 종일 마음이 찜찜했고 잠도 설쳤지만 해결책을 찾지 못한 아누크는 어제보다 더 빨리 폭발해버렸다. 결국 그날도 아이가 양말 바람으로 차에 끌려가는 것으로 소동은 일단락되었다.

부모라면 대부분 비슷한 상황을 경험했을 것이다. 실수는 학습에 꼭 필요한 과정이지만 우리는 실수나 부적절한 행동을 한 후 흔히 심한 자책에 빠진다. 그런데 으레 하는 생각과 달리, 자기에 대한 부정적 비판을 곱씹어봤자 행동이 나아지지는 않는다. 자기비판 경향은 자존감, 자신감, 자기효능감에 영향을 미친다.

자기 자신에게 비판적일수록 무력감이 들고
상황에 대처하는 능력이 떨어진다.
반대로 자기 자신을 이해해주는 태도는
이제 예전과는 달라질 수 있다는 자신감을 북돋운다.

스스로를 존중하고 호의로 대해라

고통을 호소하는 타인에게 연민을 느끼는 것처럼 우리는 힘든 상황에서 우리 자신에게 연민을 품을 수 있다. 나의 의심, 딜레마, 고통을 받아들이면서 나에게 닥친 일을 호기심과 열린 마음으로, 그리고 따뜻한 자세로 대해라.[85] 자기 연민의 세 가지 면에서 우리는 회복탄력성과 타인과의 관계성을 계발할 수 있다.

- 자신에 대한 호의: 실패와 고통의 순간에 자신을 판단하고 몰아세우기보다는 이해심을 가져야 한다. 자신의 불완전성, 혹은 그 시기의 어려움을 이해하고 공감할 수 있어야 한다.

- 지금 이 순간의 경험 받아들이기: 힘든 일이 있을 때 도피하려고 하지 말고 현재에 단단히 닻을 내린 채 나의 상태, 나의 생각을 의식해라. 하지만 생각을 의식하라는 말은 머릿속으로 똑같은 생각을 곱씹으라는 얘기가 아니다.

- 보편적 인간성 인정하기: 다른 사람들도 다 삶이 녹록하지 않다는 것을 이해하고, 자신의 취약성을 개별적이고 부끄러운 경험이 아니라 더 광범위하고 보편적인 인류의 경험으로 이해해라. 힘들었던 일, 불완전성이 우리를 다른 사람들과 이어준다. 사람이라면 누구나 인생을 살면서 그런 경험을 하기 때문이다.

자기 연민의 세 가지 측면	
자신에 대한 호의	"너 자신을 아프게 몰아세우지 말고 그냥 무슨 일이 일어났고, 오늘 무엇을 해야 하고, 내일은 변화를 위해서 무엇을 할지 적어봐."
지금 이 순간의 경험 받아들이기	"자꾸 반복되는 생각이나 오래된 습관에 얽매여 너 자신을 폄하하지는 마. 일단은 지금 네 상태부터 파악하려무나. 너의 몸, 너의 감정과 생각, 무엇보다 지금 너에게 위로가 필요하다는 걸 받아들여 봐…."

보편적 인간성 인정하기	"누구나 실패하고 실수하고 아파해. 너도 남들과 다르지 않아. 네가 열등해서가 아니라 그냥 인간이면 다 그런 거야."

　자존감은 성공, 인정, 실현 같은 외부 상황에서 자양분을 얻고 그런 것들에 비추어 내리는 자기판단을 토대로 삼는다. 자신에 대한 호의는 그와 반대로, 외적 실현이나 인정에 좌우되지 않고 판단하지도 않는 태도다. 그러한 태도는 자기 자신에 대한 호의에 힘입어 역경에 맞서는 뛰어난 회복탄력성으로 연결된다.

과학적으로 입증된 자기 연민의 효과

　오랫동안 자기 연민을 연구한 텍사스대학교의 크리스틴 네프 교수는 그러한 태도가 부정적 정서, 불안과 우울 징후 감소에 효과가 있음을 지적했다. 자신에 대한 호의를 계발한다고 해서 자기만족에 빠지거나 자기에게만 한없이 관대해질 거라고 생각해선 안 된다. 네프의 연구는 자신에 대한 호의가 실제 행동 개선에 효과가 있고[86] 궁극적으로는 자기효능감을 끌어올린다는 것을 보여주었다. 더욱이 자기 연민의 두 번째 측면이 현재에 집중하는 자세이니만큼, 상황을 확대 적용하거나 실패 원인을 곱씹거나 이후 일을 예측하면서 불안해하는 것보다는 훨씬 불안 및 우울 징후를 낮출 수 있다. 자기 연민의 이로운 효과는 **보편적 인간성**과 연결되는 능력으로도 설명이 된다.

　모든 인간은 때때로 크나큰 고통이나 고난을 겪거나 나이를 먹으면서 자기가 약해지는 것을 느낀다. 그러한 상황에서 나만 그런 게 아니라 다른 사람도 다 그 단계를 거친다고 생각하면 나보다 앞서 그 길을 갔던 사람들, 혹은 현재 비슷한 어려움을 겪고 있는 사람들이 한결 가깝게 느껴진다. 연구자들은 이렇게 보편적 인간성을 느끼는 현상에 관심을 기울였다. 가령 출산이라는 극악의 고통을 겪고 나면 아이를 낳은 엄마들끼리는 이심전심이 된다. 잠도 못 자고 고생스럽게 아기를 돌보는 공통의 경험 역시 이 엄마들을 서로 가깝게 한다.

부모가 되어보면 기력, 인내심, 자기조절력이 얼마나 쉽게 바닥나는지 알기에 다른 부모들에게 인간적으로 공감할 수 있다. 죄책감을 느낄 걸 빤히 알면서도 참다 참다 터져서 아이에게 고래고래 소리를 지르는 부모를 예로 들어보자. 그 상황에서, 비슷한 일을 겪고 시간이 걸리더라도 결국 해결책을 찾았던 다른 부모들을 떠올린다면 나 역시 어느 정도 거리를 둘 수가 있다. 이처럼 보편적 인간임을 느끼기만 해도 어느 정도 위안이 되고, 자기 실수를 곱씹는 경향이 완화되며, 이후 다른 해결책을 모색할 여유가 생긴다.

"내 앞에 먼저 간 사람들이 있다."
"이런 일은 나 아닌 다른 사람들도 겪었어."
이런 말들이 어려운 상황에서 희망을 다시 찾고
외로움을 달래며 자기비판을 완화하는 데 도움이 된다.

상황의 어려움을 간과해도 된다는 말이 아니다. 나 혼자 그 상황을 맞닥뜨리는 것은 아니라는 생각을 자기 안에 싹틔워야 한다.

연구자들은 힘겨운 상황에서 자기 연민이 정신 건강, 낙관성, 적응력에 이롭게 작용하고 회복탄력성을 키워준다는 사실을 입증했다. 더욱이 실패도 좌절의 원인이 아니라 앞으로 나아가는 계기가 될 수 있다. 또한 자기 연민은 사회적 관계를 촉진한다. 자기를 더 깊이 이해하는 개인은 타인도 더 깊이 이해하고 지나친 비판을 삼가기 때문이다. 커플 사이에서도 자기 연민 수준이 높을수록 서로에게 관심과 지지를 더 많이 보여준다. 네프가 커플 104쌍에게 자기 연민 수준을 측정하는 설문지와 커플 관계 질을 조사하는 설문지를 돌려서 알아낸바[87] 커플의 자기 연민 수준이 높을수록 배우자를 존중하며 따뜻하고 애정 어린 행동을 더 많이 하는 것으로 나타났다. 이때 자기 연민 수준은 '내 성격에서 내가 좋아하지 않는 부분도 이해하고 감내하는 편이다', '나는 내 약점도 인간 조건의 일부로 생각하려고 노력한다' 같은 질문에 스스로 점수를 매기는 방법으로 측정했다.

나 자신의 욕구와 목표, 타인의 욕구와 목표, 이 둘이 충돌할 때도 자기 연민은 최대한 양쪽 모두를 고려한 타협안을 찾게 해준다. 네프는 또 다른 연구에서 대학생 506명의 자기 연민 수준을 설문지로 측정한 후 그들의 개인 욕구가 아버지, 어머니, 친구 혹은 배우자와 충돌하는 상황을 설정했다. 이 학생들은 각기 그 상황을 어떻게 해결할 것인지 구체적인 방법을 제시해야 했다. 자신의 바람을 최우선으로 할 것인가, 타인의 바람을 더 존중할 것인가, 아니면 일종의 절충안을 마련할 것인가? 조사 결과 자기 연민 수준이 높은 학생일수록 타협안을 내려고 애쓰는 경향이 나타났다.[88] 이상의 내용을 보건대 자기 연민은 긍정적 상호의존의 발달에 이로운 태도로 간주할 수 있겠다.

좋은 커플이 되려면

●
○

커플 관계는 그래도 부모 자식 관계에 비하면 서로 다른 활동 양상이나 이해관계를 양립할 수 있기 때문에 '희생'이 덜 필요하다. 그렇지만 양립 가능성이 최적화되지 못하거나 세월이 흐르면서 안 좋게 변해버리는 경우가 드물지 않다. 커플은 서로 끊임없이 맞춰나가고 타협을 모색할 필요가 있다. 가령 남편이 직업을 바꿔보려고 뭔가 새로 공부하겠다고 하면 가정의 재정비가 필요할지도 모른다. 아내는 집안일이 늘어날 수도 있고 혼자 육아를 감당해야 하는 날들이 더 많아질지도 모른다.

개인 욕구는 때때로 커플 관계에서 고려해야 하는 욕구와 동시에 추구하기 어려워 보인다(서로의 친밀성과 공유, 관계 유지와 상호 지지에는 시간과 노력과 자원이 필요하다). 두 가지 욕구 중 어느 하나에 매달리면 다른 한쪽에 대한 소홀함은 보상되지 않는다. 자기 삶에 만족하려면 서로 결이 다른 이 욕구와 목표들이 균형을 이루어야 한다. 그렇지 않고서야 왜 사람들이 굳이 커플 관계를 유지하거나 회복하려고 애를 쓰겠는가. 커플들에게 자기 개인의 욕구를 고려하는 정도와 커플 관계에 필요한 욕구를 고려하는 정도를 매일매일 점수로 표시하게 한 연구가 있었다. 그런데 어느 한쪽 욕구를 많이 고려할수록 다른 쪽 욕구도 고려하려고 노력하는 경향이 드러났다. 커플들은 그런 식으로 개인의 욕구와 목표, 그리고 커플의 욕구와 목표 사이에서 균형을 잡아나가고 있었던 것이다.[89] 바로 이 균형이 지속 가능한 안녕감을 돕는다.

당신이 기쁘면 나도 기쁘다

일부의 선입견이 무색하게도 여러 연구는 커플 사이에 타협하려는 경향과 파트너를 위해 '희생'하려는 경향이 높을수록 되레 그 커플이 잘 굴러가고 커플 관계에 대한 만족도도 높다는 것을 보여주었다. 다시 말해 그런 커플은 서로 상대의 욕구에 자기를 맞춰줄 줄 알고 관계를 잘 지속할 수 있다는 얘기다.[90] 여기서 **희생**이라는 단어는 자기 이해利害를 따지지 않는 이타적 행동, 자기 자신의 목표와 욕구를 포기할 수도 있는 행동을 말한다. 자기 이해를 초월한 행동은 비용이 크지만 그러한 행동을 하는 사람에게도 부정적이지만은 않다.

자기 이해를 초월한 행동이 긍정적 감정을 수반할 수도 있다.
가령 파트너에게 가능성이 보일 때의 희망이라든가
그 사람이 새로운 전망에 힘입어
자기를 실현하는 모습을 바라보는 기쁨이 그런 감정일 것이다.

그래서 '희생'이라는 단어는 혼동을 불러일으킬 소지가 있다. 어떤 사람은 '희생'에서 늘 언짢게 남을 수밖에 없는 일, 혹은 긴장과 피로의 근원을 떠올린다. 반면에 희생이 요구하는 노력이나 체념을 단기적 비용에 불과하다고 생각하는 사람도 았다. 희생 행위의 효용은 관계 당사자들이 이로운 효과에 주목하느냐 아니면 상황의 불편함에 주목하느냐에 달렸다. 희생이 불러온 새로운 동력, 새로운 전망, 타인의 지지를 더 크게 볼 수도 있고, 당장 함께하는 시간이 줄어들었다는 불만을 더 크게 느낄 수도 있다. 어쨌든 희생이라는 태도가 커플의 결속과 장점을 강화하고 상대를 위해서 더욱더 노력하게 한다는 점은 확인되었다. 서로를 가깝게 느끼는 커플은 상대에게 좋은 일이 있으면 한껏 더 기뻐한다.

눈에 콩깍지가 씌어야 잘 산다

일반적으로 커플은 상호성에 입각한 행동 방식을 전제로 한다. 파트너가 나에게 관심과 지지를 보낸다면 나 역시 기회가 닿는 대로 관심과 지지를 보낼 것이다.[91] 커플 관계를 만족스럽게 유지하려면 이 상호성이 꼭 필요하다.[92] 관계에 마음을 쓰는 수준이 크게 차이가 나면, 가령 한쪽이 시간, 관심, 노력을 압도적으로 더 많이 쓴다면 그 비대칭성이 자리 잡으면서 관계에 대한 만족도를 잡아먹고 만다.

커플 사이가 돈독할수록
각자의 개인 목표보다 공동 목표를 우선시한다.

특히 파트너를 긍정적으로 바라보면 그럴 수 있다.[93] 눈에 콩깍지가 씌어 상대를 하염없이 좋게 보는 현상을 연구해보니 그러한 시각이 열정적인 연애 몇 달 이후에도 커플 관계를 지속시키는 효과가 특히 크다는 결과가 나왔다. 신혼부부 168쌍을 대상으로 배우자에 대한 긍정적 시각 수준을 살펴보고 13년간 추적 조사한 연구가 있다.[94] 배우자를 매우 좋게 보는 시각(이른바 '긍정적 환상')을 유지한 부부가 그렇지 않은 부부에 비해 금실이 좋았다.

여기서 긍정적 환상이란 배우자의 장점을 당사자나 주위 사람들보다 더 크게 봐주는 경향이다.[95] 또한 커플끼리 실제보다 더 서로 닮았다고 생각하고[96] 커플의 미래에 자기를 긍정적으로 투사하는 경향[97]이기도 하다. 이러한 이유에서, 즉 구체적 현실도 꼭 그런 것은 아니라는 뜻에서, '환상'이라는 용어를 쓴다. '긍정적'이라는 단어는 이 특수한 환상이 그들에게 이롭기 때문에 붙는다. 긍정적 환상을 품는 경향은 커플의 신뢰와 안정성을 강화하고 애정과 안녕감에 이롭게 작용한다.[98]

자존감과 커플 관계 만족도의 상관관계

그렇지만 자존감이 부실한 사람은 타인에게 너무 의존하게 될지 모른다는 두려움이 유난할 수도 있다.[99] 오히려 이런 사람이 커플이나 가정의 목표를 위해서 개인의 목표를 희생하지 않으려는 경향이 있다. 이러한 태도는 긴장과 불만을 일으키고 결국 관계에 대한 의심을 키운다. '이 사람이 맞을까? 당장 헤어지는 편이 현명한 처사 아닐까?' 이러한 의문은 개인 목표와 공동 목표 사이에서 선택을 해야 할 때마다 수시로 되살아난다. 목표의 크고 작음은 상관없다. 오늘 저녁에 무슨 영화를 보느냐라는 사소한 선택부터 주택 구매 시 고려 사항처럼 상당 기간 영향을 미칠 선택에 이르기까지 그러한 의문을 맞닥뜨릴 일은 많고도 많다.

커플을 이루는 두 사람의 자존감이 충분히 건강하다면 한집에 살면서 발생하는 상호의존을 편안하게 받아들인다. 그런 커플은 이 사람이 정말 나랑 잘 맞는 걸까, 너무 정들기 전에 헤어져야 하나 같은 의문을 자주 품지 않는다. 젊은 부부들을 대상으로 한 일련의 연구들은 커플 관계에서 힘들고 어려웠던 일을 떠올려보라고 했을 때 자존감이 낮은 사람은 자기 배우자도 부정적인 눈으로 보는 경향이 있고 바로 그 점이 장기적으로 관계를 위태롭게 할 수 있다고 지적했다. 반대로 자존감이 높은 기혼자들은 자기 배우자도 높이 평가하는 편이므로 갈등이 빚어져도 배우자의 가치와 관계의 힘을 믿고 극복해낸다.

그러한 연구들을 종합한 결과 **건실한 자존감은 커플 관계 만족도의 예측 지표였다.**[100] 특히, 자존감이 낮은 사람들은 파트너도 자신을 형편없게 본다고 생각하는 게 문제다. 이들은 파트너의 긍정적인 시각을 심하게 과소평가한다.[101] 그래서 더 가까워지지 못하고 관계의 만족도를 서서히 떨어뜨린다. 게다가 자존감이 낮은 사람들은 자기 자신과 파트너를 좀 더 긍정적으로 바라보게 하려는 외부 시도 자체도 좋게 보지 않는다. 따라서 그러한 시도들은 한두 번에 그칠 뿐 감히 그들을 더 설득하려 들지 않고, 되레 좌절과 거리 두기로 이어지곤 한다.[102] 그렇지만 자존감이 낮은 사람들도 얼마든지 훈련을 통하여 칭찬의 긍정적 의도를 감지하고 받아들일 수 있다. 자기 이미지 치료는 파트너에 대한 신뢰를 강화함으로써 커플 관계의 질을 높인다.[103]

상호의존은 커플 생활의 일부

커플 사이의 지나친 상호의존을 두려워하는 사람들에게 꼭 해주고 싶은 이야기가 있다. 사실 결혼 생활에는 늘 어느 정도 타협이 존재한다. 둘이 함께 살면 갈등의 이유가 끊이지 않는다. 여가 활동부터 배우자의 직업적 향방(개인 목표)까지, 자녀 계획부터 현실적인 육아 문제까지, 커플의 일상에 해당하는 모든 주제가 갈등을 일으킬 수 있다.[104] 이 상호의존을 긍정적으로 바라보는 사람들은 타협이 필요할 때 수월하게 바로 대응하고, 그래서 더욱더 배우자를 긍정적인 시선으로 바라볼 수 있다. 내가 공동 목표를 우선시하는 자세를 보일수록 내 배우자도 높이 평가하게 된다.[105] 이 선순환이 커플의 만족도를 높인다. 일단 저 단계를 지나면 배우자를 긍정적으로 보게 되며 공동 목표를 개인 목표보다 우선시하는 단계로 다시 넘어가기 때문이다. 그래서 다음과 같은 역설이 연구로 입증되었다. **파트너들이 상호의존을 잘 받아들일수록 각자의 자율성도 발달한다.**[106] 가령 내가 파트너를 경청하고 지지할수록 그 사람은 자기가 이미 세워놓은 목표를 자율적으로 달성할 확률이 높다. 필요에 따라 파트너의 의존을 받아들이면(다시 말해 파트너가 어려움을 호소하고 도움을 청할 때 지지하는 태도를 보여준다면) 파트너는 점점 자율을 되찾고 자기 힘으로 해결할 수 있는 일은 차츰 알아서 한다.

자급자족이라는 의미로 독립을 추구할 때는 자신에게나 타인에게나 그리 유쾌하지 않은 결과를 맞을 수 있지만 일상에서의 자율감과 자기 역량에 대한 믿음이야말로 자신과 타인 모두에게 안녕감을 주는 건설적인 상호의존 관계를 계발하기에 적합하다. 파트너를 지나치게 이상화하면 커플 사이에 균형이 깨지기 쉽다. 지나치게 이상화된 파트너는 관계의 비대칭성, 혹은 상대의 지나친 기대 때문에 위협을 느낀 나머지 상대와 거리를 두고 독립을 추구하려는 경향을 불러온다. 커플들을 대상으로 한 어느 연구에서[107] 커플 중 한 사람에게 자기 파트너의 장점을 생각나는 대로 전부 적어보라고 하고 다른 쪽 파트너에게는 자기 파트너의 장점을 하나만 꼽으라고 했다. 그 후 커플의 행동 양상을 관찰했더니, 지나치게 이상화된 파트너는 그렇지 않은 파트너에 비해 신체적 거리를 더 많이 두려는 경향을 보였다. 결국 지금까지 살펴본 연구를 통해, 적절한 이상화는 커플이 뜻을 모으는 데 큰 도움이 되지만 지나치면 역효과가 난다는 결론을 낼 수 있겠다. 그런 이상화가 열정적 연애에서는 아주 흔하다. 연구자들은 어느 한쪽이나 커플 모두에게 해로운 결과를 가져오는 연애를 비교 기준으로 삼아 균형 잡힌 연애의 표식들을 파악하고자 했다.

열정과 집착은 다르다

내가 다른 사람과 맺은 관계의 질을 곰곰이 생각해보면 열정의 효과에 주목하게 된다. 누군가에게 끌릴 때는 자기 자신에 대한 관심이 타인에게로 이동한다. 세상에 그 사람밖에 없는 것 같고 오로지 그 사람 때문에 살아가는 것 같다. 이런 특수한 관계는 반드시 불균형으로 치닫고 마는가? 우리 자신의 욕구와 그 사람 아닌 주위 사람들의 욕구는 다 잊게 되는가?

집착하는 연애? 조화로운 연애?

지난 수십 년간 여러 연구가[108] 열정적 연애에도 두 유형이 있음을 보여주었다. 집착하는 연애는 열정이 삶의 나머지 부분을 다 장악해버린 상태다. 이때는 연애가 삶의 중심에 있고 만족을 주는 원천이 연애밖에 없다. 그 열정의 대상에게 다가가는 데 걸림돌(어떤 사람이나 활동)이 있다면 일탈도 불사하는 격렬하고 부정적인 반응이 일어나기 쉽다. 한편 조화로운 연애는 집착하는 연애와 언뜻 달라 보이지 않을 수도 있으나 체험적으로는 완전히 다르다. 이 연애는 삶에 속하고 삶에 필요한 다른 활동, 다른 관심사에도 충분히 자리를 내어준다. 조화로운 연애도 장애물을 만나면 타격을 입지만 연애 밖 관심사에서 재충전이 가능하다. 조화로운 연애는 집착하는 연애보다 덜 뜨거운 게 아니라 삶의 균형이 다르게 잡혀 있다.

집착하는 연애에서 상대는 우리를 모든 면에서 채워주는 소울메이트로 여겨진다. 연구자들은 이러한 전형적 사례에서 소울메이트의 등장은 우리가 잘 가꿔나가고 조정해나가야 할 인간관계라기보다는 운명처럼 받아들여지곤 한다고 지적한다. 운명을 수동적으로 받아들이는 자세는 관계를 잘 지속할 수 있는 행동들을 위축시킨다. 누군가가 등장해서 나를 채워주기만 기다리는 셈 아닌가. 게다가 상대가 자기 기대에 부응하지 못한다고 느끼면 금세 갈등이 불거지고 불화가 일어난다.

열정의 두 얼굴		
집착하는 연애	"그 사람이 없으면 난 아무것도 아니야." "그 사람이 날 멀리하면 가만히 두지 않을 거야. 난 죽어버릴 거야." "운명이 우리 두 사람을 만나게 해 줬어. 결국 헤어질 운명은 아니었으면 좋겠어."	배타적 성격이 강한 연애로서, 삶에 만족을 느끼게 해줄 다른 관심사가 (거의) 없음
조화로운 연애	"그 사람이 없으면 아무래도 지금처럼 행복하진 않겠지." "그 사람이 날 멀리하면 슬프고 섭섭하겠지만 나는 나대로 알아서 하겠지." "우리는 운 좋게 만났고 관계를 잘 이어나가기 위해 둘 다 노력했어. 지금도 계속 노력 중이고!"	연애를 분명히 선호하지만 삶의 만족을 느끼게 하는 다른 요소들이 있음

집착하는 연애는 상호의존보다 공의존에 더 가깝다. 이 관계에서는 상대가 없으면 나의 자기실현은 상상조차 할 수 없는 일이다. 하지만 조화로운 연애는 자기실현의 잠재력을 높이면서도 그 유일한 길이 되지는 않는다.[109] 이 연애는 긍정적인 상호의존에 더 부합한다. 첫 만남에서부터 몇 주 후에 이르기까지 연애 유형을 살펴보기 위해서 사랑 관련 문항을 보고 자기 입장을 점수로 표시하게 하는 설문조사가 있다.[110] 여기서 그 설문조사를 독자들에게 맞게 약간 바꾸어서 소개한다.

여러분의 연애 유형은?

	아니다	별로 그렇지 않다	약간은 그렇다	그렇다
1. 나의 연애는 일상의 다른 활동들과 균형이 잘 맞는다	★	★★	★★★	★★★★
2. 요즘 연애에서만 의욕을 얻는다	@	@@	@@@	@@@@
3. 내가 높이 사는 나의 장점들이 연애에서 잘 드러난다	★	★★	★★★	★★★★
4. 할 수만 있다면 모든 시간을 파트너하고만 보내고 싶다	@	@@	@@@	@@@@
5. 나의 연애는 다양한 경험을 하게 해준다	★	★★	★★★	★★★★
6. 커플 관계에서 내가 지배당하는 기분이 든다	@	@@	@@@	@@@@

1, 3, 5번 문항은 조화로운 연애에 해당한다. ★ 표시가 많을수록 조화롭게 연애를 할 확률이 높다. ★ 합산 개수가 3에 가깝다면 열정을 잘 못 느끼는 편이니 안타까운 일일까? ★ 합산 개수가 12에 가깝다면 열정적이면서도 연애가 조화로우니 아무 걱정 없다!

2, 4, 6번 문항은 집착하는 연애에 해당한다. @ 표시가 많을수록 여러분은 괴로운 연애를 할 확률이 높다. @ 합산 개수가 3에 가깝다면 여러분은 연애에 집착하지 않는 편이니 잘된 일이다! @ 합산 개수가 12에 가깝

다면 여러분의 열정은 집착적인 경향을 띤다. 그 점을 잘 생각해보고 파트너와도 얘기를 나눠보자. 혹은 가까운 지인에게 객관적인 의견을 구해보자.

사랑하는 사람이 생기고 나서 한동안은 이 두 형태의 사랑을 구별하기 힘들다. 처음에는 그 사람 생각으로 머리가 꽉 차고 그 사람과 내가 하나인 듯 느끼는 것이 당연하다. 그래도 그 초기 단계가 지나가면 연애의 두 형태가 뚜렷하게 구분된다. 어떤 파트너는 자기 욕구와 욕망에 매우 집중하고 상대에게 맞춰주기를 유독 힘들어한다. 그러면 커플 사이에 긴장이 싹트고 감정은 롤러코스터를 탄다.

집착하는 연애는 아예 열정이 없는 상태만큼이나 커플 사이를 불만족스럽게 한다. 이러한 관계 양상은 주로 자기 자신과 타인을 잘 믿지 못하는 불안정 애착과 관련이 있다. 집착하는 연애는 몹시 불안하다. 열정이 강할수록 그 사람을 잃을지 모른다는 두려움 혹은 자기가 실수하는 걸지도 모른다는 두려움도 크다. 이러한 애착이 자기 욕구에만 집중하고 상대의 욕구에는 관심을 덜 쏟는 태도를 낳기도 한다.[11] 볼비 연구팀의 애착 유형 연구에서 확인된 불안 애착이나 회피 애착과 비슷한 양상이 관찰된다고나 할까. 불안 애착 유형 파트너들은 상대를 잃는 것이 세상 무엇보다 두렵기 때문에 자기네가 서로 사랑한다는 증거를 끊임없이 찾으려 한다. 반면 회피 애착 유형인 사람들은 결국 잘 안 될 사람이면 처음부터 연을 맺지 않겠다는 생각으로 상대를 밀어내는 경향이 있다.

싸움을 피하는 게 능사는 아니다

커플 관계를 잘 일궈나간다고 해서 싸움을 완전히 배제할 수는 없다. 싸움은 그 관계에서 매우 중요한데도 다소 밀려났던 요소들을 되짚어보는 기회다. 그런 요소들을 피하다 보면 커플 사이라고 해도 불안정하고 불공평한 느낌이 점점 커진다.[112] 갈등 상황에서 상대의 관점을 경청하고 받아들일 수 있다는 것이야말로 건설적 관계의 특징이다. 그러자면 그 상황에서 발끈하지 않고 반응을 늦출 줄 알아야 한다.

●●●싸움을 예방하는 기술

안정 애착 관계를 형성한 커플은 서로 신뢰합니다. 비록 힘든 감정이 폭발적으로 터질 수는 있어도 두 사람 모두 긴장을 완화하고 건설적 대화를 나누는 여건을 만들려고 노력하지요.[113] 농담이나 다정한 말로, 혹은 시간이 필요하다고 요청함으로써 나중에 다시 허심탄회하게 얘기를 나눌 준비를 하는 겁니다. 커플은 이런 식으로 갈등 상황을 조정하고 그들의 관계를 더욱 공고히 다질 기회로 삼습니다.

커플 간 싸움은 비록 부정적인 감정을 키우지만 싸움을 건설적으로 매듭지을 수만 있다면 장기적으로는 관계의 만족도가 높아진다. 한편 어떤 행동은 치명적이다. 어느 한쪽이 대화를 거부하고 아예 뒤로 빠지거나, 고집이 너무 세서 대화에 아무 진전이 없거나, 방어적인 태도로 일관하거나 한다면 커플에게 중요하면서도 민감한 주제를 함께 다룰 수가 없다.

유연한 태도로, 사소한 문제부터

유연성은 건설적 관계를 일궈나가는 데 기본이 되는 태도다. 유연성의 특징 중 하나는 지금 당장 관계를 궁지에 몰아넣는 문제를 악착같이 해결하려는 게 아니라 문제가 될 만한 일을 미리 짚고 갈 줄 안다는 것이다. 아이 교육에 있어서도 마찬가지다. 지금 당장은 큰 문제가 아니지만 문제가 될 수 있는 행동 한두 가지를 바로잡아 주자. 아이가 가장 쉽게 개선할 수 있는 것들로 시작해서 '아, 나도 달라질 수 있구나'라는 가능성을 믿게 해라.

> 커플 사이에서도 지금 당장 해결될 수 없는 문제에
> 관심과 기력을 집중하기보다는
> 마음만 먹으면 해결 가능한 문제를 위해 노력하는 편이
> 만족도가 높다.

커플 관계 전문가들의 연구에 따르면 커플 사이 갈등 중 3분의 2는 어차피 해결 불가능한 사안이라고 한다![114] 둘이서 합의를 볼 수도 없는 사안이 대화에 수시로 등장한다는 뜻이다. 문화, 가정환경, 교육, 성격에 차이가 있는 이상, 파트너들은 최선의 대처 방식이나 가장 우선해야 할 사안을 두고 자주 엇갈린다. 어떤 사안에 대해서는 합의를 보든지 타협을 하든지 할 수 있다. 그렇지만 서로 정반대 입장을 취하는 경우도 드물지 않고, 그럴 때는 합의나 타협이 있을 수 없는 일처럼 느껴진다.

교육 문제에 서로 뜻이 안 맞는 부부가 있다고 치자. 아버지는 유치원

에 다니는 아이에게는 만화영화도 어쩌다 가끔이어야지, 매일 보게 해서는 안 된다고 생각한다. 한편 어머니는 유치원에서 돌아와 만화영화를 보며 하루의 긴장을 푸는 것은 좋은 일이라고 생각한다. 부부는 이미 이 문제를 두고 여러 번 설전을 벌였고 평소에도 신경이 날카롭다. 당장은 둘 중 어느 쪽도 자기 뜻을 굽힐 성싶지 않다. 그렇다면 일단 부부와 가족 생활의 다른 측면에 에너지를 쏟는 편이 낫다. 가족이 긍정적인 분위기에서 생활할 수 있도록 그런 식으로 관계의 질을 충분히 유지해야 하는 것이다.

갈등 상황으로부터 잠시 거리를 두면 두 사람 모두 수용할 수 있는 새로운 대안이 나올지도 모른다. 두 사람 모두 좋은 뜻에서 출발하지 않았는가. 어머니는 아이들에게 잠시 풀어질 수 있는 시간을 주고 싶다고 한다. 그러자 아버지는 자기가 일찍 퇴근해서 아이들과 자전거를 타겠다고 한다. 아버지는 아이들이 영상매체에 의존하지 않고 창의성을 잘 키우면 좋겠다고 한다. 어머니는 그 말을 듣고 아이들과 함께 직접 그림을 그려서 만화영화를 만들어보겠다고 한다. 이런 식으로 부부는 서로 바라는 바의 간격을 좁히면서 갈등에서 빠져나오고 그로써 관계의 질이 더욱 높아진다. 연구자들도 이런 식으로 서로 대처 방식을 바꿔가며 유연한 자세를 취하고 상대에게 주의를 더 기울이는 커플 관계는 만족도가 높고 건강에도 이롭다고 말한다.[115]

별것 아닌 농담, 다정한 몸짓
갈등 상황을 관리하면서 장기적인 역효과를 피할 줄 아는 커플은 화목한 관계를 유지한다. 긍정적 감정은 건설적 대화를 촉진하는 매우 효과적인 수단이다. 결혼한 지 얼마 안 된 부부 130쌍을 대상으로 한 조사는 갈등 상황에서 부정적 감정을 억제하는 능력이 6년 후 부부 사이 만족도와 안정성을 예측하는 지표가 된다고 보았다.[116] 가령 갈등 상황에서 부정적 감정을 한껏 발산하기보다는 장난기 섞인 말을 던지거나 사소하지만 다정한 몸짓을 할 수도 있다. 타자에 대한 존중도 갈등 상황의 핵심 변수다. 손상을 복구하려는 노력은 꼭 필요하다. 너무 심한 말을 했을 때는 사과하고 용서를 구해야 하고, 상대가 힘들어할 때는 지지를 표현해야 한다. 그러한 노력이 관계의 손상을 복구하고 긴장을 누그러뜨린다. 그렇게 다시 경청이 가능해진 후에 비로소 두 사람은 공동 목표와 그 목표에 도달하는 방법 쪽으로 대화를 끌고 갈 수 있다. 자기실현이 뛰어난 커플 관계에서는 파트너들이 개인에게 중요한 목표를 잘 추진하면서 커플과 가정의 공동 목표에도 늘 마음을 쓴다. 갈등을 긍정적으로 잘 관리하면 상대의 계획을 존중하고 지지하는 태도가 수월하게 우러나온다. 갈등을 관리하면서 두 사람 모두 자신의 우선순위를 재조정하는 요령을 익힐 수 있기 때문이다.

호의의 씨앗을 주위에 뿌려라

긍정적 상호의존은 관계 당사자 모두에게 긍정적 효과를 미치는 상호작용들의 결과로 이해될 수 있다. 일상에서 우리가 맺는 관계 전체가 이 범주에 들어갈 수는 없다. 그렇지만 이런 상호작용을 더 활발하게 고양할 수는 있다. 그러한 노력은 지지를 보내는 입장과 지지를 받는 입장 모두 가능하다. 사실, 도움을 청하거나 받아들이는 용기는 겸손과 개방성의 증거다. 또한 도움을 요청함으로써 발생할 새로운 만남들을 미리 반갑게 여기는 태도이기도 하다. 사람의 행복에 제일 크게 공헌하는 게 뭔지 아는가? 바로 타인들과의 관계다.[117] 따라서 관계를 가꾸는 시간과 정성은 우리네 삶에서 우선순위에 들어야 할 것이다. 하루에 몇 번이나 낯선 이에게(아니, 지인들까지 합쳐서 생각해도!) 호의 어린 관심을 기울이는가? 거리를 걸으면서 아무하고도 눈을 마주치고 싶지 않아 괜히 땅만 보고 다니지는 않는가?

기분 좋은 날은 미소 띤 얼굴로 거리를 걸어가면서
지나가는 사람들과 눈을 마주쳐보자.
그들도 여러분을 향해 미소 짓거나 살가운 인사를 건넬 것이다.

호의의 씨앗을 뿌리고 다니면 모두가 좀 더 기분 좋게 살아갈 수 있다. 모두에게 이로운 이 효과로 나아가기 위해서는 몇 가지 유리한 조건과 인간만의 특수한 능력이 필요하다. 이제 우리는 어떻게 하면 개인과 집단이 좀 더 잘 살아갈 수 있는지 살펴볼 것이다. 그 방법은 누구에게나 열려 있다!

깊이 생각해봅시다

1. '인간적 연결의 순간'은 오로지 타인에게 다가가고, 타인을 경청하고, 우리가 그 사람 편이라는 것을 보여주고자 잠시 할애하는 시간입니다. 하루를 고스란히 다 바칠 필요는 없습니다. 눈코 뜰 새 없이 바쁠 때라도 기꺼이 낼 수 있는, 아주 짧은 시간이랍니다!

2. 사람이라면 누구나 거부당할지 모른다는 두려움이 있습니다. 나를 밀어내고 거리를 두는 것 같다고 느끼면 더없이 괴롭지요, 당연합니다. 그렇지만 이 두려움이 지나치다면 치료를 해야 합니다. 그래야만 타인의 시선과 판단에 지나치게 휘둘리지 않고 살 수 있어요.

3. 자신의 한계나 약점을 부끄러워하지 마세요. 그냥, 장점을 잘 키우고 다른 사람들에게 도움을 청하는 법을 배우면 됩니다.

4. 용기를 내어 도움을 청하고 기쁘게 도움을 주는 사람이 되세요. 이것이 긍정적 상호의존의 핵심 비결입니다! 자기를 실현하는 행복한 삶의 핵심 비결이기도 하고요.

5. 수많은 연구가 입증한 사실인데요, 이타적 행동은 나 좋고 너 좋은 일입니다! 도움을 받는 사람과 주는 사람 모두에게 이롭습니다. 아낌없이 서로 도움을 주고받으세요!

6. 자기 자신을 잊어서는 안 됩니다. 자기 자신에게 호의를 베풀고 자신의 고통과 욕구를 존중하세요. 그러한 태도가 사회적 관계를 잘하기 위한 기본입니다. 이타주의와 자기희생은 엄연히 다른 거예요.

3부

긍정적인
상호의존의 토대

"신뢰가 우리 사회를 한 덩어리로 이어 붙인다."
— 미카엘라 마르자노, 《신뢰 예찬Éloge de la confiance》

왜 어떤 사람은 '개인 공간'에 다른 사람이 들어오기만 해도 침범당한 기분을 느낄까? 왜 어떤 사람은 친구 사이의 신체 접촉에 스스럼이 없는데 또 어떤 사람은 그렇지 못할까? 2012년에 발표된 한 논문은 우리가 성장하는 사회·문화적 환경이 우애 어린 신체 접촉을 지각하고 추구하는 방식에 미치는 영향을 다루었다.[1] 가까운 사람들과의 신체 밀착이 이로운 건 명백하지만 상호의존이 서로에게 유익하려면 스스로 타인의 욕구를 잘 맞춰줘야 할 필요도 있어 보인다. 노년층을 대상으로 한 어떤 연구는, 어떻게 해서든 사회적 상호작용을 늘리는 것이 꼭 능사는 아니라는 결론을 끌어냈다. 가령 양로원이나 요양원에서 지내는 사람들에게 반복적인 대화는 피로와 긴장을 낳기 일쑤다.[2] 마찬가지 맥락에서, 배우자와 사별한 사람들은 다른 사람과의 만남을(심지어 가까운 지인들과의 만남도) 더 꺼리는 경향이 있다.[3] 사회적 상호작용의 이로움은 여러 변수에 좌우된다. 일단, 과거에 경험했던 사회적 지지가 하나의 변수다. 또한 개인 및 상황의 특성이 긍정적 사회작용의 적정 횟수를 결정한다.[4] 실제로 어떤 사람은 유난히 다른 사람들과의 접촉을 피곤해한다. 일부 노인은 자신이 가족이나 지인에게 의존해 산다는 이유로 그들에게 판단당할까 봐 두려워한다. 그러한 두려움은 지지를 받는다는 긍정적 감정을 갉아먹고 관계를 긴장시킨다.

건강한 관계가 건강한 삶을 만든다

사회적 관계는 누구에게나 안녕감의 기본 토대가 되지만 그러한 관계를 억지로 맺게 하는 것은 소용없는 일이다.

노인들을 대상으로 조사를 해보니
본인이 원하는 접촉 횟수와 실제 상호작용 횟수가 일치할수록
심리적 절망감을 덜 느끼는 것으로 나타났다.[5]

또 다른 연구들[6]을 참고해보더라도, 노인들에게는 사회적 지지감을 증대하는 관계를 찾아내고 발전시키는 것이 중요하다고 한다. 이 연구들은 특히 단체 참여 활동이 정신과 신체 건강을 보호하는 요인이라고 보았다. 그렇지만 어떤 관계나 사회집단에 들어가려면 어느 정도 신뢰가 있어야 하고, 이 충분한 신뢰 수준은 주로 '심리사회적' 능력이 발휘될 때 확보된다. WHO는 '심리사회적' 능력을 '일상생활의 요구와 시련에 효

과적으로 대응하는 능력'으로 정의한다. 이 능력을 잘 사용해야 건설적 관계를 이루며 건강하게 살 수 있다. 그래서 지금은 심리사회적 능력 계발이 교육과 예방 활동의 우선 목표로 통한다. 이 근본적인 능력은 다음 열 가지로 정리된다.

••• 정신과 신체 건강에 도움을 주는 열 가지 능력

1. 문제 해결 능력: 문제를 직시하고 가능한 해결책을 파악할 수 있으며 그 해결책을 끝까지 밀고 나갈 수 있다.

2. 의사결정 능력: 건강 상태, 개인 욕구, 사회관계를 존중하면서 분별 있는 선택을 한다.

3. 창의적 사고 능력: 몹시 어려운 상황에 맞닥뜨렸을 때 혁신적인 해결책을 찾아낼 수 있다.

4. 비판적 사고 능력: 언론매체나 어떤 영향력 있는 집단이 제시하는 정보를 무조건 믿기만 하는 게 아니라 상황을 다른 각도에서도 볼 수 있다.

5. 효과적인 전달 능력: 타인의 욕구와 의견을 존중하면서도 자신의 욕구와 의견을 확실히 전달할 수 있다.

6. 대인관계 능력: 타인을 경청하고 자기 반응을 상황에 맞게, 타인과의 관계와 관련 욕구에 맞게 조절할 수 있다.

7. 자기의식: 자신의 내면에서 일어나는 일을 관찰하고 감각, 감정, 생각, 믿음, 개인 가치관으로 구분할 수 있다. 그로써 자신이 어떤 식으로 행동하는지, 자신의 욕구와 삶의 목표가 무엇인지 더 잘 안다.

8. 감정이입: 타인의 감정을 지각하고 그 사람이 왜 그렇게 느끼는지 이해할 수 있다. 나와는 다른 타인의 시각을 이해할 수 있다.

9. 감정 조절 능력: 감정이 너무 격해서 행동이 마음대로 안 될 때 그런 감정을 누그러뜨릴 수 있다. 가령 상황에 바로 반응하지 않고 자신의 감정을 관찰한다든가 하는 요령을 배울 수 있다.

10. 스트레스 관리 능력: 호흡, 이완, 명상 기법을 사용하거나 상황에 거리를 둠으로써 자신이 느끼는 스트레스의 강도를 낮출 수 있다.

최근에는 이러한 능력을 크게 세 종류로 나눠서 생각하는데 그 덕분에 각각 어떤 이로움이 있는지 바로 알아보기도 쉽다.

첫 번째는 **인지적 능력**으로 비판적 사고, 의사결정, 창의적 사고까지가 여기에 해당한다. 우리는 이 능력 덕분에 까다로운 상황에서 분별 있는 선택을 하거나 아예 혁신적인 대안을 내놓을 수 있다. 두 번째는 **정서적 능력**이다. 자신감이나 감정 조절 능력은 격한 감정을 누르거나 상황을 개선하는 건설적 행동에 꼭 필요하다. 세 번째는 자기 욕구와 관점을 표현하는 능력, 그리고 감정이입 능력을 포함하는 **사회적 능력**이다. 이러한 사회적 능력은 신뢰와 긍정적인 상호의존 관계를 발달시키는 기본 중의 기본이다.

신뢰 관계의 기초, 감정이입

모든 건설적 관계에서 빼놓을 수 없는 특징이 바로 사람들 사이의 신뢰다. 프랑스어로 '신뢰confiance'라는 단어는 동사 confier에서 왔는데 이 동사의 라틴어 어근은 소중한 것을 누군가에게 맡긴다는 의미를 담고 있다. 신뢰는 사회 분위기에 많이 좌우된다. 타인을 믿는다는 것은 위험을 감수하는 행동이기 때문이다. 타인에게 자기 약점을 털어놓고, 힘들 때 타인의 지지에 기대고, 비밀을 지키겠다는 타인의 약속을 믿고, 귀중품을 빌려주고 하는 행동은 전부 신뢰를, 다시 말해 위험의 감수를 바탕으로 한다. 신뢰감은 어떤 관계에서 가장 적절한 행동이 무엇인가를 가리키는 신호로 보아도 좋다. 대화 상대의 반응과 행동에 주의를 기울이면 그 사람이 당신을 높이 평가하는지, 대등하게 생각하는지, 당신의 욕구를 고려해서 타협할 준비가 되었는지 등등을 알 수 있다. 이럴 때 발생하는 신뢰감이 관계를 더욱 가깝게 만드는 행동들을 촉진한다.[7]

언제 신뢰하고 언제 경계할까

신뢰감은 의식적 정보와 논리적 추론을 바탕으로 하지만 뇌에 지각되었으되 의식이 그렇게까지 직접적으로 처리하지 않는 정보도 근거로 삼는다. 의식적으로 파악하지 못한 정보도 신뢰감을 높이거나 떨어뜨릴 수 있다는 얘기다. 어떤 사람을 처음 만났을 때 우리 뇌에서 과거 경험이 활성화되면서 이 사람은 믿어도 되겠다 혹은 그렇지 않다라는 느낌이 온다. 이런 게 바로 **직관**이다. 직관은 밑도 끝도 없이 튀어나오는 게 아니라 정보의 자동 처리 과정에서 나온다. 그로써 우리는 어떤 상황에 대해서 그 나름대로 인상을 받고 적절하게 행동할 수 있다.[8] 그래서 건설적 관계를 유지하려면 파트너의 반응에 애써 적응해가면서 행동할 필요가 없다. 그런 행동이 잘 안 되면 관계는 대칭성과 상호성을 잃기 쉽다.

비록 어떤 인간관계에서는 경계가 꼭 필요하지만 대부분의 상황에서는 사회적 상호작용을 쓸데없이 어렵게 만든다.

일반적으로 인간은 상대를 자연스럽게 믿는 경향이 있지만[9]
그때그때 발생하는 위협적 사건들에 대한 뉴스는
우리의 두려움을 자극함으로써
타인을 경계하려는 경향을 북돋운다.

텔레비전이나 언론사 웹사이트에서 뉴스를 15분만 봐도 불안해진다. 이 기분은 금세 사라지지 않는다. 심지어 15분간 독서로 기분전환을 한 후에도 불안도는 떨어지지 않았다.[10] 따라서 이런 정보에 반복적으로 노출되면 장기적으로는 비관주의와 경계심이 팽배할 것이고, 나아가 '불신 사회'[11]가 될지도 모른다. 그런데 이 연구는 뉴스를 시청한 후 15분 동안의 이완 훈련이 불안을 낮추고 기분을 다시 끌어올리는 효과가 있다고 보고했다. 이처럼 간단하면서도 감정 조절에 효과적인 방법들이 있다. 그러한 방법들에 힘입어 일상에서 만나는 사람들을 경계심 없이 대할 수 있다. 사실, 부정적인 느낌을 받으면 타인에게 감정을 이입하기 어렵다. 공감할 수 없는 사람 앞에서는 내 반응을 잘 조절할 수 없고 결국 그 관계에서 신뢰는 좀체 확보되지 않는다.

한 아이를 키우려면 온 마을이 필요하다

인간이 다른 영장류에 비해 눈부시게 발전한 이유가 자기 아닌 타인을 신뢰하기 때문이라고 주장한 인류학자들이 있다. 인간 엄마는 자기 아이를 다른 인간 어른에게 선뜻 맡길 수 있지만(심지어 아이를 맡기면서 안도감을 느끼기도 하지만) 인간과 흡사한 다른 영장류는 이렇게 행동하지 않는다.[12] 인간은 경계를 곤두세우고 자기가 낳은 새끼를 보호하지는 않지만 자녀를 키우는 데 주위 사람들의 존재가 얼마나 중요한지 날카롭게 의식하는 듯 보인다. 인간 엄마는 가까운 이들이 갓난아기를 바라보고 안아보고 체취를 맡게끔 허락함으로써 아기가 그들과도 애착 관계를 맺게 하는데, 그러한 태도는 아이의 원만한 발달을 보장하는 수단이다. 애착에 대한 여러 연구는 애착의 주요한 '대상'뿐만 아니라 애착 '네트워크'도 아이의 사회적, 정서적 발달에 매우 중요한 요소임을 밝혀주었다.[13] 할아버지, 할머니, 이모나 고모, 육아 도우미… 그들 모두 그 네트워크에 포함될 수 있다.

인간 아이는 꽤 오랜 기간 지속적인 관심, 돌봄, 에너지, 인내를 요구한다. 그 정도의 시간과 기력을 어느 한 사람이 쏟으면서 아이의 발달을 보조하기란 굉장히 어렵다. 특히 아이가 한 명이 아니라 여럿이라면 더욱더 어렵다! 아이들이, 그리고 가정이 최선의 방향으로 나아가기 위해서는 때로는 부모 두 명이 다 매달려도 충분치 않다. 그래서인지 부모가 주위 사람들에게 육아 도움을 받으면 부모가 아이에게 더 이로운 방향으로 행동하고 부모 자녀 관계의 질이 높아진다는 연구 결과도 있다.[14] 반대로 외부 지지가 없으면 부모는 정서적 과부하, 지나친 긴장 때문에 아이에게 애증을 느끼게 된다. 요컨대 사회적 지지는 가정의 균형뿐만 아니라 아이의 발달에도 기본이 된다고 할 수 있다.

가까운 사람들에게 아기를 믿고 맡길 수 있다는 것은 부모가 아기의 안전에 대한 두려움을 극복할 수 있다는 의미다. 부모는 타인의 지지를 요청할 수 있고 타인은 수면 부족, 주의력 지속 같은 혹독한 비용을 치르지 않고도 아기가 주는 기쁨을 잠시 누릴 수 있다. 힘들고 피곤할 때 아기를 남에게 맡길 수 있는 이 신뢰가 부모의 정신과 신체를 건강하게 지켜준다.

신뢰는 긍정적 상호의존의 부식토

그렇지만 신뢰는 누가 시켜서 되는 일이 아니다. 신뢰는 주로 나와 타인의 연결고리, 그리고 내 주위에서 맺을 수 있는 또 다른 관계에 비추어 그 사람을 얼마나 믿어도 되는지 평가하는 일련의 정신 작용을 거치면서 형성된다. 신뢰가 충분하지 않다면 리스크를 방지하려는 행동을 하게 되고 그 관계의 만족도에 영향을 미친다.[15] 그래서 신뢰는 긍정적 상호의존을 키우는 부식토와 비슷하다.

아기는 세상에 태어나서부터 신뢰에 근거한 안정 애착을 추구한다. 상호 신뢰는 특히 감정이입의 발달에 힘입는 바가 크다. 우리가 남의 감정에 이입을 할 수 있는 이유는 부분적으로 **거울 뉴런** 때문이다. 우리 뇌에는 우리가 타인의 행동을 관찰하는 동안 마치 직접 그 행동을 하는 것처럼 활성화되는 뉴런이 있다. 그래서 우리는 타인의 특정 행동을 관찰하면서 그 행동을 쉽게 배울 수 있다. 어떻게 보자면 거울 뉴런이 있기 때문에 우리는 타인의 입장에 설 수 있고 타인의 기분을 자연스럽게 감지할 수 있다.

인간은 감정이입 신경망을 타고난다

감정이입 능력은 아이의 발달 과정에서 점차 완성된다. 아이는 무럭무럭 성장하면서 다른 사람의 생각을 점점 더 쉽게 짐작할 수 있고 타인의 욕구에 맞게 자기 행동을 조절할 수 있다. 감정이입 능력이 이타적 행동의 중요한 예측 지표임을 입증한 연구는 이미 많이 나와 있다.[16] 일반적으로 어떤 상황에서 감정이입을 많이 하는 사람일수록 (신체적, 물질적, 정신적) 도움 행동에 나설 확률이 높다. 그래서 감정이입은 타인이 어려움에 빠졌을 때 기민하게 발동하는 관계 능력 중 하나다. 타인에게 일어난 일에 마음이 움직이면 타인의 고통을 덜어주기 위해 행동에 나서기가 쉽다.

태어난 지 얼마 안 된 갓난아기도 감정이입 능력을 보여준다.[17] 아기는 녹음된 자기 울음소리보다 다른 아기의 울음소리를 들을 때 더 크게 운다. 또한 생후 2개월밖에 안 된 아기도 엄마가 슬퍼하면 평소와 다른 특수한 반응을 보인다.[18] 감정이입 신경망이 이미 자리를 잡았기 때문에 아기가 혼자 힘으로 움직일 수 있게 되면 타인을 지지하는 행동도 자연스럽게 나온다. 가령 생후 14~18개월 아기들도 어려움에 빠진 어른(실험 참가자)을 도와주려는 모습을 보인다. 어른이 떨어뜨린 물건을 도로 못 줍는 시늉을 하면 아기가 대신 주워서 어른에게 내민다든가 하는 식으로

말이다.[19]

　아이들은 이처럼 타인을 돕거나 뭔가를 내어주는 행동을 하면서 긍정적인 감정을 느낀다. 만 2세 이하 아이들을 대상으로 한 실험에서 연구자들은 이 아이들이 작은 것보다 큰 것을 내어줄 때 긍정적인 감정을 더 많이 경험한다는 사실을 확인했다. 아이들은 뭔가를 사고 얻은 사은품이나 예쁜 포장 상자 따위를 다른 사람에게 줄 때보다 진짜 자기 소유를 내어줄 때 더 기뻐하고 행복해하는 표정을 지었다.[20] 일부 연구자들이 주장하듯이 우리 뇌는 선천적으로 상부상조와 협력 행동을 좋게 여긴다.[21] 특히 우리와 타인이 표정과 몸짓의 동시성 상태에 있을 때 이런 현상이 잘 나타난다.[22] 타인과 협응 상태에 있을 때 감정이입과 공감이 극대화되기 때문이다.[23]

꼭 타인의 힘겨운 경험에만 감정이입을 하지는 않는다.
타인이 느끼는 긍정적인 감정을 파악하고 공유하는 능력도
여기에 포함된다.[24]

　가령 친구가 자기에게 좋은 일이 생겼다고 알렸을 때 긍정적 감정에 이입할 수 있겠다. 그런데 긍정적 감정에 대한 이입도 힘겨운 경험을 하는 타인에 대한 이입과 마찬가지로 (감정을 별로 못 느낄 때보다는) 이타적 행동을 불러올 확률이 높다. 또한 긍정적 감정이입도 신뢰와 사회적 친밀감을 높인다.[25] 감정이입은 긍정적 상호작용 관계의 초석을 이룬다. 그로써 한 집단의 구성원들은 서로에게 이로울 수 있다.

더불어 살려면 어떤 능력이 필요할까

o

주위 사람들이 저마다 자기가 상대하는 사람의 심리적 기본 욕구에 안정적으로 부응하고 있다면 신뢰 관계가 잘 형성된다. 부모와 자식, 커플, 친구, 직장 동료 등 어떤 사이든 건설적 관계는 서로의 욕구를 고려하느냐 마느냐가 핵심이다. 정서적, 사회적 능력에 대한 WHO의 정의는 자기 욕구를 포기하지 않으면서 타인의 욕구를 파악하고 이해하는 데 도움이 된다.

> 세계 여러 나라의 학령인구 9만 7000명을 대상으로
> 정서 능력 발달을 꾀한 실험 82건을 종합한 결과,
> 사회적 교류가 안녕감에 미치는 이로운 효과를
> 분명히 볼 수 있었다.[26]

사실 그러한 능력은 사회에 적응하기 위해 꼭 필요하다. 정서적 능력을 좀 더 세분화하자면 자기 자신과 관련된 다섯 가지 능력과 타인과 관련된 다섯 가지 능력으로 정리할 수 있다.[27]

열 가지 정서적 능력

첫 번째는 자기감정을 파악하는 능력이다. 이 능력은 상황이 자신의 반응에 미치는 타격을 의식하고 자신의 욕구에 맞게 반응을 잘 조절하기에 요긴하다. 두 번째는 타인의 감정을 파악하는 능력이다. 내 행동이 타

인에게 어떤 영향을 미치는지 의식한다면 그만큼 타인의 욕구에 맞게 자기 반응을 조절할 수 있다. 세 번째는 자기감정을 이해하는 능력이다. 자기가 지각한 감정을 명명할 수 있을 뿐 아니라 무엇이 그 감정을 일으켰고, 그 상황에 최대한 잘 대처하려면 무엇이 필요한지도 이해해야 한다. 모든 감정은, 심지어 불쾌한 감정조차도 쓸모가 있다. 예를 들어 두려움이라는 감정을 느끼지 못한다면 위험한 상황에서 자신을 덜 보호할 것이다. 그러므로 감정이 전하는 메시지를 잘 해독할수록 적절한 방식으로 행동할 확률이 높아진다.

타인의 감정을 이해하는 능력, 이 네 번째 능력이 건설적 관계 수립에는 특히 요긴하다. 타인의 감정을 이해하지 못하면서 신뢰와 친밀감을 쌓기란 너무 어려운 일이다. 그리고 상대의 경험을 실감하지도 못하면서 그 사람을 돕겠다고 나서기도 어렵다. 내 감정을 표현하는 능력(다섯 번째 능력)과 타인의 감정 표현을 돕는 능력(여섯 번째 능력)은 관계에서의 상호 조정에 요긴하다. 감정을 '밖으로 끄집어내면' 다가 아니고 상황을 타개하기에 유용한 방식으로 감정을 표현한다는 점에서 이 두 능력은 실제로 잘 계발할 필요가 있다.

분노를 표현한답시고 고래고래 소리를 지른다면
상황이 되레 나빠질 위험이 있다.
반면 타인을 존중하면서도 충분히 시간을 들여
분노한 이유를 알리는 자세는 관계에 매우 이롭다.

그러자면 일곱 번째 능력을 구사할 줄 알아야 한다. 감정 조절 능력, 다시 말해 필요에 따라 감정을 누그러뜨릴 수 있는 능력이다. 여덟 번째는 주로 타인의 이야기에 귀를 기울임으로써, 그 사람이 감정을 조절할 수 있도록 돕는 능력이다. 아홉 번째는 의사결정에 자기감정을 활용하는 능력이다. 감정은 상황이나 행동이 우리 가치관이나 목표와 맞지 않을 때 울리는 경보와도 같다. 따라서 필요에 따라 자기감정을 참고해서 의사결정이나 행동 방식을 재조정하는 태도는 타당하다. 열 번째 능력은 자신의 일관성을 유지하기 위해 타인의 감정에 대한 지각을 '활용하여' 의사결정이나 행동 방식을 재조정하는 능력이다.

이 모든 능력은 힘든 감정일지라도 용기를 내어 직시할 것을 전제한다. 원래 기분이 좋지 않을 때는 괜히 더 즐거운 체하거나 자기 느낌을 부정하려고 한다. 이렇게 감정을 외면하면 신뢰감과 관계성이 떨어질 것이다. 반대로 모든 감정을 경청하고 기꺼이 받아들이는 자세를 보여주면 인간관계는 더 공고해진다. 심리치료에서도 그렇지만 교사와 학생 관계나 부모 자식 관계에서도 이러한 현상이 확인된다.

열 가지 정서적 능력	
1. 자기감정 파악	자기를 더 잘 이해하고 스스로 함정에 빠지지 않으며(부정적 감정에 하염없이 젖어든다든가) 행복한 순간은 한껏 누린다.
2. 타인의 감정 파악	타인이 감정을 명확하게 표현하지 않더라도 그 사람의 태도와 행동을 더 잘 이해한다.
3. 자기감정 이해	자기 자신을 안다. 나는 무엇에 민감한가? 내가 느끼는 감정은 어떤 욕구를 알려주는가?

4. 타인의 감정 이해	타인을 함부로 판단하지 않고 그 사람에게 유용하고 건설적인 방식으로 대할 수 있다.
5. 자기감정 표현	타인이 어려움에 처한 우리를 돕거나 지지할 수 있도록 우리의 감정을 알릴 수 있다.
6. 타인의 감정 경청	대화의 질을 높이고 타인의 안녕감을 돕는다.
7. 자기감정 조절	부정적 감정이 과해지지 않게 제한하고 긍정적 감정이 들어설 여지를 준다.
8. 타인의 감정 조절 보조	교육의 핵심이자 가까운 사람들과 관계를 만족스럽게 영위하는 비결이다.
9. 자기감정을 고려한 의사결정	이것이 바로 정서지능이다. 심장이 하는 말을 듣고 결정해라!
10. 타인의 감정 고려	상대의 의욕을 고취하거나 그 사람의 행동 조정 및 방향 재설정을 도울 수 있다. 혹은 타인의 감정에 따라 나의 행동을 조정할 수 있다.

감정을 있는 그대로 받아줘라

커플 및 가족 관계 전문 연구자 존 고트먼과 그의 동료들은 부모가 그들 자신의 감정과 자녀의 감정에 어떻게 반응하는지 조사해보았다. 결과적으로 부모의 반응은 두 유형으로 나뉘었다. 두려움, 분노, 슬픔처럼 부정적 감정을 없애려는 반응이 한 유형이라면 다른 유형은 감정의 성격을 따지지 않고 있는 그대로 받아주는 반응이었다. 부정적 감정을 없애려는 부모는 이런 감정을 '유해한' 것으로 파악하고 최대한 빨리 긍정적 감정으로 대체하려고 노력한다. 될 수 있는 대로 기분 좋게 생활하도록 돕겠다는 의도 자체는 좋다. 부모는 다른 사람들의 절망에, 특히 아이들의 절망에 아주 민감하다. 그래서 합리적인 설명으로 절망감을 달래줄 방도를 찾기 바쁘다. "걱정하지 마, 잃어버린 물건은 십중팔구 찾을 수 있어." 하지만 연구자들이 살펴본바 이런 반응은 감정을 있는 그대로 받아주는 반응에 비해 신뢰를 공고히 하기가 더 어려웠다. 다시 말해 부정적인 감정이라도 피하거나 억누르지 않고 그 자체로 인정해줄 때 아이는 부모를 더 신뢰했다. 감정은 자기 내면에서 일어나는 일을 전하려고 튀어나오는 메신저와도 같다.

아이의 감정을 순순히 받아들이는 부모 집단은 아이와 함께하는 시간에 더 끈끈한 관계로 지내는 것으로 나타났다. 이 부모 집단은 기분 나쁜 감정이라도 피하거나 억누르지 않고 이해해주며 이런저런 질문을 통해 아이도 자기감정을 이해할 수 있도록 도왔다. "엄마가 보니까 네가 뭔가 마음이 안 좋은 것 같은데? 말해보렴…. 무슨 일 있었니? …그래서 지금 슬퍼? 화가 나니? 실망했니?" 또한 이 부모들은 감정이 발생한 상황 맥락을 살펴보는 편이었다. "뭣 때문에 그렇게 화가 나고 속이 상했을까?" 이런 질문이 감정을 돌아보고 상황과 반응을 이해하는 데 도움을 준다. 아이는 이런 경험을 통해서 상황과 감정을 쉽게 연결하게 되므로 나중에는 자기가 왜 이러이러한 감정을 느꼈고 그 상황에서 어떤 면에 대처할 수 있는지 쉽게 이해한다.

감정을 회피하면 긴장과 불안이 가중될 뿐

그런데 아이의 분노를 자기통제의 어려움으로 보는 부모는 자기가 나서서 아이를 통제함으로써 상황을 해결하려고 할 위험이 있다. 이때는 역효과가 날 수 있다. 자율 욕구가 충족되기는커녕 되레 제한당했기 때문에 아이는 더 크게 분노를 표출할지도 모른다. 마찬가지 맥락에서 아이의 슬픔을 너무 크게 받아들이고 쩔쩔매는 부모는 그 감정을 기쁨으로 대체하려고 성급하게 굴 위험이 있다. 이를테면 공연히 웃기는 얘기를 한다든가 괴로운 일을 빨리 잊으라고 말할지도 모른다. 하지만 감정의 회피에 대한 연구들[28]에 따르면 그러한 전략은 중장기적으로 그리 건설적이지 못하다. 사실 불쾌하거나 불편한 감정과 마주하기를 피하는 경향은 내면의 긴장과 불안을 부채질할 뿐이다. 그럴수록 통제 불능의 내적 경험과 싸우느라 주의력과 기력을 허비하고 만다. 감정은 유동적이다. 그러므로 감정을 억지로 다스리려 하기보다는 자연스럽게 흘러가도록 내버려두고 소중한 주의력과 기력은 더 생산적인 행동, 가령 타인의 지지를 구하거나 해결책을 모색하는 행동에 쓰는 편이 낫다.

••• 아이가 감정을 받아들이도록 도와주려면

감정에 접근할 때는 단계를 나누어 생각하는 것이 바람직합니다.[29]

1. 일단 감정이 격해지기 전에, 조짐이 보일 때 미리 파악하려고 노력하세요(감정이 격해지면 행동을 다스리기도 어려우니까요).

2. 아이가 감정을 분출하면 학습 기회이자 타인과의 관계성을 다질 기회라고 생각하세요(우리 어른에게는 그런 감정 분출이 때때로 귀찮거나 곤혹스럽게 느껴지겠지만 아이들에겐 상황을 제대로 바라볼 기회가 됩니다).

3. 아이가 표현하는 감정에 공감하고 이해심을 보여주세요(아이가 느끼는 감정을 절대로 깎아내리지 마세요. "너처럼 다 큰 애가 저런 걸 무서워하면 안 돼." "엄마 아빠가 너 해달라

는 거 다 해주는데 도대체 뭐가 그렇게 불만이야?" 이런 말은 하지 마세요).

4. 아이가 그 순간의 감정을 말로 설명할 수 있도록 도와주세요("무슨 일이니? 뭐가 문제인지 말해볼래? 지금 찬찬히 말해볼 수 있을까?").

5. 감정을 분출하는 행동에 선을 그어주세요("아무리 화가 나도 물건을 집어 던지거나 다른 사람을 때리면 안돼"). 아이가 이미 감정에 못 이겨 바람직하지 않은 행동을 했다면 달리 어떻게 하면 좋을지 제안을 해주세요.

가정에서 정서적 능력을 잘 구사할 때의 효과를 10년 이상 추적 조사한 연구들이 있다.[30] 3세 전후로 부모를 통해서 감정을 받아들이는 법을 배운 아이들은 그렇지 않은 아이들과 자못 다른 특징을 보여주었다. 두 집단 아이들의 행동 방식을 8세 때, 그리고 15세 때 평가해보았다. 연구자들은 어릴 때 정서적 능력을 훈련한 아이들은 행동장애를 잘 보이지 않는다는 데 주목했다. 특히 부모의 별거나 이혼처럼 힘든 일을 당한 경우, 두 집단의 행동 방식은 더 큰 차이를 보였다. 감정을 받아들이는 법을 배운 아이들은 자기감정을 더 잘 조절했으며 주의력이 높아서 학교 성적도 좋았다. 이 아이들은 인간관계의 질도 더 높았다. 영유아기에 습득한 이 능력이 가족 전체에 유익하다는 점은 부인할 수 없었다.

지난 20여 년간 긍정심리학 분야에서 이루어진 여러 연구는 힘든 감정을 받아들이고 표현하는 것도 좋지만 긍정적 감정이 건설적 관계와 신체적, 정신적 건강에 중요한 역할을 한다는 것을 알아냈다. 긍정심리학이란 개인과 집단의 더 나은 삶, 역경에 대처하는 역량을 가능하게 하는 요소를 이해하려는 연구와 치료 분야다. 그러한 목표는 자기가 지닌 자원을 동원하고 주위에서 기대할 수 있는 자원을 잘 끌어옴으로써 달성할 수 있다.[31]

긍정적 감정의 역할

●
○

1950년대부터 안녕감이 삶의 여러 영역, 특히 건설적 관계와 이타적 행동에 미치는 효과를 다루는 연구가 많이 나왔다.[32] 연구자들은 기발한 방법으로 실험 참가자들에게 긍정적 기분을 유도하고 그들의 행동에 어떤 변화가 나타나는지 관찰했다. 가령 그윽한 커피 향을 맡게 하거나[33] 쿠키를 먹어보라고 권하거나[34] 백화점에서 즐겁게 대화를 나누게 하거나[35] 다른 사람의 팔을 살짝 만지게 함으로써 신체적 밀착감을 느끼게 하는[36] 방법들이 있었다.

또 다른 연구자들은 실험 참가자들에게 열대에서 여름휴가를 보내는 상상[37]을 해보라고 하거나 특별히 만족감을 느꼈던 기억을 다시 떠올리게 했다.[38] 한편 실험 참가자가 우연히 동전을 발견하게끔 하거나[39] 유쾌한 음악을 들려주는 연구[40]도 있었다.

행복하면 남을 돕게 된다

어떤 연구자들은 그러한 장치를 통하여 긍정적 기분이 아동, 청소년, 성인의 도움 행동에 미치는 효과를 보여주었다. 또 다른 연구자들은 설문지를 통하여 행복감이나 안녕감을 측정한 후 그러한 기분과 타인에게 시간이나 물질적 재화를 기꺼이 내어주는 경향 사이에 어떤 상관관계가 있는지 알아보았다.[41] 우리는 800명을 대상으로 행복감을 측정하는 익명의 설문조사를 실시한 후 그들이 설문지에 할애한 시간에 비례하여 사례금을 지급했다. 그런데 그들은 그 사례금 일부를 공익단체에 기부할 수도 있었다. 그 결과 설문조사에서 스스로 행복한 편이라고 답했던 사람들이 기부를 더 많이 한다는 상관관계를 볼 수 있었다.[42]

안녕감은 이타적 행동의 선행 현상인 동시에 결과다. 안녕감 수준이 높은 사람은 심리사회적, 신체적, 정신적 자원에 여력이 있기 때문에 좀 더 순순히 남을 돕는 행동에 나서고[43] 그 이타적 행동으로 더욱더 안녕감이 증대된다.

행복한 감정은 전염된다

긍정적 감정은 타인을 피하지 않고 다가가게 만든다.[44]
그러한 감정은 원래 성격의 외향성, 내향성 여부를 떠나
사람들과의 상호작용에 참여하게 한다.

긍정적 감정은 관계의 질과 지속성에도 영향을 미치는데 낯선 타인과의 관계도 예외가 아니다.[45] 일례로 고마움이라는 감정은 새 친구를 사귀기에 유리한 조건이며 기존 인간관계를 더 긴밀하게 만든다.[46] 반대로 빚을 진 것 같은 기분은 상대를 피하게 만들고 상부상조를 방해한다.[47]

연구자들은 어떤 사람이 긍정적 감정을 품고 집단에 들어가는 경우 그 집단의 작동과 성과에 더 좋은 결과가 있다는 것을 확인했다. 대학생들이 집단 과제를 수행해야 하는 상황에서 바람잡이 한 명을 집단에 넣어 구성원들의 기분을 좋은 방향으로 유도했다.[48] 이 바람잡이를 통해 감정 전염 효과를 일으켜 그 영향을 살피는 것이었다. 집단의 감정이 긍정적인 방향으로 흐를수록 바람잡이가 부정적 감정을 퍼뜨린 집단에 비해서 협동 수준이나 성과가 훨씬 좋게 나타났다. 이러한 감정 전염 현상은 더 큰 규모에서도 확인되었다. 한 도시 전체를 수년간 추적 조사한 연구는 어떤 사람의 지인, 친구, 이웃이 행복할수록 그 사람도 행복할 확률이 높다는 것을 보여주었다.[49] 특히 흥미로운 점은, 자기가 행복하다고 느끼는 상태가 상부상조와 협동을 촉진하기 때문에 사회적으로도 이롭다는 것이다.

기쁨은 나누면 두 배가 된다

게다가 타인의 긍정적 감정을 받아들이는 방식이 그 감정을 몇 곱절 증폭할 수 있다.

가까운 사람이 좋은 일을 전해줄 때
관심을 보이고 열성적으로 반응하면
그 사람은 더욱더 기분이 좋아질 것이고
감정 전염 효과로 우리에게도 좋은 반향이 있을 것이다.

이렇듯 타인의 긍정적 감정에 적극적으로 화답하면 관계의 질이 향상된다. 커플 사이에 이런 상호작용이 얼마나 일어나는지 측정한 연구는 커플의 만족도와 친밀감에 분명히 긍정적 영향이 있음을 보여주었다.[50] 이게 바로 긍정적 상호작용 현상이다. 한쪽이 긍정적 감정을 공유할 목적으로 전달했을 때 상대가 그 감정에 적절히 반응한다면 원래 그 감정을 느꼈던 사람은 물론 커플 모두에게 더 이로울 수 있다.

심리학 연구들은 **과거, 현재, 미래의 행복한 순간을 더불어 나누고 함께 기뻐할 수 있는 커플이 서로를 더 신뢰하고 서로에게 깊이 만족한다**는 점을 보여주었다. 구체적으로는, 그날그날 만족스럽게 해낸 일이나 함께한 시간을 짚어보면서 서로 좋았던 일을 얘기할 수 있겠다. 한 연구에서 부부 52쌍에게 결혼 생활에 대한 설문지를 돌렸다. 그들이 자기네 삶에 대해서 얼마나 열성적으로 이야기하는가가 3년 후 이혼 위험도를 예측하는 지표가 되었다.[51] 연구자들은 이로써 커플이 이미 일어난 일을 긍정적인 대화의 틀 안에서 추억할수록 두 사람의 관계가 지속적으로 강화된다는 결론을 내렸다. 비슷한 맥락에서 다른 연구자들은 배우자가 하는 말을 듣고 그 속에서 만족스러운 면을 부각하여 반응할 수 있느냐가 부부 사이의 만족도를 보여준다고 지적했다.[52]

지난 몇십 년 동안 소위 '긍정적' 감정을 다룬 연구는 타인에 대한 호응과 상부상조에 미치는 효과를 특히 주목했다. 그러한 감정은 일단 기분이 좋기 때문에 긍정적이기도 하지만 신체적, 정신적, 사회적 건강에 이롭다는 점에서도 긍정적이라는 표현이 어울린다. 특히 **고마움은 사회적 관계와 이타적 행동에 가장 큰 효과를 끼치는 감정 가운데 하나로 꼽힌다.**[53] 실제로 여러 연구가 고마움이라는 감정이 타인에 대한 관심과 지지, 협조 및 연대 행동, 소속감과 사회적 밀착감에 이롭게 작용한다는 사실을 밝혀주었다.[54]

이는 우리가 고마움을 느끼면 주로 일상의 긍정적인 면, 매사 무탈하게끔 어떤 문제를 해결하고자 했던 타인들의 노력에 더 주목하게 되기 때문으로 설명된다. 사실 일상에서 부정적 상호작용이 그리 많이 일어나지 않더라도 우리는 으레 그쪽에서 더 깊은 인상을 받는다.[55] "주말 계획도 있는데 당신이 미리 좀 더 애쓸 수도 있었잖아"라고 은근히 힐책하는 메시지, 출근하자마자 머리 모양이 이상하다고 지적하는 직장 동료의 한마디, 파트너와 영 찜찜한 기분으로 주고받은 대화는 잠깐이다. 그런데 이 부정적 상호작용이 머릿속을 맴돌며 긴장과 분노, 슬픔, 좌절 같은 불쾌한 감정을 불러온다면 그날 하루를 다 망쳐버릴 위험이 있다. 마치 우리 뇌가 부정적 상호작용을 최대한 붙잡고 있게끔 프로그래밍된 것처럼 말이다. 아무리 작정해도 그런 생각을 털어버리기가 얼마나 힘든지 모른다. 때로는 부정적인 생각을 떨치려고 노력할수록 그러한 생각이 정신을 침범하고 우리를 불안하게 만든다. 이것이 소위 '부메랑 효과'다. 어떤 생각이나 감정을 버리려고 할수록 그 생각이나 감정을 직시하기가 불안해진다.[56]

부정적 감정이 사회적 관계에 미치는 폐해

인간이라는 족속은 위험을 파악하고 위협적인 상황을 기억함으로써 각각의 특정 위협에 자동 반응할 수 있기 때문에 그토록 오랜 세월을 거치고도 살아남을 수 있었을 것이다.[57] 그렇지만 생각이 머릿속에서 빙빙 돌면서 과열될 때는 해법보다 문제가 더 많아진다. 사실 옛날 같으면 호랑이 울음을 가까이서 듣고 살아남으려면 자동 반응이 꼭 필요했을 것이다. 그러나 지금은 "솔직히 진즉에 알려줬으면 좋았을 거라 생각합니다. 회의 중에 난데없이 알게 되어 몹시 불쾌했습니다" 같은 이메일을 받고서 비슷한 자동 반응을 해봤자 별 소용 없다. 이 상황에는 직접적 위협도, 살아남기 위해 즉각 해야 하는 행동도 없지만 우리 뇌는 직접적 위협을 감지했을 때와 똑같이 반응한다. 우리 주의력은 이미 일어난 그 상황에 쏠리고 현재에는 긴장과 불쾌한 가정이 발생한다. 게다가 아직 오지 않은 미래, 즉 앞으로 어떻게 되는가를 상상하다 보면 긴장과 감정은 더욱 고조될 것이다.

그다음에는 무슨 일이 일어나는가? 대개는 건설적 상호작용이 더 어려워진다. 하지만 긍정적 상호의존의 관점을 취하는 사람은 똑같은 이메일을 이렇게 분석할 수 있다. '이 사람이 나를 믿었는데 내가 의사소통을 소홀히 해서 놀라거나 상처를 입었나 보다.' 어쨌든 처음에 신뢰가 있었다는 점을 긍정적으로 생각하면 불쾌함을 호소한 상대를 경청하고 배려하는 행동이 나올 수도 있다. 그렇지만 대개 이런 이메일은 좋은 감정을 불러일으키지 못하고 수신자는 자기 이미지를 긍정적으로 되돌리기 위해서 방어 반응, 변명, 나아가 역공으로 대처한다. 그러한 행동은 양측의 상호작용과 안녕감이라는 차원에서 당연히 긍정적 감정에서 비롯된 행동만큼 좋은 결과를 낳지 못한다.

부정적 감정은 우리를 위축시킨다

불쾌한 감정에 온통 사로잡혔을 때는 취할 수 있는 반응, 선택할 수 있는 행동의 범위가 좁다. 따라서 건설적 행동이 자리를 잡을 여지도 줄어든다. 소위 부정적인 감정에는 고유한 생리학적 반응, 자동으로 활성화되는 특정 행동이 있다. 그러한 기제가 인간이 상황에 더 잘 적응하도록 도왔다.[58] 예를 들어 두려움은 도망가려는 자세를 유발하고, 분노는 공격 성향을 자극한다.[59] 감정이 행동을 자동 실행한다는 뜻은 아니다. 단지 생각이 그쪽으로 쏠리기 때문에 달리 행동하기가 어려워진다. 요컨대 가능한 행동들이 줄어든다는 의미로 이해하면 되겠다. 연구자들은 **부정적 감정이 생각과 행동의 레퍼토리를 제한함으로써 까다로운 문제를 해결하는 능력과 상황 대처에 운용 가능한 자원을 위축시킨다**는 연구 결과를 내놓았다.

가령 우울한 정서는 현실을 더 좁은 안목, 더 염세적인 시각으로 보게 만든다.[60] 그 결과 부정적 정서, 부정적 편향이 더욱 심해진다. 부정적 감정은 주의력을 떨어뜨리기 때문에 주어진 상황에서 위협적인 면을 확증하는 요소에만 너무 집중하게 된다. 앞에서 예를 든 찜찜한 이메일을 열어본 상태로 회의에 참석했다고 치자. 여러분의 주의력은 그 부정적 감정을 확증하는 듯한 요소에 쏠리고 민감하게 반응할 것이다. 상대가 내 말을 중간에 끊었다(저 사람이 나한테 앙심을 품었구나). 또 다른 사람이 내 제안에 동의하지 않았다(저 사람도 나를 믿지 못하는구나). 이런 식으로 상호작용 하나하나가 여러분 자신과 그 상황에 대해서 부정적인 지각을 강화하는 방향으로 재해석된다.

긍정적 감정은 에너지를 준다

반대로 기쁨, 만족, 사랑, 자부심, 관심 같은 긍정적 감정은 특정 행동에 영향을 덜 끼치고 창의성과 유연성의 여지를 많이 남긴다. 따라서 이러한 감정 상태에서는 생존을 직접적으로 위협받지 않는 상황에 더 잘 적응할 수 있다.[61] 긍정적 감정은 탐색, 개방, 수용을 촉진한다.[62] 우리는 이 감정이 기분 좋기 때문에 긍정적이라 일컫고, 기분이 좋으니 당연히 그 상태를 유지하려는 의욕이 솟는다. 이때는 주의력이 확장되고 창의성, 새로운 아이디어와 대안이 원활하게 흘러나오기 때문에 까다로운 문제나 어려운 상황도 한결 쉽게 풀 수 있다.[63] 예를 들어 기쁨이라는 감정은 행동을 촉진하고 활력을 불러일으킨다. 만족감은 현재를 충실히 만끽하게 하며 자기 자신과 삶에 대한 생각을 더 풍성하게 한다.[64] 관심은 상황의 새로운 측면들을 탐색하고 새로운 정보를 깊이 알아보게 하므로 과거의 생각을 재조정하는 계기를 마련한다.[65] 소위 긍정적인 감정이 이런 식으로 **창의적이고 유연하며 종합적이고 효율적인 사고방식을 이끌고**[66] **가능성의 범위를 확대해준다**는 사실이 여러 연구로 확인되었다.

감정의 심리학을 다룬 한 연구[67]는 기분 좋은 감정(기쁨과 만족)이나 불쾌한 감정(두려움과 분노)을 불러일으키는 짧은 동영상을 활용했다. 실험 참가자는 각자 어떤 감정을 유발하거나 유발하지 않는 동영상을 시청했다. 그다음에 자기 삶에서 비슷한 상황을 생각해보는 시간을 가짐으로써 앞 단계에서 느낀 감정을 강화했다. 마지막 단계에서 참가자들은 각자 자기가 하고 싶은 일을 이야기했다. 연구자들은 동영상을 보면서 긍정적 감정을 느낀 참가자들이 부정적 감정을 느끼거나 아무 감정도 느끼지 않은 참가자들에 비해 행동 의욕이 더 높다는 점을 확인했다. 또 다른 연구는 긍정적 감정이 다양하고 유연한 전략을 이끌기 때문에 상황 적응에 더 유리하다고 지적했다. 유연성은 타인과의 상호작용에서 우리 행동을 조정하는 데 아주 중요한 요소다.

또 다른 연구를 보자. 실험 참가자들은 5주간 자기가 느끼는 감정을 그때그때 확인하고 적응 전략에 대한 질문에 답했다. 그들은 주어진 상황에 효율적으로 대처하려면 어느 정도 거리를 두어야 한다고 생각하는지, 문제 해결 방식을 달리 생각하지는 않는지 답해야 했다. 이 연구는 기분 좋은 감정을 느낄수록 개방적이고 유연한 사고방식이 가능하고, 그러한 태도를 취할수록 다시 긍정적 감정이 생긴다는 결론을 내렸다.[68]

긍정심리학 분야에서 여러 연구가 보여주었듯이 훈련을 통해 상황에 대응하는 방식을 달리함으로써[69] 얼마든지 긍정적 감정을 고양하고 정신을 개방할 수 있다.[70] 이 태도 변화가 관계를 촉진하고 개선한다.[71] 긍정적 상호작용을 활성화하는 또 다른 방법들도 있다. 집단 내에서 공동 목표에 부합하는 활동이 활발할수록 사회적 밀착감과 협동이 강화된다. 공동 목표를 확인하고 고취하는 작업은 긍정적 상호작용에 유리한 조건이다.

학교에서 느끼는 상호의존의 효용

●
○
사회심리학이 파악한 인간 활동 중에서 집단 내 긍정적 상호작용의 관계를 끌어내기에 적합하다고 알려진 활동이 하나 있다. 외부 위협을 감지하면 집단 내 관계는 공고해진다. 그렇지만 집단 외부와의 관계를 희생하지 않으면서도 집단 내 상호의존을 강화할 수 있는 방법이 있다. 한 연구는 **외부 위협이나 외부와의 경쟁이 없더라도 공동 목표를 설정하면 집단 내 결속이 공고해진다**는 것을 보여주었다.[72] 공동 목표는 다양하게 나타날 수 있다. 가령 학교에서는 반 전체 목표 세우기 혹은 조별 과제에서 좋은 점수 받기가 될 수 있겠다. 목표가 정해지면 교사는 그 목표를 성취하기 위한 수단으로서 상호의존을 장려한다. 모든 학생에게 공부 자료를 배분하고 각자 맡은 부분을 다른 학생들에게 설명하게 한다면 모두가 전체 내용을 숙지할 수 있을 것이다. 교육학 연구자들은 이러한 수단의 상호의존성이 높을수록 집단 내 학생들의 학습과 인간관계에 이로운 효과가 많다는 점을 확인했다. 이처럼 학습 수단이 배분되면 반드시 협동을 거쳐야만 공동 목표에 도달할 수 있고 협조적인 인간관계는 학습에 유익한 효과를 미친다.

협력이 경쟁보다 낫다

학습 영역에서[73] 협동과 경쟁 효과를 비교한 최초의 연구[74]가 등장한 이래, 협동이 경쟁이나 완전히 독자적인 개인 학습보다 효과가 단연 우수하다고 밝혀졌다. 공부 목표를 어떤 식으로 제시하느냐에 따라서 학생들의 상호작용이 달라지고, 각기 다른 상호작용은 다시 효과가 각기 다른 학습 양상을 낳는다. 협력적인 학습 환경에서는 학습 수단의 상호의존성 때문에 학습자가 주어진 과제에 더욱 적극적으로 참여하게 마련이다. 긍정적 상호의존을 뚜렷하게 느낄 수 있는 집단에서는 구성원 모두가 자기 나름대로 중요한 자리를 차지하고 타인들에게 쓸모 있는 역할을 한다고 생각하기 때문에 참여 의욕이 높고 남들에게 묻어가려는 경향이 덜하다.[75]

확실히 신뢰 관계에서는 모두가 제 역할을 수행하고 전체 성과에 이바지하고자 노력하며 다른 구성원들도 그렇게 하리라고 기대한다. 게다가 연구자들이 이미 입증한 대로 집단 내 구성원들의 상호작용은 과제를 더 깊이 이해하는 데 도움이 되고 결과적으로 내용을 기억하고 재구성하기에도 쉬워지므로 학습 성과가 좋을 수밖에 없다. 협력 과제가 끈기를 길러주고 나중에도 비슷한 종류의 학습에 재미를 들이는 계기가 되곤 한다. 집단 협력 학습이 왜 이러한 효과가 있는지는 여러 현상으로 설명할 수 있다. 일단 긍정적 상호의존에 민감한 사람들은 여럿이 함께할 때 최고의 아이디어가 나온다고 생각한다. 집단 과제의 이로움에 대한 의식이 그 과제를 끈기 있게 수행하려는 의욕과 연결되는 것이다. 또한 각자가 공동 목표에 적극적으로 참여하므로 **몰입** 경험이 발생한다.

몰입, 지금 하는 일에 푹 빠져드는 행복

몰입flow이라는 용어는 주의력과 자원을 집중적으로 요구하는 일에 완전히 빠진 상태를 가리킨다. 각자가 다른 사람들과 보조를 맞춰 과제 수행에 가장 적합한 행위와 상호작용을 물 흐르듯 해내고 있다는 느낌이 든다면 그 집단은 '몰입'한 것이다. 몰입을 하면 시간이 어떻게 흐르는지 모른 채 즐거움 혹은 안녕감에 빠진다.[76]

개인 차원의 **몰입**은 이미 자주 연구되었지만 최근에는 구성원들이 공동 도전 과제를 두고 각자의 능력, 창의성, 에너지로 이바지하고자 노력하는 집단 차원의 몰입도 연구 대상이다. 구성원들이 공동 작업을 할 때, 특히 그들이 창의성을 동원할 때 안녕감과 자기효능감이 전염된다는 사실도 밝혀졌다. 연구자들은 특히 이 **몰입** 상태가 성과를 끌어올릴 뿐 아니라 작업 수행에 필요한 집단 내 동시성이 감정이입과 신뢰를 공고히 한다고 지적한다.[77]

학습 수단 분배와 공유에서 비롯되는 집단 몰입 경험은 사회적 밀착감, 긍정적 경험 공유, 타인을 보완한다는 존재감을 통하여 긍정적 상호의존을 발달시킨다. 가령 합창이나 기악 합주 연습은 집단 경험이 어떤 효과까지 불러올 수 있는지 잘 보여준다.[78] 이러한 협력 작업, 여럿이서 함께하는 놀이는 적극 권장되어야 할 것이다. 개인 활동 혹은 집단 활동을 통해서 **몰입** 경험을 하는 아이들을 대상으로 한 연구도 다수 나와 있다. 아이들은 집단으로 몰입을 경험할 때, 특히 팀원끼리의 상호의존이 중요한 놀이를 할 때 특히 즐거워하는 것으로 나타났다.[79]

경쟁보다 협력을 권장해야 하는 이유

지난 수십 년 사이에 학교는 연극이나 음악 같은 집단 작업과 경험을 점점 더 많이 도입했다. 그렇지만 최근 한 박사논문에서 발표된 설문조사는 교사들이 여전히 협력을 효과적인 학습 방식으로 생각하지 않는다는 사실을 보여주었다.[80] 오히려 교사들은 이타적이고 협동심이 강한 학생들이 공부를 잘할 확률이 낮다고 생각하는 경향이 있었다. 그러므로 교육에서 협력을 더욱 계발하려면 경쟁이 더 이롭다는 어른들의 선입견부터 버려야 할 것이다.

경쟁이 열심히 공부하려는 의욕의 원천으로 생각될 수도 있다.
그런데 경쟁적인 분위기가 오히려 학생들의 포기를 부른다.
특히 자기가 학교에서 그리 뛰어나지 않다고 생각하는 학생들은
그런 분위기에서 의욕을 느끼지 못한다.

경쟁을 완전히 배제하자는 게 아니다. 경쟁도 때로는, 특히 대등한 집단 구성원들이 비슷한 성공 가능성을 두고 경쟁하는 경우에는 의욕을 자극할 수 있다. 집단 대 집단 경쟁에서는 집단 내 협력이 활발해짐으로써 구성원 전체가 큰 학습 효과를 볼 수도 있다. 그렇지만 개인 대 개인 경쟁에서는 잘 해낼 가능성이 제일 높은 축에 드는 개인들만 의욕을 갖고 적극적으로 참여한다.[81]

신뢰는 긍정적 상호의존에 꼭 필요한 으뜸 요소다.

집단 구성원이 상호의존을 받아들일 때는 신뢰 분위기가 형성된다. 이때는 구성원 한 사람 한 사람의 역량과 노력을 인정하고 그들의 욕구를 고려하면서 함께 공동 목표로 나아갈 수 있다. 신뢰를 조성한다는 것은 다양한 생각, 의견, 감정, 관심사에 마음을 열어놓는다는 뜻이다. 이런 분위기에서는 작업에 대한 참여와 효율성, 집단 전체의 안녕감이 향상된

다. 집단이 이런 식으로 돌아가면 구성원 입장에서 자기주장이 충분히 가능하므로 저마다 자기 시각과 욕구를 원활하게 피력할 수 있다. 바로 이 가능성이 집단 내 관계에서 중요한 역할을 하고 상호 신뢰와 긍정적 상호작용을 견인한다.

자존감은 관계에 어떤 도움이 될까

자신감은 어떤 상황에 처했을 때 스스로 지각하는 자신의 가능성을 기준으로 하지만 자존감은 자기에 대한 전반적 평가, 다시 말해 상황에 관계없이 평소 자기에게 품는 긍정적이거나 부정적인 이미지에 해당한다. 자존감과 자신감은 관계의 질적 향상을 차단할 수도 있고 확 끌어올릴 수도 있기 때문에 인간관계 역학에서 중요하게 고려해야 한다. 자신감은 타인에게 열린 자세를 취하는 데 도움이 된다. 따라서 타인을 신뢰할 기회도 그만큼 더 많이 열어준다. 이 신뢰는 양질의 관계에 꼭 필요하기 때문에 자신감은 사회적 관계에 요긴한 요소로 볼 수 있다. 충분한 자존감도 마찬가지 이유로 관계에 요긴하다. 자존감이 건실한 사람은 어떤 난관이나 실수를 이유로 쉽게 균형을 잃거나 자기 의심에 빠져 타인에게 방어적인 자세를 취하지 않기 때문이다.

자존감이 튼튼해야 덜 휘둘린다

상호의존 관계의 기본 원리 중 하나는 남에게 의지하면서도 자신의 행동 능력에 대한 믿음을 잃지 않는 것이다. 자존감이 잘 발달한 사람들일수록 자기가 자율적으로 행동할 수 있다고 믿는다.[82] 여러 연구가 보여주었듯이 안정 애착 관계에서는 자기 약점이나 타인에 대한 의존을 솔직하게 털어놓고 타인의 소중함을 인정하면서도 그 사실을 자기 자신이나 타인에 대한 위협으로 삼지 않는다. 관계 당사자들이 각기 상대의 정신적 자원을 인정하고 두 사람 사이의 상호 보완성이 중요하다는 것을 잘 알기 때문이다. 파트너들은 일방적이지 않고 상호적인 의존을 의식하므로 서로 상대에게 상처를 주지 않으려고 조심할뿐더러 관계가 어느 한쪽으로 기울지 않도록 신경 쓴다.

따라서 이 관계에서는 한쪽이 자꾸 자기비하에 빠지면 상대가 그 사람의 평소 장점이나 정신적 자원을 강조하면서 균형을 다시 잡아주려고 한다. 클레망틴은 또 인내심을 잃고 아들에게 화를 버럭 내고 말았다며 후회하고 자책하는 날이 많았다. "오늘 아침에 괜히 또 애한테 소리를 질렀나 봐. 학교에 보내놓고 나니 마음이 안 좋더라고. 정말이지, 난 왜 이렇게 참을성이 없을까. 그런 식으로 애를 잡아서 뭐가 나아진다고." 그 말을 듣던 남편은 그냥 이렇게 대꾸했다. "당신은 참을성이 없지 않아. 내가 쭉 지켜봤는데 충분히 시간을 들여 설명한 적도 있고, 똑같은 얘기를 화내지 않고 여러 번 한 적도 있어. 나는 그 정도면 당신이 참을성 있는 엄마라고 생각해." 이 대답은 어머니로서 자질을 확인받고 싶은 아내의 욕구를 남편이 이해했다는 표시이자 그가 느낀 바를 드러낸다. 이로써 커플 관계에서의 무능감 혹은 비대칭성('애 아빠가 나보다 나은 부모야')이 옅어질 수 있다.

사실 부모는 (습관적으로 그러는 게 아닌데도) 아이에게 소리를 지르고 나서 죄책감을 느낄 수 있다. 게다가 그런 행동은 아무런 교육 효과가 없다고 알려져 있다. 부모도 인간인지라 적절한 방식으로 반응할 여력이 없을 때가 있다. 언제나 관계를 존중하면서도 장기적인 교육 목표에 걸맞은 방향으로 아이를 대하지는 못한다. 이 경우 자기를 비하하는 사람을 안심시키는 것이 파트너의 역할이다. 남에게 베푸는 친절보다 자기 자신에게 베푸는 친절이 어려울 때가 많기 때문이다. 긍정적 상호의존이 만들어내는 친절은 자칫 자기 자신을 깎아내리는 경향을 상쇄하고 균형을 잡아준다. 이로써 부모 노릇이나 직장 생활에서 느끼는 압박감을 낮추고 일말의 자유를 느낄 수 있다. 어떤 역할을 연기하거나 가면을 쓰지 않고 온전히 자기 자신으로서 존재할 수 있다는 자유 말이다.

이런 면에서 **높은 자존감은 불안장애 및 우울장애, 중독과 정서적 의존증을 막아주는 중요한 요인이다. 자존감이 건실한 사람은 타인의 시선이나 판단에 대한 두려움에 덜 휘둘리기 때문이다.** 그래서 자존감을 잘 계발하는 것이 서양 사회에서는 중요한 교육 목표이자 정신질환 예방책이다. 가령 미국에는 개인이 좀 더 자신 있게 살아갈 수 있도록 자존감 향상을 목표로 하는 프로그램이 많다. 그렇지만 이미 자존감이 충분한 사람들에게는 그러한 프로그램이 효과가 없는 것으로 보인다. 자존감도 과하면 오히려 좋지 않다고 한다.

그러나 자존감은 만병통치약이 아니다

사회심리학 교수 로이 바우마이스터가 이끄는 연구진은 자존감 계발

관련 연구들을 종합적으로 고찰한 후 인구 대다수에게 자존감 계발 치료는 건강, 안녕감, 관계의 질에 유의미한 효과가 없다고 결론 내렸다.[83] 자존감이 높아진다고 능력을 더 잘 발휘하지는 않으며 대체로 반대로 작용하는 듯했다. 다시 말해 능력을 발휘해 성과를 낼수록 자존감이 높아진다. 안녕감과 관련해서는, 자존감이 안녕감의 다른 요소들(긍정적 감정, 자기 삶에 대한 만족도 등)과 상관관계가 있는 것으로 보인다. 요컨대 자존감이 낮으면 분명히 우리 정신 건강에 좋지 않은 영향이 있다. 그렇지만 **보통 사람 대다수는, 치료 프로그램으로 자존감을 높인다고 해서 전반적인 안녕감이 향상되지 않았다.** 오히려 나르시시즘이 심해져서 관계에 부정적 영향을 미치고 지속 가능한 안녕감을 망친다든가 하는 부작용이 생겼다.

그렇지만 과도한 자존감의 폐해를 막아준다는 점에서 인간관계에 특히 도움이 되는 자질이 있다. 그 자질 혹은 장점의 이름은 겸손이다. 겸손에는 여러 면이 있다.[84] 자기 한계를 인정하는 능력, 열린 마음, 자기 역량과 성취 가능성을 명확하게 볼 줄 아는 안목, 자기중심적이지 않은 자세, 나와 정반대일 수 있는 타인의 시각을 경청하고 이해하는 능력 등이 모두 겸손에 포함된다. 이 인간적 자질은 사회 참여와 이타적 행동과도 긴밀한 관계가 있다. 예를 들어 캘리포니아에서 실시한 청소년 대상 연구는 겸손 수준이 높은 청소년일수록 연대 행위에 적극적으로 참여한다는 점을 보여주었다.

관계를 위한 최고의 미덕, 겸손

겸손은 나르시시즘과는 반대로 관계의 질을 개선한다. 자기를 남보다 더 중요하게 생각하지 않으면 주의력도 나를 우선시하지 않을 수 있다. 오늘날 교육은 겸손을 적극적으로 권장하지 않지만 인간관계에서 겸손에 반하는 태도, 가령 허영이나 오만은 좋게 여겨지지 않는다. 직장에서도 과거에는 관리직을 뽑을 때 강력한 카리스마를 중시했지만 연구자들이 입증한 바로는 오히려 리더의 겸손이 팀 분위기를 좋게 하고 팀원들도 그러한 태도를 본받아 자기 생각을 돌아보면서 서로 뜻을 맞춰나갈 수 있기 때문에 성과도 잘 나온다.[85] 직원을 뽑을 때도 겸손은 바람직한 자질로 여겨진다. 한 연구에서는 구인 공고를 낸 여러 회사에 지원자의 겸손한 태도를 간접적으로 강조한 자기소개서와 그렇지 않은 자기소개서를 넣어보았다. 그 회사들 대부분은 겸손이라는 미덕을 강조한 자기소개서를 선호하는 경향을 보여주었다. 실제로 겸손은 타인에 대한 경청과 존중, 타인의 욕구를 고려하는 태도, 인내심, 용서 등 뛰어난 관계 역량과 관련 있다. 그렇기 때문에 겸손은 사람들과 더불어 지내기에 각별히 유리한 자질이다. 연구자들은 겸손한 사람이 양질의 인간관계를 영위하기 때문에, 그 영향으로 신체와 정신 건강은 물론 학업 성적과 업무 성과도 더 뛰어나다고 본다.[86] 게다가 겸손은 자기 약점을 파악할 수 있다는 사실을 전제로 하기 때문에 자신에게 요긴한 새로운 역량을 계발하고자 노력하는 계기가 된다.

그래서 겸손은 신뢰와 긍정적 상호작용의 관계를 발달시키기에 적합한 부식토로 볼 수 있다. 자기주장을 못 하는 건 겸손이 아니다. 자기주장은 상대를 존중하면서 자신의 감정, 욕구, 의견을 표현하는 관계 능력이다. 그러한 특징은 위험 행동을 예방할 뿐 아니라 안녕감과 성공과도 밀접하게 이어진다. 자기 선택을 분명히 밝히고 거절도 조리 있게 할 수 있어야 집단의 압박에 굴하지 않는다. 예를 들어 청소년에게 자기주장은 음주 관련 위험을 낮출 수 있는 자질로 통한다.

우리는 사회와 직장에서 적응에 도움이 되는 능력과 자질을 조합하여 계발할 수 있다. 그 조합에는 자신과 타인에 대한 신뢰와 긍정적 평가, 그리고 자기주장 능력이 반드시 들어간다. 겸손과 자기주장은 상호 보완적으로 작용하여 사회 활동을 최적화할 수 있다. 더 넓게는 심리사회적 능력 전반을 계발할 때 그 조합이 긍정적 상호작용에 이로운 영향을 끼치는 것을 볼 수 있겠다. 비판적 사고 같은 인지 능력도 당사자에게 해로운 관계를 가려내는 안목에 도움이 된다. 감정 표현과 조절에 관여하는 정서적 능력은 관계를 지속하기에 유리한 행동들을 끌어낸다. 4부에서는 긍정적이고도 지속 가능한 관계를 계발하는 실제 행동을 살펴보겠다.

깊이 생각해봅시다

1. 사회적 관계는 모든 인간에게 꼭 필요합니다. 하지만 식욕이 왕성한 사람이 있고 소식小食으로도 충분한 사람이 있듯이 풍부한 관계를 원하는 사람이 있고 그렇지 않은 사람이 있답니다! 이러한 개인차는 시대에 따라 달라질 수 있지만 언제나 존중해야 합니다.

2. 우리는 늘 다른 사람들과 상호작용을 하기 때문에 신뢰와 경계는 우리 삶에서도 아주 중요한 사안입니다. 항상 경계심을 곤두세우고 살면 피곤하고 관계가 빈곤해집니다. 신뢰는 안정감을 주고 관계를 풍요롭게 합니다. 분명한 의식을 품고 타인을 신뢰하면 그 사람의 좋은 점을 발견하고 도움과 지지를 받을 수 있습니다.

3. 정서적 능력은 타인을 적절히 신뢰하는 데 도움이 됩니다. 자신의 감정과 타인의 감정을 알고 이해하며 잘 활용하는 능력이니까요. 우리의 정서적 삶을 수시로 돌아보지 않으면 인간관계에서나 머릿속에서나 매사가 더 복잡하고 힘들어져요!

4. 아이들에게 정서적 능력을 알려주고 길러주는 일은 우리 부모가 해야 합니다.

5. 최근 연구는 자존감을 상호의존이라는 관점에서 이해해야 할 필요를 보여주었습니다. 누구에게 기대거나 도움을 청해야 하는지 잘 아는 사람일수록 자존감도 높을걸요! 절대 남에게 기대지 말아야겠다는 강박관념이 오히려 자존감을 약하게 합니다. 자신이 불완전하다는 것을 알지만 부끄러워하거나 도움을 청하기 두려워하지 않는 겸손이 자존

감을 강하게 키워줍니다.

6. 최근 연구는 철저한 경쟁보다 협력이 더 가치 있다고 가르쳐줍니다. 학교에서 공부하는 아이들뿐만 아니라 어른들에게도 이 사실은 유효합니다. 때때로, 특히 운동 경기에서 경쟁이 중요할 때도 있지만 일상생활에서는 그렇지 않답니다!

4부

지속적이고 건설적인
관계 가꾸기

Ces liens qui nous font vivre

"친절은 우리의 상호의존에 대한 반응이다. 이 친절 속에 참된 지혜가 있다."
— 존 카밧진,《마음챙김에 대한 108가지 교훈》

우리에게 유익하면서 오래가는 관계를 맺는 비결이 따로 있을까? 파트너가 나를 좋아하고 내 말에 정말로 귀를 기울이며 나에게 좋은 일이 생기면 진심으로 기뻐하고 내가 소중히 생각하는 것에 관심을 보여줄 때, 나와 함께 보내는 시간에 만족을 표현할 때 발생하는 신뢰, 안전감, 소속감은 두 사람 모두의 성장을 촉진한다.[1] 각자의 목표 실현에 도움을 주면서 공동 목표도 함께 추구하기 때문에 그럴 수 있다. 이게 바로 자기실현의 원천이자 잠재력 계발이 이바지하는 소위 **긍정적** 혹은 **건설적** 관계다. 유연한 관계는 상대의 정서적, 정신적 자원을 과도하게 요구하지 않는 마음 편하고 안정적인 분위기를 형성한다. 자기가 좋아하는 것과 자기 목표에 집중하면서도 가까운 이와 공유하는 목표를 챙기기에는 그런 조건이 가장 이상적이다.

인간은 근본적으로 타인과 관계를 맺고 살아가는 존재이지만 양질의 관계를 맺고 유지하려면 여러 역량을 동원해야 한다. 쉬는 시간 학교 운동장부터 가족과의 갈등, 직장 동료와의 관계까지 사람으로 인한 괴로움이 인생에 얼마나 흔한지 생각해보기만 해도 그 점을 알 수 있을 것이다.

건설적 관계를 일군다는 것은
타인과의 관계에 자기 역량을 투입하기로 선택하는 것이다.

어떤 사람들에게는 너무 당연해서 설명할 필요도 없는 일이다. 성장 과정에서 긍정적 관계를 보고 자랐다거나 스트레스가 별로 없는 생활을 한다거나 경청과 감정 조절 능력을 공들여 계발해왔다거나 하면 그럴 수 있다. 개인의 관계 맺는 능력이 어떻든 간에 관계는 늘 조정, 인내, 주의력을 필요로 한다. 이렇게 노력도 해야 하고 나의 욕구 못지않게 타인의 욕구도 고려해야 하지만 그런 관계만큼 인생에 만족을 주는 것은 없다.

반대로, 철저하게 독립을 추구하는 자세는 자유와 자기실현을 낳기는 커녕 고통의 근원이 되기 쉽다. 일시적으로는 자기 삶을 자기가 통제한다는 만족감을 느낄지도 모른다. 그렇지만 식이 제한이 으레 그렇듯이 사회적 접촉과 협력을 제한하면 삶을 온전히 만끽하기 힘들어진다. 아름다운 경치를 보면서 느끼는 기쁨, 놀라움, 충만감은 누군가와 함께 나눌 때 더 커진다. 우리가 이 책에서 살펴보았듯이 독립적이라는 것은 타인에 대한 애착 욕구를 넘어서려고 노력하는 것이다. 그런데 우리의 생물학적, 심리학적 체계는 타인과 연결될 때 최적으로 기능한다. 그래서 독립 혹은 자급자족을 추구한다는 것은 무리하게 사막을 건너겠다고 애쓰는 것과 같다. 그러한 결심이 한동안은 통과의례로서 순기능을 할 수도 있지만 울창한 숲과 들판을 누릴 수 있는데 굳이 사막에서 인생을 보내기로 자신을 옭아맬 필요가 있을까.

소위 개인주의 사회에서 인간관계의 질은 안녕감의 가장 중요한 표식이다.[2] 그러므로 삶의 균형과 사회 내 연대의 지표인 긍정적 상호의존을 일궈나가는 방식에 좀 더 관심을 기울이는 것이 바람직하다.

도와달라고 말하는 용기
●
○

타인과 연결된 느낌, 필요할 때는 도움을 청할 수 있고 받을 수도 있는 능력을 계발하는 방법은 무엇일까? 아이에게 타인과의 관계가 중요하다는 것을 가르치려면 어른이 본보기 역할을 해야 한다. 그래서 부모가 상호의존이 긍정적으로 이루어지는 관계 네트워크에 속해 있으면 굳이 가르치지 않아도 아이는 인간관계를 좋게 생각하고 연대적인 행동을 보이곤 한다. 그런 아이는 자기가 도움이 필요하면 거리낌 없이 요청을 하지만 가족이나 학급 전체에 부담을 줄 수도 있으므로 어느 선 이상 남에게 기대서는 안 된다는 의식도 있을 것이다.

따라서 도움을 요청할 줄 아는 것이
관계를 발전시키는 진짜 능력이다.
용기를 내서 도움을 구하지 않으면
관계가 더 이상 나아가기 힘들 때도 있다.

하지만 혼자서도 할 수 있을 법한 일인데 너무 자주 도움을 요청하면 발전이 없다. 어른이 뭔가를 어려워하는 아이를 도와주고 발전을 지켜보는 일은 만족감이 크고 보강 효과가 있다. 아이의 행동에 길잡이가 필요할 경우 부모에겐 더욱더 정성껏 도움을 주고 싶다는 의욕이 생기는 것이다. 그렇지만 아이가 뻔히 할 줄 아는 일을 자꾸 도와달라고 한다면 부모는 만족감보다 좌절감이 더 클 것이고 부모 자식 관계가 긴장될 것이다.

도움 요청과 어려움 회피의 차이

부모는 아이에게 도움을 청하는 방식도 여러 가지가 있다고 설명해줄 수 있다. 마리아 몬테소리가 "스스로 할 수 있게끔 도와주세요"라는 한마디로 강조했듯이 도움을 구할 때는 반드시 자기 발전이 목표가 되어야 한다. 그렇지 않으면 도움 요청이 어려움을 직시하지 않고 회피하는 수단으로 변질된다. 가령 어떤 아이는 혼자 신발 신는 게 어렵다고 늘 부모에게 신발을 신겨달라고 한다. 발전에 초점을 맞춘 도움 요청에 응할 때 부모는 부모 노릇에 보람을 느끼고 아이의 자율성도 발달한다. 이러한 기제가 긍정적 상호작용을 설명해준다. 아이가 뭔가를 배우거나 스스로 잘 해볼 생각 없이 그냥 힘든 일을 하기 싫어서 도와달라고 했는데 부모가 거기에 장단을 맞춰주면 아이의 자율성은 저해되고 부모도 아무 보람을 느낄 수 없다. 이런 요청에는 그냥 "운동화 끈 묶는 거 보여줘 봐. 난 네가 할 수 있다는 걸 알아"라고만 대꾸하면 된다.

연구자들은 **자율성 지지**라는 용어로 잘 알려진 건설적 관계 양상을 부모 자식 관계라는 틀 안에서 살펴보았다.[3] 그러한 관계는 아이의 심리적 기본 욕구를 만족시켜준다. 다시 말해 자율감(할 말을 하고 스스로 선택하며 어른이 지시를 내릴 때 그 의미를 이해하고 동의하므로 행동한다는 느낌), 자기효능감(자율적으로 행동하되 그 행동에 투입한 정신적 자원과 노력을 어른에게 인정받는 기분), 관계성(부모가 자신에게 시간, 애정, 주의 깊은 행동을 할애한다는 느낌)이 다 충족된다. 부모 자식 관계의 밀착성은 감정이입과 이타성 발달의 중요한 원천이다.[4] 아이는 자기가 보살핌을 잘 받는다고 느낄수록 자율성을 쉽게 계발한다. 그런 아이는 가족 안에서 자기 위치를 확인받고 싶어 어른의 관심을 끌려고 애쓸 필요가 없기 때문이다. 그래서 다른 사람들과 주변 세상에 좀 더 주의를 기울일 여력이 있다.

아이의 자율을 지지하는 부모가 되려면

로버트 본스타인은 부모가 아이의 지지와 자율을 지향하는지 아니면 과잉보호 경향을 띠는지 파악하는 문항들을 제시했다.[5] 부모가 자율에 대한 요구와 지지를 잘 조정하는 데에도 도움이 될 것이다.

첫 번째 문항은 개인이 집단의 안녕감에 이바지하는가를 묻는다. 이러한 태도는 어른이 아이의 능력을 믿어준다는 의미이기 때문에 아이의 자기효능감 욕구에도 부응할 수 있다.

두 번째 문항은 아이에게 자율성을 부여하는가를 묻는다. 이로써 자율성이라는 아이의 심리적 기본 욕구에 부응한다.

세 번째 문항은 사회적 관계의 근간에 있는, 도움을 청하고 받아들일 가능성에 대해서 묻는다. 이 가능성은 관계성의 욕구에 부응한다.

부모가 이 세 욕구에 부응하는 양육 태도를 보이면 아이의 이타적 행

상 차리기나 치우기 같은 집안일을 아이가 돕게 하는 것이 중요하다.	□ 1	□ 2	□ 3	□ 4	□ 5	□ 6	□ 7
아이가 가끔 실패하더라도 스스로 해보면서 배우게 해야 한다.	□ 1	□ 2	□ 3	□ 4	□ 5	□ 6	□ 7
상호 지지가 당연하고 중요하다는 사실을 아이가 깨달을 수 있도록 부부는 아이들이 보는 앞에서 서로 지지하는 것이 바람직하다.	□ 1	□ 2	□ 3	□ 4	□ 5	□ 6	□ 7

점수 체계

□ 1 전혀 그렇지 않다 / □ 2 그렇지 않을 때가 많다 / □ 3 별로 내 얘기 같지 않다 / □ 4 중간 정도라고 생각한다 / □ 5 약간 내 얘기 같다 / □ 6 대체로 그런 편이다 / □ 7 완전히 그런 편이다

가정환경에 비추어 세 문장 모두 합산 점수가 중간보다 높을수록(12점에서 21점 사이) 부모가 아이의 긍정적 상호의존 계발을 돕는 경향이 있다.
합산 점수가 12점 이하라면 여러분이 아이를 대하는 행동을 (가급적이면 파트너와 함께) 되짚어볼 필요가 있다.

동을 발달시키고 자율성을 키우고자 하는 의욕을 북돋울 수 있다.

연구자들은 타인을 돕고자 하는 경향이 연대 행동에 대한 자율적 의욕 수준에 비례한다는 것을 보여주었다.[6] 자율성을 촉진하는 분위기는 부모가 아이에게 할애하는 시간, 경청의 질, 아이의 감정 표현 가능성, 다시 말해 부모와 자식의 관계성에 달려 있기도 하지만 아이의 노력을 소중히 여기고 잠재력 계발을 북돋우는 자세에도 달려 있다. 아이의 자율성을 촉진하면 아이에게 어떤 행동을 하면 안 되는 이유를 설명하고 그 아이가 자기 목표를 추구할 여지를 줄 수 있다. 규칙과 행동의 의미를 정확히 알려주면 아이 나름대로 가치관을 형성하고 자율감을 느낄 수 있다(부모가 일부러 시간을 들여 설명하고 경청하는 모습을 보면 나를 중요하게 생각하는구나, 내 감정과 시각을 고려해주는구나 하고 느낀다). 이런 집안 분위기에서 자라는 아이와 청소년은 감정이입 능력이 뛰어나고 이타적 행동을 수월하게 여긴다.[7]

사회적, 문화적, 가족적 상황 맥락을 통해 내면화된 이타적 가치관은 실제 이타적 행동으로 나아가는 준비 단계다.[8] 처음에는 그런 행동이 개인적 이유로 동기부여가 되기도 한다. 이를테면 어떤 아이는 누가 한마디 할까 봐 간식을 같은 반 친구와 나눠 먹는다. 하지만 그런 동기부여도 차츰 내면화되고 자율성을 띠면 하나의 가치가 된다. 아이가 자기 자신에게서 타인에게로 시선을 돌리고 그들과 더불어 상호작용을 하는 계기는 이처럼 아이의 심리적 기본 욕구(소속감, 자기효능감, 자율감)[9]에 부응하면서 자율을 지지하는 환경[10]이다.

행복한 사춘기를 위한 부모의 역할

부모에게 청소년기는 자녀의 성장 발달에서 가장 스트레스가 심한 시기다.[11] 그렇지만 긍정적인 상호작용에 대한 생각을 길러주면 전반적인 인간관계는 물론, 부모와 청소년기 자녀 관계에 특히 이롭다. 건설적 관계의 존재와 보전은 마음을 안정시켜준다.

> 청소년은 비록 친구와의 활동을 훨씬 우선시하지만
> 부모와의 애착 관계의 질은
> 여전히 그들의 안녕감을 결정하는 중요한 요소다.[12]

자녀와 시간을 함께 보내고 자녀의 친구들과도 긍정적 관계를 유지하는 등 청소년 자녀의 관점과 바람을 고려하여 앞일을 계획한다면 가족의 안녕감에 이바지할 수 있다. 청소년기 자녀에게는 부모에게 지지받는 기분이 중요하다. 하지만 가족과 문화에 따라 지지 행동은 자못 다르게 받아들여질 수도 있다. 예를 들어 형편이 어려운 가정에서 부모의 교육비 지출은 자녀에게 상당한 지지로 받아들여질 수 있다. 부모가 늘 바쁜 가정에서는 돈보다도 자녀와 함께하는 활동이나 자녀의 발표회, 연주회, 운동 경기를 참관하는 행동이 지지로 받아들여질 것이다.[13]

긍정적 상호의존은 힘들고 어려운 상황에서만 요긴한 게 아니라 모든 상호작용에 이롭다. 관계에 주의를 기울여보면 타인이 나의 안녕감에 얼마나 중요한지 깨닫게 된다. 관계를 돌보는 것이야말로 우리와 가까운 이들에게는 건설적인 방향을 취하고 우리가 잘 모르는 사람들에게는 개방적인 태도를 유지하면서 각자의 안녕감에 이바지하는 비결이다.

주의 깊은 현존과 돌봄 역량

●
○

지속적인 관계가 얼마나 큰 힘인지 지각하지 못하는 사람들은 관계의 부정적이고 힘든 면만 과장해서 보고 전적으로 뛰어들지 않는다. 심지어 인간관계라는 영역에까지 과소비가 판을 치는 것 같다고 비판하는 사람들도 있다. 그런데 관계를 피하려는 태도는 타인에 대한 신뢰와 관계의 질에 영향을 미친다. 타인에 대한 주의력 결핍도 그 점은 마찬가지다. 일부 저자들은 심리치료가 자기 욕구를 우선 고려하고 타인 앞에서도 자기주장을 펼치는 것이 더 중요하다고 강조하던 1970년대는 이제 지나갔다고 말한다. 지금은 오히려 개인이 지나치게 자기중심적이고 타인의 욕구를 희생하면서까지 자기 욕구를 채우려는 시대처럼 보인다. 그래서 프레데리크 팡제 박사는 자기주장 분야의 전문가이면서도 이제 우리가 선택하거나 행동할 때 타인의 감정을 고려하는 작업이 필요하다고 설명한다.[14] 그러한 작업은 양질의 관계를 잘 키워나가는 데 커다란 도움이 될 것이다.

명상 그리고 타인에 대한 현존

30여 년 전부터 관계 지속에 유익한 사회심리적 능력을 계발하는 새로운 접근법들이 시도되었다. 그중에서도 특히 심리학과 신경과학 연구자들이 열광했던 접근법은 **마음챙김** 명상이었다. 앞에서 이미 보았듯이 마음챙김은 자기도 모르게 판단, 분류, 잡념, 예측, 충동적 반응으로 치닫는 경향을 제한하는 것이다. 좀 더 정확하게는, **호흡에 집중하면서 정신의 자동 반응을 가만히 관찰하는 것**이다. 명상을 하는 동안에도 잡념이 일어나거나 훈련을 이끄는 지도자의 목소리에 신경이 쓰이는 건 어쩔 수가 없다. 그저 자신의 마음속에서 일어나는 현상을 관찰하고 주의력을 목표 대상(이 경우에는 호흡)으로 끌고 가는 연습을 하면 된다. 마음챙김 명상을 규칙적으로 하면 상황을 과장되게 해석하거나 감정적으로 욱했다가 나중에 후회하는 경향을 다스릴 수 있다.[15] 실제로 마음챙김 명상이 자기 자신과 타인의 말을 좀 더 새겨듣고 관계의 질을 향상한다는 연구 결과가 많다.[16]

몸만 같이 있는 게 아니라 상대에게 주의를 온전히 기울일 수 있을 때 더 깊이 신뢰하고 불안을 낮출 수 있다. 신뢰는 긍정적 상호의존을 촉진하지만 불안은 경계심을 불러오고 위협으로 느껴지는 것에 주로 주의를 집중시키기 때문에 상호의존을 저해한다. 불안한 상태에서는 새로운 상황, 새로운 인물을 일단 조심하게 마련이다. 그러므로 지나친 불안 성향을 다스리는 치료는 긍정적 상호의존을 고양하는 수단이다. 그러한 치료는 나 아닌 타인, 내가 모르는 사람에 대한 적대감의 수위를 낮춰주기 때문이다.

경계하는 뇌? 연결되어 있는 뇌?

우리가 물려받은 뇌 기능은 오래전 인간의 생존에 유리하게 작용했지만 현재 우리의 삶에 잘 들어맞지 않는 면도 있다. 지금은 뇌의 세 가지 조절 체계가 우리 행동, 특히 관계 행동을 뒷받침한다고 알려져 있다.[17] 경계 체계(두려움), 동기부여 체계(욕망/참여), 제휴와 만족 체계(진정)가 여기에 해당한다.

현대사회는 우리에게 신체적으로 그리 위험하지 않지만 경계 체계를 매우 자극한다. 지금은 사실 사회적 관계와 관련된 위험 신호가 더 많다. 아이가 당연히 초대받을 줄 알았던 생일 파티에 초대받지 못했다? 딸내미가 학교에서 괴롭힘을 당한다? 이러한 상황들이 경계 체계를 각성시킨다. 모두가 의욕적으로 뛰어들어라, 자기 앞가림을 잘해서 성공해라 식의 동기부여 체계도 심하게 자극을 받는다. 지금은 동기부여가 굉장히 중요시된다. 그렇지만 경계 체계와 동기부여 체계가 인간관계를 통한 마음의 진정 체계와 균형을 이루지 못하면 번아웃 위험 요인이 발생한다. 극도의 번아웃은 인생이 의미 없다는 생각까지 불러일으키곤 한다. 그런데 우리 사회는 이 세 번째 체계를 훨씬 덜 중시한다. 지금은 이 세 체계 사이의 균형을 되찾을 필요가 있는 시대다.

욱할 때 '반응'하지 말고 '대응'하기

좀 더 구체적으로는 마음챙김 명상이 긍정적이고 차분한 관계를 맺는 능력을 고양함으로써 바로 이 균형을 잡아준다. 이로써 우리는 좀 더 평온하게 살아갈 수 있다. 이러한 명상의 목표는 우리 뇌 고유의 경계 체계, 동기부여 체계를 중지하는 것이 아니라 생각 없이 자동으로 반응하는 경향을 완화하는 데 있다. 그 두 체계가 지나치게 활성화되면 바람직하지 못한 결과가 빚어지기 때문이다. 어린아이를 키우는 부모가 양가적 감정과 번아웃에 시달리다 보면 때때로 아동 발달에 적절치 않은 방식으로 (무관심, 위협, 체벌 등) 행동한다. 뇌의 세 체계 사이 균형을 의식하는 부모는 아이 곁에 있어줌으로써 아이의 마음을 진정시키고 경계 상태를 누그러뜨릴 것이다. 차분할수록 감정적으로 반응하지 않고 정말로 원하는 선택과 행동을 취할 수 있다.

●●● 갈등 상황에서의 마음챙김

아이와 감정이 험악해졌을 때, 여러분은 자기 내면 반응을 확인하고 일단 자리를 피해 마음을 진정했다가 나중에 아이와 조금 전 있었던 일, 부모의 욕구와 아이의 욕구, 부모 자식 사이에 정해놓아야 할 규칙 등에 대해서 말해볼 수 있을 겁니다.

아이가 화를 주체하지 못할 때도 여러분은 아이에게 일단 그 자리를 떠나 잠시 자기 방이나 마당에 가 있으라고 말할 수 있을 겁니다. 그러고 나서 웬만큼 진정되면 아이가 어떤 점을 부당하게 여겼는지, 무엇을 바랐는데 생각처럼 잘 되지 않았는지 좀 더 건설적으로 자기표현을 하게 하세요.

이러한 마음챙김은 우리가 생각 없이 일단 뱉고 보는 반응을 억제하고 가족 사이 균형을 찾는 데 목적이 있습니다.

명상 지도자들은 마음을 챙기는 시간을 가지면 갈등 상황에 (진정한 선택이 아니라 그 저 충동에 이끌려 늘 하던 대로 혹은 욱하는 감정대로) '반응'하는 대신 실제로 '대응'하는 능력이 발달한다고 말합니다.

우리 뇌는 평소 외부 세계에서 받아들이는 정보를 빠르게 분류해 다양한 위험에도 잘 대응하도록 돕는 방향으로 작동한다. 의사결정을 단순화, 신속화하려다 보니 '내 편'으로 분류되는 사람(신뢰 대상)과 그렇지 않은 사람(경계 대상)이 생긴다. 다행히도 이런 분류는 고정되어 있지 않다. 우리는 열린 마음을 견지하면서 평생 새로운 사람, 새로운 문화를 얼마든지 발견할 수 있다. **여행을 하면**(혹은 과거 여행했던 다양한 국가들에 대한 회상만으로도) **정신의 개방성과 낯선 이들에 대한 신뢰 수준이 높아진다**는 연구들이 있다. 다양한 지역과 국가를 드나들수록 (현지인과 실제로 상호작용을 한다는 조건에서) 사람을 더 잘 믿는다. 이 연구들은 체류 기간의 길고 짧음이 아니라 문화 간 만남의 다양성이 정신의 개방성과 신뢰에 더 중요하다고 지적한다.[18]

타인의 행동, 태도, 발언을 판단하고 과잉 해석하는 경향은 긍정적 상호의존의 또 다른 걸림돌이다. 다른 사람이 나를 어떻게 생각하는지 정확히 알 도리는 없다. 이 불확실성이 자기 자신에 대한 평소의 판단, 부정적 생각을 낳는다. 그러한 시각이 곧잘 현실을 변질시키고 쓸모없는 오해와 긴장으로 관계를 망쳐버리곤 한다. 마음챙김을 통한 주의력 훈련은 타인과 상황에 대한 성급한 판단과 해석에 끌려가지 않는 연습이기도 하다. 즉각 반응하지 않고, 상황이 순간순간 어떻게 전개되는지 관찰하는 법을 배우면 우리가 접하는 정보들을 과잉 해석하는 경향이 누그러진다.

마음챙김이 충동 조절을 돕는다

건설적 관계를 일구는 또 다른 방법은 충분히 유연한 상호작용, 다시 말해 타인의 영향력도 받아들이는 자세다. 이러한 자세를 취하면 내가 옳다. 네가 그르다 따지느라 긴장 상태에 갇혀버릴 위험이 없다. 유연성은 자기 행동을 공동 목표에 맞춰 조정하려는 의욕과 역량을 의미하기도 한다. 이를테면 커플 두 사람이 개인 목표를 추구하면서도 두 사람 모두와 관련된 목표에도 시간과 노력을 할애하는 식으로 말이다.[19] 마음챙김 명상은 이러한 유연성도 길러준다. 우리의 자동 반응과 그 반응의(상황, 상대, 공동으로 추구하는 목표 등에 맞는가 맞지 않는가 하는) 성격을 좀 더 의식하게 되기 때문이다. 마음챙김은 자기 행동을 더 잘 의식하게 하므로 충동적인 의사결정 경향을 억제한다.[20] 예를 들어 남편에게 짜증을 잘 내는 버릇을 고치고 싶다면 먼저 무엇이 그런 반응을 촉발하는지 의식하고 확인한 후 서로 지지하는 부부로서 안정감 있는 가정을 꾸려나가려면 어떤 다른 태도가 적합한지 찾아봐야 할 것이다.

마음챙김이 어떤 기제를 통하여 인지행동의 유연성을 키우는지 분석한 연구가 여럿 있다. 연구자들은 8주간 마음챙김 명상 훈련을 받은 사람들이 문제 해결 상황에서 인지 전략을 더 순순히 수정했다고 보고했다.[21] 실험 참가자들은 컴퓨터 모니터에 뜨는 문제를 보면서 답을 골라야 했다. 처음 몇 문제는 전부 비슷했지만 그다음에는 전혀 달라서 새로운 문제 해결 전략을 취해야 했다. 마음챙김 명상 훈련을 받은 집단은 그렇지 않은 집단에 비해 더 유연한 자세로 문제를 해결했다. 다시 말해 그들은 새로운 패턴의 해답을 더 쉽게 찾아내는 편이었다.

우리는 우리가 습득한 전략을 늘 똑같이 적용하는 경향이 있다. 그렇지만 마음챙김 명상을 꾸준히 하면 과거 경험에 '눈멀지' 않고 전에 겪지 못한 새로운 상황에 좀 더 열린 자세를 취할 수 있다.

그래서 연구자들은 이런 훈련이 정신을 개방함으로써 사유와 구체적인 행동 전략에 유연성을 더해준다고 결론 내렸다.

입장 바꿔 생각해보는 훈련

또 다른 연구자들도 정신의 개방성이 자동 반응을 조절하고 현실을 한 방향으로만 읽으려는 경향을 억제해준다고 보고했다. 이러한 맥락에서 한 연구는 마음챙김 명상 훈련이 차별 경향도 누그러뜨린다는 결론을 내렸다.[22] 우리 머릿속에서 자동으로 일어나며 선입견을 강화하는 연결 짓기, 일반화, 범주화를 억제하기 때문에 그렇다고 한다.[23] 실험 참가자들에게 단어 읽기 따위의 자동 기능을 멈춰보라는 과제를 주었을 때도 마음챙김 명상은 뇌의 습관 교정에 효과적이었다. 사람들에게 익히 잘 알려진 스트룹Stroop 검사에서는 화면에 뜨는 단어가 무슨 색으로 쓰였는지 말하게 한다. 그런데 단어 색상과 그 단어가 지시하는 색상이 다르면 과제 수행자는 혼란을 느끼기 쉽다. 이를테면 화면에 '빨강'이라는 단어가 파란색으로 뜨면 자기도 모르게 '빨강'이라는 대답이 튀어나온다. 실험 참가자는 단어의 의미에 영향을 받지 않고 실제로 자기 눈에 보이는 색상만 말해야 한다. 스트룹 과제는 인지 억제 능력을 파악하는 검사다. 마음챙김 명상 훈련을 받은 실험 참가자들은 이 검사를 잘 수행함으로써 정신적 자제력과 유연성을 보여주었다. 그들은 단어가 보이면 무조건 읽어버리는 평소 습관을 억제하고 다른 요구를 따라야 하는 과제에도 잘

적응했다.[24]

마음챙김이 행동과 관계의 유연성을 증진하는 또 다른 기제는 상황을 다른 시각으로 바라보는 능력에 있다. 자기 내면을 관찰하는 훈련은 자기 생각, 자기 기분에 대해서도 거리를 두게 한다. 이 훈련을 한 사람은 마치 체스 경기를 관전하듯 자기 안에서 일어나는 생각과 감정을 가만히 지켜볼 수 있다. 체스판에서 검은 말과 흰 말이 이동하는 양상을 이렇게도 뜯어보고 저렇게도 뜯어보듯이 자기 내면의 흐름을 여러 각도에서 바라보는 것도 가능하다.

> 관점을 바꿔보는 훈련은 타인에게 감정을 이입하고
> 타인의 시각을 취하는 데 도움이 된다.

결과적으로 사람과의 관계가 더 유연해지고 서로 조율하기도 쉬워진다. 타인과 조율을 하려면 서로 욕구와 목표를 정확하게 알아야 하기 때문이다. 사실 다른 사람을 도와주는 것도 상대가 그 도움을 받아들일 준비가 되어야 가능한 일이다. 도움 제안을 어린애 취급이나 자기 능력에 대한 불신으로 여긴다면 그 관계가 강화되기는커녕 신뢰가 더 떨어져서 좋지 않은 결과가 있을 것이다.

지지를 보내는 입장과 도움을 받는 입장 양쪽 모두에게 과잉 반응 대신 한 발짝 물러선 자세를 유도하기 때문에 마음챙김 명상은 긍정적 상호의존을 원활히 하는 수단이다. 상황을 특정한 시각 혹은 선입견에 갇힌 채 바라보기보다는 여러 각도에서 습득하는 훈련이 되기 때문이다.

마음챙김 명상이 사람들을 이런저런 범주로 구분하는 경향을 제한하고 포섭, 협동, 이타성을 고양하는 이유도 이 때문이다.

관심 일기 쓰기(하루 동안 있었던 긍정적 사건들을 기록), 감사 일기 쓰기(감사함을 느낀 일 다섯 가지 기록해보기) 등에도 비슷한 긍정적 효과가 있다. 주의력을 일상의 긍정적이거나 만족스러운 면으로 돌리면 긍정적 감정이 일어난다. 특히 고마움이라는 감정은 정신의 개방성, 유연성, 이타성을 개선해준다.

감사하는 태도의 중요성

바로 앞에서 설명했듯이 고마움은 사회적 관계 발달에 가장 크게 이바지하는 감정 중 하나다. 고마움은 타자에 대한 신뢰와 관심, 협동과 이타성을 개선한다. 고마움을 느끼면 자기를 중심에 두지 않고 타인의 의도와 노력에 좀 더 관심을 기울이게 된다. 일시적 감정으로서의 고마움을 넘어서서 일상의 긍정적이고 만족스러운 면을 인정하는 전반적인 삶의 태도를 계발할 수도 있다. 그러한 태도는 우리의 일상과 관계에서 어렵고 골치 아픈 면에만 주목하지 않음으로써 우리 지각의 균형을 찾아준다. 타인과의 관계를 풍요롭게 해준 것, 그날그날 좋았던 일을 기억하는 자세도 중요하다.

아직도 반이나 남았네

그러한 태도, 소위 **감사하는 자세**[25]를 타고났거나 후천적으로 계발한 사람들은 정신적으로나 신체적으로나 더 건강하고 양질의 인간관계를 영위한다. 그러한 자세는 역경 속에서도 일어서게 하는 심리적 안정과 회복탄력성이 잘 받쳐줄 때 나온다. 회복탄력성은 컵에 물이 반쯤 차 있을 때 '반밖에 없네'가 아니라 '반이나 남았네'라고 보는 긍정적 태도, 그리고 사회적 지지의 질에 달렸다.

> 감사하는 자세라는, 삶에 대한 전반적 태도는
> 우리를 망치는 관계가 아니라
> 긍정적인 관계에 더 몰두하게 한다.

어떤 사람은 의욕을 꺾는 추억보다 생각만 해도 기운이 나는 추억을 더 자주 떠올리고, 우리에게 부족한 것보다 우리가 가진 것에 더 주목한다. 삶의 부정적인 면이 너무 압도적일 때 그 고통을 상쇄할 수 있는 이러한 자세를 주의력 훈련으로 계발할 수 있다.

잠들기 전엔 좋은 기억을 떠올려라

매일 밤 그날 하루 동안 좋았던 일, 여러분에게 관심을 기울여준 타인의 행동을 떠올려보면 마음이 편안해지고 잠이 잘 올 것이다. 스트레스 상황을 맞이했을 때도 앞으로 나아갈 용기를 불어넣는 기억에 의지할 수 있다(가령 비슷한 상황이었지만 별 어려움 없이 잘 해결했던 기억을 떠올려보자). 고

마음을 느끼고 표현하는 연습의 유익한 효과를 입증한 연구는 아주 많다. 이 연습이 가장 널리 적용되는 분야가 바로 긍정심리학인데, 특히 심한 외로움에 시달리는 사람들에게 효과가 좋다.

꾸준한 감사 일기의 효과

한 연구는 자살 기도 후 병원에 입원한 사람들에게 감사 일기 쓰기를 비롯하여 다양한 긍정심리학 과제를 부여했다. 감사 일기는 하루 동안 있었던 일을 돌아보면서 감사하게 느껴지는 일 다섯 가지를 기록하는 것이다.[26] 감사 일기를 쓰다 보면 그날그날 나에게 잘해주었던 사람들을 기억하게 되므로 사회적 관계를 새삼 느낄 수 있다. 연구 결과, 아홉 가지 긍정심리학 훈련 중에서 절망감을 완화하는 효과가 가장 좋았던 것이 바로 감사 일기 쓰기였다.[27] 감사 일기를 쓰면서 사회적 지지를 실감하는 사람은 덜 외롭다. 자살 기도 후 병원에 입원한 사람들에게 사회적 지지를 깨닫게 하는 치료는 무력감과 절망감을 완화하고 또다시 자살을 기도할 위험을 크게 낮춰준다. 게다가 고맙게 느껴지는 대상으로 주의력이 쏠리면서 자기 삶에서 정말로 중요한 것, 자신의 가치관과 관련된 것이 더 부각된다. 그래서 이런 훈련은 삶의 의미를 되찾아줄 수 있다.

여러 병원에서 자살 위험 환자들을 치료하면서 감사 일기 쓰기를 권유해왔다. 아망딘은 이 훈련이 어떻게 삶의 의미를 되찾는 데 도움을 주었는지 설명했다. "병동 건물 밖으로 처음 나간 날이었어요. 병원 정원을 한 바퀴 돌아보다가 벤치에 앉았지요. 어떤 사람이 내 옆자리에 와서 앉았고 서로 이야기를 나눴어요. 대수로운 일도 아니었지만 저녁에 감사 일기를 쓰려고 하루를 돌아보면서 나 자신이 완전히 다르게 보일 수 있다는 것을 깨달았어요. 누군가가 나에게 관심을 보이고 다가왔잖아요. 그래서 진짜로 나와 그 사람이 만나서 얘기를 주고받았잖아요. 불현듯 나쁜 꿈에서 확 깬 기분이 들었어요. 갑자기 삶에 다시 의미가 생겼어요. 그 다음 날부터 나도 다른 사람들에게 관심이 생기기 시작했어요. 그들에 대해 궁금한 점도 물어보고, 그들이 뭘 좋아하는지도 눈여겨보았죠. 그렇게 사람들과 대화를 나누기만 했는데도 아침에 일어날 의욕이 생겼어요. 고마움을 느낄 수 있게 되니까 비로소 가까운 사람들이 정말 눈물 나게 고마웠고요. 나를 알아보고 좋게 생각해주는 사람들이 있다는 걸 깨닫게 됐죠."

고마워한다고 의존적이 되진 않는다

고마움을 되새기는 훈련을 하면 타인이 나의 행복에 큰 역할을 한다는 사실을 깨닫지만 흥미롭게도 나의 상황 대처 능력이 떨어지는 기분은 들지 않는다. 이때 느끼는 것이 일방적 의존이 아니라 상호의존이기 때문이다. 사람은 각기 나름대로 타인의 안녕감에 이바지할 수 있다.

희한하게도, 타인에게 의존적인 사람일수록
고마움을 잘 느끼지 못하는 경향이 있다.

자기에게 일어난 일을 대부분 어쩌다 그렇게 된 일, 우연으로 여기는 사람에게도 비슷한 경향이 있다. 고마움이라는 감정과 여기서 빚어지는 사회적 지지감은 자신의 행동력과 밀접하게 연결된 듯 보인다. 개인이 자기 삶을 어느 정도 다스릴 수 있다고 생각하는 상태를 심리학 용어로는 **내적 통제 위치**internal locus of control라고 한다. 반면 **외적 통제 위치**external locus of control는 개인에게 일어난 사건을 당사자의 행동력보다 요행 혹은 다른 사람들이 한 일과 연결 짓는 경향이다. 가령 어떤 연구는 감사함을 자주 느끼는 사람일수록 외적 통제 위치 성향보다 내적 통제 위치 성향이 강하지만 자기가 모든 것을 통제할 수 있다고 생각하지는 않는다고 보고했다.[28]

도움을 받으면 감사를 표현해라

고마움을 느끼는 빈도와 행동력이 서로 영향을 미치는 것은, 타인을 통해서만 행복해질 수 있다고 생각하는 경향이 덜할수록 타인의 특별한 관심에 더 감동하기 때문이라고 연구자들은 설명한다. 실제로 자기가 어떤 상황에 대처할 능력이 없다고 생각할수록 남들이 자기를 **도와줘야만 한다**고 믿게 마련이다. 이러한 사고방식으로는 고마움을 느끼기 힘들고, 이 때문에 다른 사람들도 이 사람을 도와주고 싶은 의욕이 떨어진다. 이러한 문제가 간호, 간병을 업으로 하는 사람들에게서 특히 자주 보인다. 자기가 일상적으로 돌보는 사람이 별로 고마워하지 않으면 일에서 보람을 느끼기 어렵고 **번아웃**에 빠지기 쉽다. 만성질환이나 노환 때문에 신체적으로 타인에게 의존해 살아갈 수밖에 없는 사람들은 타인의 돌봄을 기대할 뿐만 아니라 '당연한' 일로 여기므로(자기가 비용을 지불하기 때문이다) 고마움을 좀체 실감하거나 표현하지 않는 경향이 있다.

어느 양로원에서 '고마움 초상화'라는 프로젝트를 실시해보았다. 직원, 입소자, 가족이 다른 사람들에게 느끼는 고마움을 간단한 그림으로 표현해보기로 했다. 이 프로젝트에 참여한 사람들은 모두 자신의 역할이나 위치에서 다시금 의미를 발견했다고 말했다. 감사는 이렇게 일상 속 의도와 행동에 가치를 부여함으로써 신뢰와 관계성을 강화한다. 감사의 마음가짐은 남들은 다 잘만 사는데 자기만 고생한다는 (일부 환자들의) 마음가짐, 언제나 '봉사'하는데도 (돈을 받기 때문에 혹은 가족으로서 해야만 하는 일이기 때문에) 사회적 의미를 인정받지 못하고 있다는 (간병인과 가족들의) 생각과 극명하게 대비된다.

감사가 우리를 연결해준다

가정에서, 직장에서, 친구들과의 관계에서, 혹은 인터넷상으로 다양한 감사 훈련을 시도해보았더니 다음 사항을 준수할 때 특히 효과가 좋은 것으로 밝혀졌다. 가령 감사 일기를 쓸 때도 감사한 일 다섯 가지를 생각나는 대로 기계적으로 적는 게 아니라 그 일에서 느꼈던 고마운 감정을 다시금 되새기고 인생을 살 만하게 만드는 것들에 대하여 주의를 쏟는 훈련을 하는 것이다.[29] 게다가 고마움이라는 감정은 빚을 진 기분과 달리 타인에게 '구속당할' 이유가 없다. 고마운 사람에게는 더 살가운 마음이 들고 자기 마음을 표현함으로써 그 사람도 기분 좋게 해주고 싶다고 생각하게 마련이다.

••• 감사 일기를 쓰면 인간관계가 좋아집니다

감사 일기를 쓰기로 마음먹었다면 일단 2주 동안 매일 저녁 몇 분만 시간을 내기로 해요. 그날 하루를 돌아보면서 사소한 일이라도 고마운 마음이 든다면 (한 가지가 됐든 몇 가지가 됐든) 적어보세요. 그 일을 되새기면서 고마움이라는 감정을 다시 한번 느끼고 당시 상황, 그때 들었던 생각, 감동받은 이유, 그 후에 느꼈던 기분을 정리해보세요.

이렇게 감사 일기를 쓰는 습관을 들이면 주위 사람이나 직장 동료의 노력과 선의가 전보다 더 많이 눈에 들어올 겁니다. 얼굴만 아는 사람, 아예 모르는 사람, 식당이나 상점에서 만나는 사람에 대해서도 긍정적인 면이 더 많이 보일 거예요.

나를 향한 관심이나 배려를 의식하면 상대가 한층 가깝게 느껴집니다. 그들이 나를 인정해주고 좋게 봐준다고 느끼지요.

감사는 자연스럽게 솟아나는 감정, 다른 사람들과 나누고 싶은 감정이고 실제로 그렇게 할 수 있는 활력을 끌어낸다. 2주간 아이들에게 매일 감사한 일 세 가지를 적어보라고 한 것만으로도 아이들이 더 활발해졌다는 연구가 있다.[30] 그뿐 아니라 교사들은 학급 내 교우관계가 좋아진 것을 관찰했다. 특히 다른 아이들 앞에서 감사 일기 내용을 큰 소리로 읽고 공유한 학급은 그런 효과가 두드러지게 나타났다.

●●● 관계를 개선하는 감사의 시간

유치원 교사로 10년 이상 근무한 셀리아의 이야기를 들어봅시다. 셀리아는 유치원에서 일과를 마칠 때마다 아이들에게 그날은 뭐가 제일 좋았는지 말하게 했고, 경우에 따라서는 누구 덕분에 유치원에서 하루를 즐겁고 무탈하게 보낼 수 있었는지 생각해보고 그 고마움을 표현하게 했습니다. "처음에는 나 자신이 가장 많이 감동받았던 것 같아요. 아이들이 주로 선생님이 준비한 수업이 재미있었다고 하거나 자기들에게 보여준 관심과 친절이 고맙다고 말했거든요. 그러다 보니 나도 수업을 더 열심히 준비하게 됐어요. 애들이 무엇에 관심이 있고 무엇을 좋아하는지, 무엇을 새로 알게 됐는지 파악하고 싶어 하다 보니 애들을 더 주의 깊게 관찰하게 되더군요. 아이들이 학급에 적응하고 친구도 사귀면서부터는 서로의 배려, 인내심, 너그러움에 고마워하더라고요. 매일 유치원에서 감사 시간을 가지면서 학급 분위기가 훨씬 좋아졌다고 생각해요."

직장에서도 이런 훈련이 가능하다. 어떤 회사는 감사 게시판 프로젝트를 실시해서 금세 직원들의 높은 호응을 얻었다. 직원들은 휴게실 게시판에 실명 혹은 익명으로 남긴 감사 메시지를 읽고 자기들은 어떤 메시지를 남길지 생각해보았다. 결과적으로 직원들은 메시지에 적힌 행동을 점점 더 많이 하는 경향을 보였다. 예를 들어 급히 완성해야 했던 문건 작성을 도와준 동료가 고마웠다는 내용이 게시되면 급히 처리해야 할 일이 있어서 도움이 필요한 사람은 없는지 물어보는 직원들이 늘어났다. 이런 식으로 새로운 상호작용이 발생하자 직원들 간의 신뢰나 긍정적 감정 수준도 높아졌다. "다른 직원이 불쑥 찾아와도 싫은 소리를 하러 온 게 아니라 혹시 도와줄 일이 없는지 물어보러 왔나 보다 생각하게 됐어요!"

●●● 어느 사회복지 기관의 감사 게시판

그대로 옮기거나 적절하게 바꿔서 여러분의 생활환경에 적용해보세요!

아침에 커피를 준비해두신 분께 고맙습니다. 덕분에 하루를 정신 차리고 기분 좋게 시작할 수 있었어요!

우리 팀원 한 사람 한 사람에게 감사합니다. 저마다 한몫을 톡톡히 해준 덕분에 정말 멋진 팀이 됐네요. 이 팀에 들어와서 다행이라는 생각이 듭니다!

어제 날 위로해준 분에게 감사를 전합니다.

게시판에 감사 메시지를 남기신 모든 분께 감사합니다. 마음이 따뜻해졌어요!

감사 표시를 충분히 즐겨라

감사함이라는 감정과 표현은 주는 사람과 받는 사람 양쪽 모두에게 이롭지만 이 표현을 잘 받아들이는 방법은 따로 있다. 우리는 문화적으로 감사 표현을 곧이곧대로 받아들이지 않는 습관이 있다. "별말씀을요" 같은 표현이 그 전형적인 예다. 이사 날 친척 동생이 와서 온종일 집 정리를 도와주었다고 치자. 정말로 고마워서 선물을 하고 싶은데 동생에게 뭔가

가지고 싶은 게 없느냐고 물어보면 아마 이렇게 반응할 것이다. "아휴, 내가 뭘 했다고. 그러지 마!" 혹은 오랜만에 할아버지 집에 가서 어릴 때부터 늘 예뻐해주셔서 감사하다는 내용의 카드를 드렸다고 치자. 할아버지는 "손자를 예뻐하는 거야 당연하지, 뭘 그런 걸 가지고!"라고 말씀하실지도 모른다. 우리에게 익숙한 이런 반응이 헌신과 공감의 표시일 수도 있다. 하지만 이런 반응 때문에 긍정적 감정을 공유할 때의 이로운 효과를 놓치기도 한다.

우리가 그 사람에게 소중한 존재임을 인정하고
그 순간을 충분히 음미해라.
그러면 신뢰 관계와 사회적 밀착감이 강화되는 효과가 있다.

고맙다는 말을 들으면 쑥스럽고 어색해서 얼른 화제를 바꾸려고 하거나 뜨거운 감자를 떠넘기듯 황급히 다른 사람에게 공로를 돌리는 경우를 심심치 않게 볼 수 있다.[31] 그러한 태도가 때로는 고마움을 표현한 사람의 의도와 노력, 또한 감정을 표현하는 기쁨을 무시하는 인상을 주기도 한다. 게다가 그런 식으로는 고마움을 함께 나누고 즐기는 시간을 온전히 음미할 수가 없다. 다음 상황을 상상해보자. 아주 친한 친구가 몇 달 전에 실연을 당하고 힘든 시간을 보냈다. 그런데 그 친구가 그동안 자기를 위로해주고 잘 챙겨줘서 고맙다며 작은 선물을 들고 왔다. "이런 걸 왜 들고 왔어, 내가 뭘 했다고"라고 대꾸하는 대신에 이렇게 말해보자. "내가 힘이 됐다니 기쁘다. 오늘 보니까 이제 많이 편해진 것 같아서 좋아. 선물까지 준비했다니 감동인데? 이것저것 신경 쓸 일이 많을 텐데 이렇게 생각해줘서 고마워."

우리에게 익숙한 반응은 선물을 거의 거절하다시피 하면서 그 감사 표현에서 끌어낼 수 있는 건설적인 대화를 일찌감치 차단하는 것이다. 그렇지만 예시로 든 반응에서는 친구의 마음과 선물을 받아들임으로써 함께 기쁨을 나누는 순간을 만들 수 있다. 그렇게 기쁨을 나누면서 얘기를 주고받다 보면 그 친구의 현존, 경청하고 자기 시간을 내어주는 자세, 유머 감각, 함부로 판단하지 않는 태도가 소중하다는 사실을 다시금 깨달을 것이다. 이러한 대화 덕분에 우정이 더욱 깊어진다.

고마움을 주고받을 수 있는 관계

감사 표현을 받아들인다는 것은 우리를 타인과 연결해주는 가치와 다시 만나는 것이다. 자, 여러분은 왜 그 사람을 도왔나? '괜히' 한 일은 아닐 테고, 우연은 더더욱 아닐 것이다. 여러분은 좋은 의도에서, 연대, 경청, 친절 같은 가치의 연장선에서 그 사람을 도왔다. 여러분이 존중하는 상대나 관계라면 고맙다는 말을 그냥 듣기만 해도, 나아가 그 말에서 느낀 점을 표현한다면 더욱더, 신뢰와 사회적 밀착감을 강화할 수 있다. 고마움을 표현한 사람 입장에서도 상대가 기뻐한다는 사실을 확인하면 안심이 된다. 그럴 때는 둘이서 충분히 시간을 들여 고마움이라는 감정을 음미할 수도 있다. 수잰과 제임스 파웰스키의 저작 《해피 투게더》는 이 긍정적 감정을 발판 삼아 더 멀리 나아가는 법까지 보여주었다. 제임스의 발표가 정말 훌륭했다며 수잰이 칭찬하자 제임스는 좋게 봐줘서 기쁘다고 대답한다. 그러고 나서 두 사람은 의견을 주고받으며 제임스의 강점을 잘 살려 이후 발표들도 성공시킬 궁리를 한다. 이처럼 어떤 상황을 이해하는 데 대한 고마움, 혹은 열광적인 반응에 대한 고마움을 출발점 삼아 두 사람이 함께 뭔가를 구축하는 단계로 넘어갈 수 있고 그 단계에서 관계는 더욱 공고해진다.

지속 가능한 커플 관계를 위하여

●
○

커플 사이의 사랑이 지속될 수 없다고 생각하는 사람들이 있다. 하지만 10년 이상 함께 살아온 커플 대상 연구들을 종합한 결과를 보면 그렇지 않다. 배우자를 여전히 사랑한다는, 심지어 열정적으로 사랑한다는 답변이 결코 적지 않았다.[32] 미국에서 10년 이상 결혼 생활을 유지한 부부들을 대상으로 실시한 조사 두 건에서 "나는 배우자를 열렬히 사랑한다"라는 답변은 각각 30퍼센트와 40퍼센트에 달했다.[33]

함께 산 지 10년이 지난 후에도
열렬한 사랑이 지속될지를 예측하는 지표로는
애정 표현, 성관계, 파트너에 대한 긍정적 시선,
파트너가 곁에 없을 때도 자주 생각하는 습관 등이 있었다.

하루를 보내는 동안에도 배우자가 지금 어디 있을까, 무엇을 하고 있을까 궁금해한다는 사실은 애정이 건재하다는 증거다.

사랑이 이루어지는 순간은 관계의 끝이 아니라 시작

커플 사이 애착 유형은 부분적으로 자기 부모와 어린 시절 맺었던 애착 유형에 영향을 받는다. 그렇지만 관계를 바라보는 시각은 언제라도 (특히 자기 안과 밖에서 일어나는 일을 알아차리는 훈련을 하면) 변할 수 있고, 그로써 반응 유형이나 관계 양상을 자신의 바람에 맞게 선택할 수 있다. 아이들에 비하면 어른들은 그때그때 상황에 맞게 거리를 취하거나, 관계의 주요 사안을 분석하고 자기 기분을 타인과 공유하며 관계를 함께 수립해나가기가 수월하다. 그렇지만 어떤 커플은 상호의존을 받아들이지 못해서 관계가 더는 진전되지 못한다. 수 존슨과 레슬리 그린버그가 1980년대에 제안한 '정서 중심 치료'는 우리가 인간인 이상 다른 인간에게 의존할 수밖에 없다는 사실에 바탕을 둔다.[34] 이 의존성을 받아들이는 작업이 치료의 첫 번째 단계다. 두 번째 단계는 관계에서 갈등을 감지할 때 적절하게 반응하는 법을 다룬다. 사실 우리가 앞에서 보았듯이 갈등이나 힘든 감정 때문에 사이가 나빠지거나 관계가 소원해지는 부적절한 반응이 일어날 때가 꽤 있다. 정서 중심 치료의 주된 작업은 관계에 대한 기본 욕구(정서 안정, 수용, 사랑, 관계성)를 좀 더 쉽게 표현하고 충족하는 데 있다. 이러한 작업은 애착 유형을 파악하고 커플 사이 회복탄력성과 자기실현을 개선한다. 커플이 서로를 지지할수록 파트너가 단지 옆에 있기만 해도 스트레스에 덜 반응하고 안정감을 느낄 수 있다고 한다.[35]

일단 커플이 되고 나면 더는 할 일이 없는 것처럼 생각하는 경우가 많다. 그러다 세월과 경험이 쌓이면 깨닫는다. 아무것도 하지 않으면 관계는 망가지고 갈등이 싹트며 자기 입장만 생각하는 경향이 심해진다는 것을, 그러다 불만이 쌓이면 갈등에서 그치지 않고 아예 갈라서게 된다는 것을. 세상 모든 관계가 그렇듯이 커플 사이도 일상적으로 관심을 기울여야 한다는 것을.

행복한 커플의 비결

행복하고 오래가는 관계를 만드는 치료 작업의 몇 가지 단서를 긍정심리학 분야의 여러 연구에 근거하여 제안할 수 있겠다. 첫 단계는 신뢰 관계 구축이다. 우리가 앞에서 살펴보았듯이 서로 대화를 통해 의견을 일치할 수 있으면 신뢰 관계는 강화된다. 그러기 위해서는 상대를 정말로 경청할 수 있어야 한다. 자기 욕구를 뒷전으로 미루라는 얘기가 아니다. 타인과 상호작용을 할 때는 서로 뜻을 합치기 위해 노력해야 하므로 일단 그 사람의 바람을 귀 기울여 들어야 한다. 서로 사랑하는 사이라도 한쪽이 상대와 뜻을 같이하려고 노력하면 상대도 그런 자세를 보여야 한다. 그렇게 해서 두 사람은 더욱더 마음이 잘 맞는 사이가 된다. 타인과 일치를 꾀하는 이 능력은 이른바 **정서 긍정**[36]이라는 또 다른 관계 역량으로 강화된다. 정서 긍정은 상대가 있는 그대로, 자신의 존재 방식과 생각 그 자체로 받아들여지고 인정받는다고 느낄 수 있게끔 상호작용하는 것으로, 배려받는다는 느낌을 준다.

다음 두 문장으로 커플 사이의 정서 긍정 수준을 측정해보겠다.

— 상대 덕분에 나 자신이 좋은 사람이라고 느낄 수 있다.

— 상대가 내 생각이나 작업 방식을 건설적으로 받아들인다고 느낀다.

이 두 문장은 결혼 후 커플의 안정성을 예측하기 위한 설문조사[37]에서 발췌한 것이다. 신혼부부를 대상으로 한 어느 연구 조사에 따르면 신혼 첫해에 정서적으로 강한 긍정을 경험한 부부일수록 7년 후에도 혼인 관계를 유지할 확률이 높다고 한다.[38]

원활한 대화의 시작은 내 마음에 귀 기울이는 것

평소 자기 욕구를 잘 고려하고 살면 자기에 대한 집중과 타인과의 상호작용이 서로 충돌하지 않는다. 그러므로 규칙적으로, 다만 몇 분이라도 시간을 내어 자신의 기분과 감정이 어떤지 살피자. 자기 자신에게 귀를 기울이고 자신의 감정을 중요한 신호로 여기면 파트너에게 자신의 바람을 표현하거나 커플 사이 안녕감을 개선하는 방법을 함께 생각해보기가 수월하다. 《해피 투게더》에서 수잰과 제임스 파웰스키는 비행기 이륙 전 안내 방송을 예로 든다. "응급 상황에서는 먼저 본인부터 산소마스크를 착용하고 다른 사람을 도와주시기 바랍니다." 사실 파트너를 돕고 관계를 살찌우는 것도 본인에게 여력이 있어야 가능한 일이다. 여러 심리학 연구에 따르면, 본인에게 여력이 있어야 타인에게 관심을 더 많이 기울이고 이타적인 모습도 더 많이 보여준다.[39]

때때로 자신의 감정과 기분을 파악하는 데 시간을 들여 자기 자신을 더 잘 알게 되면 타인에게 맞춰주기도 쉬워지고 둘만의 내밀한 얘기를 털어놓는다든가 고마움을 표현한다든가 하는 대화가 원활해진다. 이러한 대화는 커플 사이 신뢰와 만족도를 강화한다.[40]

노스캐롤라이나대학교 채플힐캠퍼스에서 세라 앨고가 진행한 연구들은 감사의 이로운 효과도 감사를 표현하는 방식에 따라서 미묘하게 달라진다는 것을 보여주었다. 가장 기본은 감사 표현을 통해 상대가 자기를 생각해주고, 이해해주고, 있는 그대로 받아들여 준다고 느끼게 하는 것이다. 감사라는 주제를 수년간 연구한 나 역시 사람들에게 고맙다는 말을 들을 때가 많다. 그런 말을 들으면 대개 감동하지만 가끔은 묘하게 기분이 껄끄럽다. 왜 그런지 좀 더 상세히 살펴보면 나에게 고맙다고 말하면서 나하고는 별 관련 없는 본인 얘기만 늘어놓기 때문이다.

예를 들어보겠다. "네 덕분에 마음에 쏙 드는 일자리를 찾아서 고맙다는 말을 하고 싶어. 근사한 사람과 만나게 됐고, 좋은 집도 구했어. 매일 아침 바라보는 경치가 얼마나 멋진지 몰라. 가까운 곳에 유기농 식품 매장이 있어서 장 보기도 편해…." 감사할 거리인지 자랑할 거리인지 모를 이 목록은 금방 끝나지 않는다. 이런 사람은 말에 과장이 많고 완전히 자신에게만 신경을 집중한 것처럼 보인다. 대화 상대는 더 이상 반응도 하지 않고 아예 딴 데를 보는데 이 사람은 눈치도 없는지 여전히 자기 말을 하기에 바쁘다. 이런 상호작용은 대화가 아니라 독백에 더 가깝다. 상대는 고맙다는 말을 듣는 입장인데도 그 자리에 없는 거나 마찬가지다.

소소한 관심과 배려가 커다란 관심과 배려를 낳는다

앨고는 자신의 연구를 바탕으로 상대에게 방향을 맞추는 새로운 치료 과정을 추천한다. 이 치료의 목표는 자신의 힘, 관심, 좋은 의도, 그 밖에도 본인에게 긍정적인 일을 불러올 수 있었던 모든 것을 파악하는 것이다. 앞에서 들었던 예를 이렇게 바꿔보자. "네 덕분에 마음에 쏙 드는 일자리를 찾아서 고맙다는 말을 하고 싶었어. 넌 나에게 중요한 게 뭔지 이해해주었고 내 말을 잘 들어주었어. 좋은 기회가 될 만한 정보를 함께 찾아주기도 했고 말이야. 그 과정 내내 날 믿고 함께해줘서 고마워. 포기할 뻔했을 때 네 덕분에 다시 힘을 낼 수 있었지 뭐야." 이 경우에는 감사한 사항들을 주워섬기는 게 아니라 상대가 어떤 자질로 나에게 도움을 주었는지에 집중한다. 내가 누리는 혜택이 아니라 도움을 준 사람에게 강조점이 있다. **선물을 받고서 고마워할 때도 선물 자체보다는 선물을 준 사람에게 집중해야 한다.** "딱 맞게 선물을 골랐네? 나한테 이게 필요하다는 걸 어떻게 알았어? 선물 고르느라 애 많이 썼겠다." 이렇게 말하는 것과 "멋지다! 최고로 좋은 선물이야!"는 엄연히 다르다.

타인에게 관심을 집중하고 감사를 표현하면 그 사람의 사회적 효용감, 자존감, 자기효능감이 높아지고 두 사람 사이의 사회적 밀착감이 향상된다. 자신에게만 집중한 감사 표현은 반대로 정서적 거리를 넓히고 상대하고 싶지 않다는 마음까지 불러일으키는데 말이다. 앨고는 대화 상대의 성격, 문화, 습관에 따라 감사 표현 방식의 효과가 달라진다는 점 또한 강조한다. 어떤 사람에게는 감사 편지를 보내는 편이 낫지만 여러 사람이 있는 자리에서 공개적으로 감사를 표현해주면 더 기뻐하는 사람도 있다. 또 어떤 사람에게는 개인적으로, 은근히 유머러스하게 표현하는 방법이 최선이다. 하루하루, 소소한 관심과 배려를 눈여겨보고 고마운 마음을 표현할 기회를 찾을 수도 있다. 그런 표현이 더 많은 배려를 낳고 상대방도 당신의 소소한 배려를 더 많이 느낄 것이다.

배우자를 얼마나 아세요?

고트먼이 지난 수십 년간 진행한 연구들은 커플 관계를 가꿔나가는 방법을 검증해주었다. 그중 하나는 이른바 **사랑의 지도**love maps를 보고 수시로 업데이트하는 것이다. 이 방법은 관계의 전망과 현재 파트너의 활동, 바람, 욕구, 열망에 해당하는 세부 사항을 정확히 파악하게 해준다. 관계 초기에는 한없이 즐겁고 이 지도를 만들어가는 과정에도 자연스럽게 관심이 쏠린다. 그 사람이 무엇을 좋아하는지, 무엇을 힘들어하는지, 지금까지 어떻게 살아왔는지, 매일 무슨 일을 하면서 지내는지 전부 다 알고 싶어 견딜 수 없다. 그러다 시간이 지나면 그 사람의 존재에 익숙해지고 그 사람의 역사를 구성하는 요소들에 대한 관심도 시들해진다. 매일 조금씩이라도 시간과 관심을 쏟지 않으면 그 사람이 좋아하는 것, 앞으로 하고 싶은 일, 요즘 우러러보는 대상, 가장 최근에 재미있게 본 영화 등을 어느새 잘 모르게 되어버린다. 커플이 된 후에도 자주 접촉하고, 상대방에게 중요한 것에 관심을 두고 매일 조금씩 더 상대방을 발견해나가야 한다.

사랑의 지도는 파트너에 대해서 알게 된 모든 것을 상세하게 표시하는 일종의 마인드맵으로, 서로 존중하고 서로를 좋게 생각하는 커플 관계를 계발하는 또 다른 효과적 기법(긍정적 환상)에도 도움이 된다. 실제로 여러 연구가 배우자의 자질을 과대평가하는 긍정적 환상이 커플 관계에 중요하다는 것을 입증했다. 긍정적 환상은 우리가 일상에서 다양한 사람들을 만나면서도 여전히 파트너와의 관계에서 만족을 느끼는 여러 이유 중 하나다.

••• 한번 해보면 어때요?

감사 일기 쓰기, 좋았던 일 기록하기 같은 긍정심리학 훈련을 커플 사이에도 적용할 수 있습니다. 이러한 훈련은 주의를 관계의 긍정적 측면으로 끌어당기기 때문에 부정적 편견에 덜 휘둘리는 효과가 있습니다. 부정적 편견에 사로잡혔을 때는 소소하게 거슬리는 결점, 내가 원하는 대로 해주지 않았던 일들만 유독 더 머릿속에 남지요.

작지만 진실된 관심을

파트너에게 시간과 꾸준한 관심을 할애해야 관계가 건강하게 유지된다. 아이에게 할애하는 시간이 안정 애착 관계 발달에 얼마나 중요한지 보여준 연구들이 많다. 커플 관계도 마찬가지다. 작은 관심과 배려의 순간들이야말로 신뢰와 지지감의 받침돌이다. 고트먼은 자신이 러브랩(커플들의 사회적 상호작용을 녹화한 실험실—옮긴이)에서 관찰한, 커플에게 유익한 행동 방식을 우리에게 설명해주었다.

파트너들은 수시로 상대방에게 관심을 달라고 요구한다.
행복한 커플의 경우는 상대가 이 요청에 응한다.

가령 아내가 남편에게 "오늘 저녁 외출할 때 이 원피스를 입을지 그냥 바지를 입을지 잘 모르겠어"라고 말했다 치자. 남편이 아내를 흘끗 보고는 이렇게 대답한다. "그 원피스가 잘 어울리기는 하는데 밤에 좀 추울지도 몰라. 그러니까 바지가 낫지 않을까?" 자기가 읽던 신문에서 눈도 떼지 않은 채 "당신 마음대로 해" 혹은 "그런 걸 왜 나한테 물어?"라고 대꾸할 수도 있었다. 이러한 상호작용들이 중요하지 않게 보일 수도 있지만 고트먼은 그런 것들이 다 애착과 신뢰 관계를 유지하기 위해서 배우자의 관심을 이끌어내는 수단이라고 설명한다.

인생에 의미를 주는 것
●
○

빅터 프랭클 박사가 《죽음의 수용소에서》라는 저작[41]에서 보여주었듯이 어떤 사건 혹은 상황에 의미를 부여할 수 없으면 긴장이 발생하고 그 상태가 너무 오래가면 절망에 이른다. 이 사실은 여러 연구로 뒷받침되었다. 반대로, 인생에 의미가 있다고 느낄 때는 안녕감이 증대되고 건강에 문제가 있더라도 회복이 빠르다. 실제로 심근경색 환자들을 대상으로 병 때문에 인생을 바라보는 시선이 어떻게 달라졌는지 이해하게 함으로써 심근경색이라는 사건에 의미를 부여해보았다. 그러자 이 환자들은 인생의 우선순위를 더 확실히 알게 되었고, 그동안 건강에 좋지 않다는 것을 알면서도 고치지 않았던 나쁜 습관을 버리려고 노력했다. 결과적으로 이 환자들은 심근경색에 의미를 부여하는 과정을 거치지 않은 환자들에 비해 재발률이 낮았다.[42]

관계와 정情

연구자들에 따르면 인생에 가장 크게 의미를 부여하는 것은 정서적이고 관계적인 측면과 관련 있다. 사랑, 우정, 좋은 부모 되기가 다 그런 예다.[43] 그리고 인생에 대한 철학이나 뚜렷한 가치관이 있으면 인생의 의미를 느끼기가 좀 더 수월하다. 마지막으로, 자신의 가치관과 관계된 행동일수록 자기 생각과 삶의 일관성을 느낄 수 있기 때문에 장기적으로 인생의 의미가 될 수 있다.[44]

스탠퍼드대학교 청소년 연구센터에서 실시한 연구에 따르면, 미국 청소년 다섯 명 중 한 명만 명확한 목표를 세우고 인생에 의미를 부여하는 행동을 하고 있다고 답했다.[45] 청소년은 바로 그러한 행동을 통해서 사회에 소속감을 느끼고 자기 정체성을 수립한다. 어떤 단체에 소속되어 활동하는 한 청소년이 이렇게 말했다. "이제 망망대해에서 혼자 길을 잃은 것 같은 기분이 들지 않아서 좋아요. 나도 누군가에게 도움이 될 수 있고 다른 사람들의 삶을 더 좋게 만들 수 있다는 걸 아니까요. 우리는 외따로 살지 않아요." 사회 참여는 정체성 수립에 이바지한다. 그러한 참여는 본인에게나 다른 사람들에게 이로운 효과를 미치므로 긍정적 상호의존을 계발하는 하나의 방법이 된다.

타인을 위한 참여

인생의 의미라는 문제는 개인의 목표, 가치관과 이어져 있지만 그와 동시에 우리가 다른 사람들과 맺는 관계와도 밀접하다. 우리가 남들에게 뭔가 도움이 되는 일을 해냈을 때 인생은 유독 의미 있게 보인다. 그러므로 긍정적인 결과가 나 개인을 넘어 더 넓게 퍼질 수 있는 일에 참여하는 것이 중요하다. 서양 사회에서 자라는 아이들은 예전만큼 집안일을 많이 돕지 않는다. 그래서 자기가 다른 사람에게 쓸모 있다는 기분을 느낄 기회도 줄어들고 자기 위치가 부적절하다고 느끼기도 한다.

집안일을 분담하게 하는 것도 어릴 적부터
사회적 효용감을 길러주는 좋은 방법이다.
어떤 아이라도 자기 나름대로
타인의 안녕감에 이바지할 수 있다.

자기보다 남들에게 더 이로운 행동은 삶에 대한 만족과 안녕감, 타인에 대한 개방성, 나아가 성과까지 끌어올린다.[46] 또한 외로움, 절망, 불안장애 및 우울장애 증상을 완화한다.[47] 어디 그뿐인가, 형편이 어려운 사람을 돕거나 따뜻하게 받아들이는 방향에 삶의 목표를 두는 사람들은 다른 사람들과 더 많이 접촉하면서 질적으로도 우수한 관계를 영위하고 사회집단에도 잘 녹아든다. 그래서 사회적 관계가 풍부하고 사회적 지지를 느낄 기회도 많다. 이는 정신 건강을 지키는 데 아주 중요한 요인이다.

또 다른 연구들은 안녕감의 지속이 실존적 차원과는 밀접하지만 재미있는 활동이나 맛있는 음식처럼 좋은 감정을 불러일으키는 특정 상황과는 크게 관련이 없다고 보았다. 요컨대 안녕감은 생의 의미, 개인적으로 발전한다는 느낌, 사회적 관계성과 더 관련이 있다. 그래서 나이와 상관없이 이타적 가치와 관련된 행동에 참여하면 개인과 집단의 안녕감은 늘 향상 효과를 보인다. 이러한 실존적 차원은 청소년기에 수립되지만 성인이 되어서도 여전히 확고하지는 않고, 일부 연구에 따르면 어떤 사람들에게는 아예 존재하지 않는다.[48] 청소년의 안녕감이 굉장히 유동적인 이유가 이로써 일부 설명된다. 이 때문에 청소년을 위해서는 가치관 확인에서부터 출발하는 치료들이 고안되었다.[49] 400명 이상을 대상으로 한 실험은 이타적 행동과 삶의 의미 증대 사이에 인과관계가 있음을 보여주기도 했다.[50]

목표가 자아 발견에 미치는 영향

생의 목표가 의미를 띠고 정체성 수립에 박차를 가하는 것은 청소년기부터다. 그러한 목표가 청소년이 옹호하는 생각이나 가치관을 여실히 드러내기 때문이다. 따라서 목표가 있으면 자기가 어떤 사람인가를 정확히 깨닫는 데에도 도움이 된다.[51] 반대로 목표의 부재는 무력감을 자아내며 청소년 자살 위험 요인 중 하나이기도 하다.

분명한 목표가 있는 청소년은 스트레스를 덜 받는다.
자신이 겪는 어려움을 위협으로 여기기보다는
더 큰 목표로 나아가기 위한 도전으로 여기기 때문이다.[52]

목표가 있는 청소년은 문제를 덜 외면하므로 술이나 마약 같은 향정신성 약물로 도피하는 경향도 당연히 덜하다.[53]

청소년과 청년을 대상으로 한 여러 연구에서 조사 대상의 약 25퍼센트(청소년 30퍼센트, 청년 20퍼센트)에게는 타인 지향적인 뚜렷한 목표(빈민 구제, 환경운동 등)가 있었다. 반면 20퍼센트 정도는 삶의 목표를 아직 찾지 못했다고 답했다. 나머지는 개인 지향적인 목표(돈, 인정, 행복 등)를 좇거나 실현성 없는 꿈 같은 목표를 세웠는데, 특히 후자는 구체적인 행동 참여로 이어지지 않는 경우가 많았다.[54]

오늘날 청소년들의 정신 건강과 사회적 안녕감을 개선하려면 그들이 타인 지향적인 목표를 뚜렷이 세울 수 있도록 도와야 할 것이다. 그러한 목표는 연대 행동 참여를 북돋우고 삶의 의미와 개인의 안녕감에 좋은 영향을 미칠 수 있다. 그렇지만 내적 동기에서 우러난 참여가 아니라면 효과가 달라질 수 있다는 점도 반드시 알아야 한다.[55] 무조건 연대 행동에 참여한다고 해서 더불어 잘 살아가는 기분을 느낄 수 있는 것은 아니다. 최근 연구는 동기부여가 자기 결정에서 오지 않으면 도움을 주는 사람에게나 도움을 받는 사람에게나 별로 긍정적인 효과가 없다고 밝혀주었다.[56] 도움 행동은 빈번하고 다양하다.[57] 그렇지만 그 행동의 동기는 사람에 따라, 때에 따라 달라진다. 이렇듯 동기가 다르면 도움을 주는 자와 받는 자 양쪽에 미치는 효과도 다르다.[58]

알아서 하느냐 시켜서 하느냐

에드워드 데시와 리처드 라이언은 동기부여라는 주제로 오랫동안 연구를 했다. 그들의 연구는 자기결정론 중에서도 특히 주목할 만한 이론의 수립으로 이어졌다. 사람들은 자기결정적(혹은 자율적) 동기를 따를수록 어떤 행동에 실제로 참여할 확률이 높고 거기서 더 큰 안녕감을 얻는다. 이 연구자들은 동기를 크게 **자율** 동기와 **통제** 동기라는 두 종류로 구분해서 볼 수 있다고 했다.

어떤 행위가 자신의 선택이라고 느껴질 때,
혹은 그 행위가 자기 가치관과 잘 부합할 때는
자율 동기가 작용했다고 볼 수 있다.

이 경우, 이타적 행위가 규범, 규칙 혹은 외부 지시에서 나오지 않았고 자신의 가치관에 부합한다고 느끼기 때문에 그 행위는 자율 동기의 결과라고 할 수 있다. 반면 **똑같은 행위라고 해도 누군가의 요청이나 내적 압박이 있었다면**(그 행위를 하지 않으면 부끄러울 수 있다든가 남들에게 좋게 보이지 않을 것 같다든가) **이때는 통제 동기가 작용한 것이다.** 그 행위는 자발적으로 우러나지 못했고 타인의 시선에 좌우되었다. 즉 남들에게 인정받기 위해서, 남들의 비위를 맞추고 싶어서, 남들을 실망시키지 않으려고, 혹은 자존심을 지키려고 한 일이 된다.[59] 인류학자 마르셀 모스는 태평양제도에서 **증여 풍습**[포틀래치(북아메리카 서부 인디언들이 사람들을 초대해 음식과 선물을 나눠주는 풍습 ─ 편집자)]이 개인의 사회적 위상과 그에 대한 인정을 유지하거나 높이는 작용을 하는 양상을 관찰하고 비슷한 분석을 내렸다. 어떤 증여는 자율 동기에서 비롯되지 않았던 것이다.

동기가 자율적이면 관심을 더 많이 쏟게 되고
어려움이 닥쳐도 끈기를 더 잘 발휘할 수 있으며

자기 자신과 타인의 안녕감에 이로운 효과가 크게 나타난다.

사실 우리는 타인과 연결되어 살아갈 수밖에 없다. 그래서 우리가 상대하는 사람의 동기가 무엇인지 알려주는 미묘한 신호들을 감지할 수 있다. 자율 동기를 따라 이타적 행동을 하는 사람이 맺는 관계와, 같은 행동을 의무감 때문에 한 사람이 맺는 관계는 다르다. 타인에게 이로움을 주려는 가치관에서 나온 행동은 에너지와 열의가 더 크다. 더욱이 자율 동기는 상황을 수용하는 태도와 연결되기 때문에 타인의 욕구에 부응하기도 수월하다.[60] 반대로, 동기부여가 자율적이지 않은 경우에는 관계에 따라 적절하게 맞춰나가지 못해서 빚어지는 긴장이나 몰이해, 상호성 결여가 나타날 수 있다. 타인의 행위에서 진실성과 관대함을 느끼면 자연스럽게 고마운 마음이 솟아나서 그 사람과 더 가까워지고 싶고 나도 도움을 주고 싶어진다. 하지만 타인의 행위가 마지못해 혹은 의무적으로 하는 것처럼 느껴지면 빚을 진 기분이 들고 그 관계는 불편해진다. 그러한 채무감은 감사와 정반대로 관계를 피하고 싶어지게 할 뿐, 이타적인 행동으로 보답하고자 하는 의욕을 자극하지 못한다.

집단의 이익을 겨냥한 행동은 자율 동기에서 나오기도 하고 통제 동기에서 나오기도 하지만 그 행동이 당사자와 타인에게 미치는 효과는 동기의 성격에 따라 각각 다르다. 연대 행동을 하기만 하면 양측 모두의 안녕감이 향상된다는 보장은 없다. 도움 행동을 하는 사람의 동기 유형이 중요하다.

자기결정 행동은 자존감, 참여성, 관대함, 즐거움, 관계성을 키워준다.

행동 주체의 심리적 기본 욕구에 더 잘 부응할 뿐만 아니라 안녕감에도 이바지한다. 그리고 이 행동을 바탕으로 수립된 관계의 질은 도움을 받는 사람의 자존감, 활력, 안녕감에도 이롭다.[61] 로체스터대학교의 네타 와인스타인과 리처드 라이언은 자기결정적 동기와 강압적 동기가 서로 다른 효과를 낳는 양상을 보여주는 다섯 연구를 차례로 진행했다. 그중 한 연구는 한 주체에게 있어서 그날그날 사정에 따라 높아지기도 하고 낮아지기도 하는 동기 자기결정성 수준이 안녕감 수준과 비례한다는 것을 보여주었다.

자발적 선행이 더 좋다

그렇다고 해서 연대 행동을 권장하는 것 자체가 의미 없다는 얘기는 아니다. 그렇지만 자원봉사자들에게 연대 행동을 어떤 식으로 제시하고 전개하게 하면 좋을지 생각해볼 만한 단서가 여기 있다. 어린이나 청소년들과 협력 관계를 맺고 그들이 일찍부터 남들을 도울 수 있는 행동에 참여하는 습관을 들여준다면 그러한 활동이 더욱 효과적일 수 있다.[62] 이렇게 학교교육이라는 틀에서 자기결정적 동기를 계발하는 것이 중요하다. 그러자면 학생들에게 참여 가능한 선택지를 제시하거나 그들이 자발적이고 개인적인 아이디어로 시작한 봉사 활동을 보조해줘야 한다. 임상 심리사 교육원 교사이자 심리학 박사인 에블린 로세와 또 다른 심리학자 마티외 푸셰는 연대 행동을 잘 구성하고 이끌 수 있는 창의 과정을 활성화하는 프로그램을 최근에 선보였다.[63]

자기결정론에 바탕을 둔 이 프로그램은 연대 행동에 대한 자율 동기

계발을 목표로 한다. 프로그램을 이수하는 사람은 단계적으로 자신의 강점, 관심사, 사회적 고민을 발견하고 자신에게 특히 와닿는 참여 영역을 찾아낸다. 그다음에는 자기가 찾은 자질과 관심을 기반으로 창의 과정을 따라가면서 그 영역에 적합할 뿐 아니라 자기 가치관과도 맞아떨어지는 콘셉트를 잡는다. 자기 자질과 가치관에 잘 맞는 연대 행동 참여는 그 행동을 하는 당사자에게나 수혜를 입고자 하는 사람에게나 더 이로운 요소를 포함한다. 저마다 맞춤형 행동으로 시간, 능력, 자원을 자기에게 가능한 만큼 쓸 수 있다. 집에서 잘 입지 않는 옷가지를 분류해서 필요한 사람에게 나눠주는 일부터 빈곤국 아이들에 대한 교육을 지원하는 비정부기구 창설까지 다양한 참여 방식이 있다.

자기결정론에 기반한 연구들은 자율 동기에 근거한 행동과 상호작용이 인간의 심리적 기본 욕구에 더 잘 부합하고 안녕감도 개선한다는 것을 보여주었다.

동기는 행동에 투입하는 에너지의 유형이고
심리적 기본 욕구는 우리가 거기서 끌어내는 영양분이다.
이 영양분이 개인의 성장과 안녕감을 낳는다.
동기가 자율적일수록 행동의 영양가가 높다.

자기결정적 동기가 떠받치는 행동은 그 행동을 선택하고 실행하는 사람의 가치관과 기분에 직결되므로 자율 욕구를 더 잘 채워준다. 연대 행동에 참여한 개인은 자신의 자질을 타인을 위해 동원하므로 효능감이 높아지고 스스로 쓸모 있는 존재라고 느낄 것이다. 또한 자기결정적 연대 행동에서는 좀 더 주의 깊은 건설적 상호작용이 관계성을 촉진하는 반면, 그러한 행동이 어쩔 수 없는 선택인 경우에는 타인과의 연결감이 훨씬 약하다.[64] 동기가 자율적이지 않으면 도움의 수혜자가 호의적인 배려를 느끼기 힘들기 때문에 선행이 선행으로 받아들여지지 않을 수도 있다.

건전하고도 적합한 연대란

우리가 살펴보았듯이 동기, 에너지, 자기결정성은 안녕감의 필수 요소다. 자기 삶에 대한 통제감이나 효능감이 부실하면 도움을 받으면서 상호의존보다 자신의 의존을 더 뼈저리게 느낀다. 사실 상호의존은 어떨 때는 내가 도움을 받지만 어떨 때는 내가 다른 사람의 안녕감을 높여준다는 생각을 전제로 한다. 그런데 자존감과 자기효능감이 바닥을 칠 때는 남의 도움을 받는다는 사실이 더 비참하고 무력하게 느껴진다.[65]

스스로 삶을 통제할 수 있다는 느낌

삶에 대한 통제감은 (적어도 부분적으로는) 개인의 안녕에 꼭 필요하다. 만성질환으로 입원한 환자들도 자기 일을 스스로 결정하는 기분을 느끼길 원한다. 한 연구에서는 어느 노인 요양센터 입소자들을 두 집단으로 무작위 구분했다.[66] 의료진은 한 집단에게는 활동 종류와 시간대(라디오 청취, 텔레비전 시청 등)를 스스로 선택하게 했다. 다른 집단에게는 병원 측에서 환자들에게 가장 좋은 방향으로 알아서 할 테니 걱정하지 말고 모든 것을 일임해달라고 했다. 따라서 이 집단에 대해서는 의료진이 이런 저런 결정을 내려야 했다. 3주간 생활한 결과, 삶에 대한 통제감을 유지한 집단이 의료진에게 결정을 일임한 집단에 비해 더 활동적이고 각성된 모습을 보였다. 18개월 후에도 이 집단의 건강 상태가 더 좋았다. 수동적으로 생활한 집단의 사망률은 30퍼센트였지만 이 집단의 사망률은 절반 수준인 15퍼센트에 불과했다.

또 다른 연구는 이러한 결과를 세 가지 처방을 비교하여 더욱 확증해 주었다. 요양센터 입소자들을 세 집단으로 나누고 첫 번째 집단에는 대학생 자원봉사자들이 무작위로 방문했다. 두 번째 집단은 방문 시각과 소요 시간을 미리 통보받았다. 세 번째 집단은 방문 시각과 소요 시간을 입소자 스스로 정했다. 방문 시각과 소요 시간을 스스로 정한 집단은 물론이고 미리 통보를 받은 집단도 무작위 방문을 받은 집단보다는 (예측 가능성이 통제감을 주기 때문에) 안녕감에 이로운 효과가 있었다.[67] 연구자들은 대학생들의 방문 봉사가 끝난 후에도 이 노인들의 정신과 신체 건강 상태를 계속 추적 조사했다. 선택권을 가짐으로써 삶에 대한 통제감을 유지했던 노인들은 그 후에도 안녕감 수준이 더 높았다.[68] 이렇듯 다른 사람을 돕고자 할 때 자기 삶을 통제하는 기분은 반드시 고려해야 할 요소다. 스트레스 관리 및 감정 조절 기법들(이완 요법, 마음챙김 명상 요법 등)도 이 통제감을 높여줌으로써 신체와 정신 건강을 보호하고 수명을 연장하는 효과가 있다.[69]

"난 도움받고 싶지 않아요"

사회복지나 의료 간호 분야에서 일하다 보면 자기에게 혜택이 될 만한 도움을 완강히 거부하는 사람들을 때때로 만난다. 실제로 치료 거부는 우리 생각보다 자주, 특히 경제 형편이 좋지 않은 계층에서 일어난다. 사회복지 쪽에도 비슷한 면이 있다. 지원을 요청하는 사람은 종종 자기 위상이 지원을 제공하는 사람보다 낮다고 생각한다. 이렇게 도움의 제공자와 수혜자가 도움에 대한 생각이 다르기 때문에 많은 오해가 빚어지기도 한다. 사회복지사나 자원봉사자는 어떤 특정한 지원이 적합하다고 생각해서 도와주려고 열심인데 정작 상대는 도움을 거절하거나, 고마워하기는커녕 억지로 받아들인다.

도움을 주는 관계가 일방적이기만 할까

이렇게 한쪽만 일방적으로 열의를 보이면 관계가 망가진다. 이 불균형을 피하고 싶다면 양측이 다 그 상황에 대응할 수 있고 상대에게 도움이 될 수 있다고 느끼는 상호 관계 혹은 태도를 장려해야 한다. 그래야만 수혜자가 지배당하는 기분을 덜 느끼고 부작용이 줄어든다.[70] 가령 학교에서도 어떤 지원은 학생들의 자율성을 저해하지만 또 어떤 지원은 자율성을 북돋아준다.[71] 학생에게 직접 답을 제시하는 식으로 도와주면 학생은 점점 더 교사에 의존한다. 그렇지만 학생이 일시적으로 어려움에 부딪혔을 때 어떤 대처가 요긴한지 알려주거나 그 기억을 되살릴 수 있도록 부분적으로 도와주면 그다음부터는 학생 스스로 문제를 해결할 것이다.[72]

이미 가진 것과 지식을 활용하게 하는 부분적 지원과 외부 능력으로 문제를 해결하는 전적인 지원을 구분해본다면 인도주의적 지원에도 재고할 만한 상황들이 있다. 수혜자들이 도움에 지나치게 의존하지 않게 하려면 외부 지원은 수혜자들의 내적 자원을 더 잘 사용하게 하는 방향으로 이루어져야만 한다.

게다가 자칫 적합하지 않을 수도 있는 지원의 손길을 내미는 대신, 지원 요청을 깊이 고려해야 한다. **요청하지도 않은 사람에게 떨어지는 이런 '낙하산' 원조가 수혜자의 무효용감과 무능감을 자극할 수도 있다.** 도움 제공자 입장에서는 자칫 상대가 혼자 힘으로 그 상황을 해결할 수 없다는 메시지를 전달할 위험이 있다. 반면 도움 요청에 부응하여 일시적으로 적절한 선에서 도움을 줄 때는 상대의 효능감과 자율성을 북돋울 수도 있다. 잘 조준된 일시적 지원은 자기와 타인에 대한 긍정적 생각, 그들이 속한 상호의존 네트워크에 대한 긍정적 생각을 보존해준다. 한쪽은 남을 도와줄 여력이 있는 사람이고 다른 쪽은 자기 앞가림도 못 하는 사람이라고 보는 시각과 이 얼마나 다른가!

누군가에게 도움이 된다는 감각

노년은 상호의존이라는 면에서 새로운 균형을 찾아야 할 때다. 여러분 중에도 아직은 받는 것보다 주는 게 더 쉬운 사람들이 꽤 있을 것이다. 그렇지만 신체적으로 남들에게 많이 기대야 하는 나이가 되면 건설적 관계를 이어나가기 위해서라도 상호의존을 받아들여야만 한다. 누군가를 도와주고서 고맙다는 인사를 들으면 인정받고 좋게 받아들여진 기분이 든다. 또한 그 도움 행위는 행위자의 가치관에 비추어 의미가 있는 일이다.

도와주는 사람은 자신의 노력, 자기 행위의 효용성을 인정받고 도움을 받는 노인은 비록 나이는 들었지만 여전히 자기결정성과 자기 역량을 지킬 수 있다.

이러한 사람을 겨냥한 지원 대책은 여러 가지가 있다. 상호의존을 긍정적으로 생각하면 도움을 순순히 요청하면서도 여전히 자기가 선택한 행동과 관계를 지킨다고 생각할 수 있다. 이런 면에서 노년층에게는 생성성generativity, 즉 후진 양성이 안녕감의 중요한 원천일 수 있다. 이렇게 저마다 자기 나이와 가능성에 알맞게 건설적인 상호작용을 할 수 있다. 예를 들어 어떤 퇴직자 봉사 단체는 아이를 봐줄 사람이 없어서 곤란한 가정을 도와준다. 부모가 장을 보러 나가야 하거나 집 정리를 할 때, 아니면 그냥 잠시 숨을 돌려야 할 때 집안 어른이 아이를 봐주는 일이 드물지 않다.

할아버지 할머니의 역할

경제적 '비활동' 인구로 간주되는 사람(은퇴자)이 상호의존에 대한 긍정적 생각을 유지할 수 있도록 조부모의 역할과 세대 간 관계의 가치를 재평가할 필요가 있다. 사실 노동의 산업화, 세계화뿐만 아니라 자율과 독립 추구로 이제 가족 사이 거리는 전에 없이 멀어졌다. 존 카시오포가 지적했듯이 청년기 독립이 뿌리를 잃은 듯한 외로움을 수반하는 경우도 적지 않다. 그러다 부모가 되면 이 사회적 고립감이 번아웃, 나아가 절망에 빠질 확률을 높인다. 프랑스통계청 보고서[73]에도 조부모의 지원이 중요하게 나타난다.

프랑스에서 조부모는 이제 막 아이를 키우기 시작한 부모에게 중요한 역할을 한다. 조부모는 부모가 자기 일, 가사노동, 육아를 하루하루 병행해나가게끔 보조한다. 이러한 긍정적 상호의존이 이루어지려면 양쪽 모두의 욕구와 요청을 경청하고 가용자원을 고려해야 한다.

조부모 역할을 열심히 하는 것도 자기실현의 잠재적 원천이다.
일부 노인이 겪곤 하는 무능감이나 무효용감을
이 역할을 잘 해냄으로써 낮출 수 있다.

그렇지만 이 도움 역시 조부모와 부모가 좋게 지낼 수 있는 방향에서 이루어지는 것이 필수다. 그렇지 않으면 부모는 고마운 마음보다 채무감이 커질 수도 있다. 채무감이 우세하면 관계가 좋아지기는커녕 갈등이 불거진다. 아이를 키우면서 피곤하고 지치고 때때로 실의에 빠지지 않는 사람은 없다. 그러한 상태는 지원을 요청할(혹은 받아들일) 필요가 있다는 신호다. 조부모가 그 상황을 판단 없이 받아들이면 부모가 도움을 받기도 훨씬 편하다. 조부모와 부모가 서로의 가능성과 가용자원을 잘 파악하면 서로를 좀 더 배려하게 되고 어느 한쪽이 번아웃에 빠질 위험도 줄어든다!

도움받는 이에게도 존중받을 권리가 있다

장애가 있는 사람이나 노인을 보조할 때는 수혜자의 신체 자율성이 떨어지기 때문에 더욱더 정신적 자율감에 신경을 써야 한다. 이 사람은 어떻게 관계 맺기를 바랄까? 이 사람은 이 관계에 어떤 의미를 부여할 수 있으려나? 신체 자율성에 상관없이 이 사람의 자기실현에 도움이 되려면 어떻게 해야 하나? 이런 상황에서 상호의존 개념이 답이 될 수 있다. 인간이라면 누구나 충분한 안녕감을 유지하기 위해 타인을 필요로 한다는 사실을 인정하면 상호 관계를 맺고 자기에게 필요한 신체적 도움을 받아들이기가 수월해진다. 정신적인 면에서, 그리고 일상의 어떤 부분은 자기가 알아서 처리할 수 있다고 느낄 때 긍정적 상호의존이 더 활발해진다. 다시 말해 이 상황이 (고령층이나 도움이 크게 필요한 장애가 있는 경우가 으레 그렇듯) 채무감을 불러일으키는 부담이 아니라 양측 모두에게 이로운 지원과 공유의 원천으로 이해된다는 뜻이다.

노인이나 장애인을 보조하는 직업 종사자를 대상으로 하는 특수 교육 과정도 이 관계의 주요 사안이 자율 욕구와 행동력 욕구에 있음을 주지하는 방향으로 구성되었다.[74] 이 일의 핵심은 신뢰를 쌓음으로써, 보조를 받는 사람이 존엄성과 행동력을 잃지 않게 하는 것이다.[75] 이러한 상황 맥락에서 직업적 보조자가 하는 일에만 주목하는 게 아니라 보조를 받는 사람에게 의미 있는 관계로 여겨지는 것이 중요하다.[76] 도움은 상대가 기꺼이 받아들일 준비가 되었을 때, 그리고 특히 상대가 가치관을 존중받는다고 느낄 수 있을 때 가장 적합한 방식으로 주어질 수 있다. 단순히 돕고 싶은 마음으로는 충분치 않다.

돌봄에는 일단 상대에 대한 배려가 필요하다.
그 사람이 무엇을 원하는지,

무엇이 필요하다고 생각하는지 고려해야 한다.

병적인 이타주의를 피해라

이타적 행동이라고 해도 겨냥이 잘못되었을 때는 그 행동의 수혜자에게나 자기 자신에게 역효과를 일으킬 수 있다. 긍정적 의도에서 나왔고 충분히 이타적으로 여겨질 수 있는 행동이 실제로 효용이 없거나 수혜자가 원치 않았기 때문에 외려 해롭게 작용하기도 한다. 게다가 이타적 행동은 희생을, 자신을 우선시하지 않는 태도를 필요로 하기 때문에 경우에 따라 행위자의 정신과 신체 건강에 영향을 미칠 수 있다. 하지만 그런 것은 **병적인 이타주의**다. 병적인 이타주의는 자기가 세상의 불행에 책임이 있는 것처럼 과장하는 경향을 보이고, 수혜자가 원치 않거나 꼭 필요로 하지는 않는 행동을 강행한다.[77] 이처럼 '구원자'를 자처하는 경향은 상대에게 강한 죄의식을 조장한다. 자기 문제인데도 스스로 해결할 수 있는 여지가 별로 없기 때문이다. 그러므로 장기적으로 이 사람은 지치고 우울해진다.

'병적인' 이타주의는 상대가 어떤 사람이든 도움이 되지 않고 역효과를 낸다. 어떤 저자들은 이를 '연민 피로'로 설명한다.[78] 연민 피로는 사실 감정의 전염성(초기의 자연스러운 감정이입 반응)과 연관된 번아웃으로, 고통에 시달리는 사람과 관련된 일을 하는 사람들이 많이 겪는다.[79] 이 사람들은 힘겨운 생활 여건, 고통스러운 경험을 너무 자주 접하다 보니 정신 자원이 고갈되어버린다. 충분히 재충전되는 활동을 병행하면서 삶의 균형을 잘 유지하지 못하면 번아웃이 일어나 아무런 연민을 느끼지 못할 수 있다. 연민을 느끼는 것도 자신에게 정신 자원이 있어야 가능한 일이다.[80] 이 상태는 사회복지사나 간호 인력에게서 특히 직업적 번아웃으로 나타나곤 한다.[81]

병적인 이타주의는 상황 맥락이나 심리적 가용자원을 충분히 고려하지 않는다. 그래서 병적으로 이타적인 사람은 그 상황에서 필요 없는 행동을 하곤 한다.[82] 반드시 고려해야 할 맥락적 요소 중 하나는 상황 관리에 더 적합한 방법이 없는지 확인하는 것이다. 병적으로 이타적인 사람의 또 다른 특징은 자신의 이타성이 불러온 결과를 불평한다는 것이다. 가령 결혼 생활에 대해서 수시로 불평을 늘어놓으면서도 가정에서 일상의 모든 업무를 자기가 관리하는 것처럼 보이는 사람들이 있다. 병적인 이타주의에서 비롯한 행동들은 누구에게도 이롭지 않다. 그런 행동은 결국 갈등을 키울 뿐이다. 힘듦은 덜어주고 사회적 지지감은 높여주는 긍정적 상호의존의 대척점에 바로 병적인 이타주의가 있다.

강점을 지렛대 삼아

대략 15년 전부터 미국에서 긍정심리학의 개척자 마틴 셀리그먼과 크리스토퍼 피터슨이 규정한 개인 강점[83]을 다루는 연구가 활발해지면서 그러한 강점이 개인과 집단의 안녕감을 지속적으로 개선한다는 사실이 밝혀졌다. 그들이 분류한 다음 스물네 가지 강점은 어떤 상황을 개선하는 행동의 지렛대에 해당한다.

셀리그먼과 피터슨이 여섯 가지 범주로 분류한 스물네 가지 강점	
1. 지식과 지혜 세상에 대한 호기심과 관심 배움을 좋아함 판단력, 비판 감각, 열린 마음 기발함, 독창성, 실천적 지능 선견지명, 거리를 두는 태도, 시각의 전환	**4. 정의** 팀 정신, 의무감, 충직성 평등, 무사공평성 리더십
2. 용기 가치와 대담성 인내, 끈기, 근면 청렴, 진정성, 성실성 열성	**5. 절제** 용서 역량 겸손과 소박함 용의주도, 신중, 조심성 자제력, 자기조절력
3. 인간다움과 사랑 애정과 애착 친절과 관대함 사회지능	**6. 초월** 아름다움과 탁월함을 음미하는 능력 감사 소망과 낙관 기쁨과 유머 영성, 생의 의미 추구

관계를 개선하는 훈련으로 이 목록에서 강점 하나를 골라 커플 관계, 부모와 자식 관계, 직장 동료와의 관계에서 활용해보자. 이미 여러분의 특징으로 꼽히는 강점을 선택하면 이 훈련은 처음부터 그리 어렵지 않을 것이다. 그렇더라도 주어진 상황에 더 적합한 다른 강점이 있다면 여러분에게서 자연스럽게 우러나지는 않더라도 시도해보기 바란다. 여러분의 가장 두드러진 강점을 알아내는 데 도움이 되는 온라인 설문조사가 있다.[84] 이 무료 설문조사가 여러분의 답변을 바탕으로 이미 일상에 가장 자연스럽게 녹아 있는 강점들을 알려줄 것이다.

••• 볼펜으로 하는 간단한 연습 과제

스물네 가지 강점 목록 중에서 여러분의 가장 두드러지는 강점과 가장 처지는 강점의 차이를 이해하고 싶다면 볼펜을 들고 종이에 짧은 문장을 쓴 후 여러분의 서명을 남겨보세요. 자, 여러분은 이 과제를 어떻게 수행했나요? 과제를 수행하는 동안, 그리고 그 후에 느낀 바를 묘사해보세요.

이제 다시 다른 손으로 볼펜을 잡고 아까와 똑같은 문장을 쓴 후 서명을 하세요. 이 두 번째 단계는 어땠는지 묘사해보세요.

대부분 첫 번째 단계에서는 자신이 주로 쓰는 손으로 과제를 수행하기 때문에 '쉽다', '간단하다', '금방 끝냈다' 같은 표현으로 과제를 묘사합니다. 하지만 두 번째 단계로 가면 '노력', '집중', '서툴다' 같은 표현이 많이 나오지요. 여러분의 강점 목록에서 맨 위에 나온 것들은 여러분이 주로 쓰는 손처럼 자연스럽고 능숙하기 때문에 에너지와 노력이 덜 필요합니다. 반면 목록 하단에 위치한 강점들을 발휘하려면 노력과 집중력이 많이 들고 자칫 서툴고 어색한 느낌을 줄 수 있습니다.

양손잡이는 다양한 상황에서 유연성과 적응력을 보여줍니다. 마찬가지로, 여러분에게 다소 덜 자연스러운 강점일지라도 계속 시도하다 보면 일상에서 걸림돌을 뛰어넘고 자기 자신을 실현하기가 더 수월해질 겁니다.

친절은 첫째가는 강점

우리 모두에겐 이 스물네 가지 강점이 있지만 어떤 강점은 계발이 특히 잘된 반면 어떤 것들은 영 그렇지 못하다. 아이들에게는 씨앗을 비유로 설명하곤 하는데, 강점 하나하나를 우리가 태어나자마자 밭에 심은 씨앗이라고 상상해보자. 어떤 씨는 유독 싹을 빨리 틔우고 눈에 띄게 잘 자란다. 우리는 당분간 어느 쪽에 물을 더 많이 준다든가 그다음에는 다른 쪽을 집중 관리한다든가 하면서 그 식물이 자라고 꽃과 열매를 맺는 모습을 지켜볼 수 있다.

긍정적 상호의존을 계발하기에 특히 유용한 강점들이 있다. 이미 여러 연구로 효과가 검증된 강점들을 여기서 다뤄보겠다.

첫 번째 강점은 친절, 즉 타인에게 주의를 기울이고 타인을 돌보고 온화하게 말을 걸 수 있는 역량이다. 앞으로 일주일 동안 이 강점을 예전과 다른 방식으로 활용해보면 어떨까. 가령 누군가와 얘기를 나눌 일이 있을 때 상대에 대한 관심을 드러내는 말부터 꺼내보자. 이메일 쓰기에 적용해봐도 좋겠다. 리버사이드대학교 연구원 소냐 류보미르스키는 친절한 행동이 불러오는 효과를 연구했다.[85] 어느 회사 직원들에게 한 달간 비밀 임무가 주어졌다. 그들은 동료에게 커피를 가져다주거나 감사 메시지를 보내거나 재미있는 카드를 책상에 올려놓는다거나 하는 친절한 행동을 주 5회 실천했다. 과제를 수행한 직원과 아무것도 몰랐던 직원 모두에게서 이로운 효과가 관찰되었다. 두 집단 모두 자율감, 업무 효능감, 삶에 대한 만족도가 상승했다. 실험 이후에도 이러한 효과가 절반 수준은 유지되었다. 게다가 이타주의의 전염성 덕분에 친절한 행동의 수혜자 집단에서도 동료 친화적인 행동이 278퍼센트나 늘었다.

하루에 여러 번, 독창적인 친절을

류보미르스키는 친절한 행동을 하루에 여러 번 하면 그 효과가 더 크다는 것을 보여주었다.[86] 6주간 주 5회 친절한 행동을 하는 과제에서 한 집단은 하루 한 번씩 주 5일 친절한 행동을 했고 또 다른 집단은 주중 하루를 골라서 그날 5회를 다 수행했다. 그 결과, 후자가 자기 이미지를 긍정적인 방향으로 이끄는 데는 더 효과적이었다. 친절한 행동은 매일매일 해도 효과가 있지만 하루에 여러 번 그런 행동을 할 때는 더 독창적으로 친절을 베풀 방법을 찾는 경향이 있다. 이러한 경향이 친절하고 배려심 있는 사람이라는 이미지를 더욱 분명히 해준다. 그리고 친절한 행동에 신경을 쓰다 보면 판에 박힌 일상 속 긴장이 빚어지기 쉬운 관계에 활력을 불어넣을 기회도 많아진다.

다각도의 노력이 필요한 이유

연구자들은 친절한 행동을 다양하게 시도하면 관계를 완전히 새롭게 발전시킬 수 있다고 말한다. 그런 행동의 수혜자가 되면 일시적인 기분 개선부터 힘든 시기 꾸준한 지원에 이르기까지 많은 덕을 볼 수가 있다. 특히 예민한 사람들에게는 친절한 행동이 매우 이롭다. 이 사람들은 환경에 쉽게 영향을 받는다. 튀는 부분, 사소한 언짢음, 소음, 불쾌한 냄새, 부적절한 조명, 텔레비전의 폭력 장면 등이 다 괴롭기만 하다. 이 사람들은 소소한 긍정적 변화에도 민감하다.

한번은 어떤 동료의 사무실을 방문했다. 그 친구는 완전히 진이 빠진 사람처럼 보였고 책상 위에는 서류가 산더미처럼 쌓여 있었다. 자주 만날 수 있는 친구가 아니었기 때문에 만나서 기쁘다고, 너의 유머가 그리웠다고 말했다. 얼마 전부터 알아주지도 않는 행정 업무를 맡아 고생이 많은 그 친구를 격려해주었다. 그 동료는 자기 아닌 다른 연구자들에게 혜택이 돌아가는 일을 이타심으로 묵묵히 해내고 있었다. 그가 얼굴을 들었다. 기뻐하는 표정은 아니었지만 안도하는 기색이 보였다. "알아주는 사람이 있으니 참 좋네. 실은 사임해버릴까 진지하게 고민 중이었거든. 계속 이런 식으로 일하다가는 다 부숴버릴 것 같아서 말이지." 동료는 자기 건강과 가정이 위태로운 지경이라고 말했다. "누군가는 해야 하고, 아주 중요한 일이기도 해. 하지만 나는 한계에 부딪혔어. 내일 당장 지원 요청 절차를 밟을래. 나 혼자 끌고 나가는 건 도저히 불가능해."

먼저 타인의 욕구를 경청해라

번아웃에 빠진 사람에게는 친절한 관심이 큰 차이를 불러올 수 있다. 그러한 관심을 느낄 때 그 사람은 전환점에서 잠시 마음을 추스를 수 있고 용기를 내어 일을 마무리할 수 있으며 건설적 관계나 장기적 이점처럼 나중으로 미뤄두었던 측면을 다시금 바라볼 수 있다. 친절을 잘 계발하면 나에게나 타인에게나 좋은 점이 많다. 따라서 친절하게 행동하겠다는 선택은 긍정적 상호의존으로 나아가는 첫걸음이다. 감사 표현 연습 같은 긍정심리학의 다른 훈련도 그렇지만, 이때도 상황 맥락을 고려하는 것이 중요하다. 상대방을 잘 파악하고 그 사람의 문화적 배경, 성격, 현 상황에 최대한 맞춰서 접근해야 한다. 가령 여러분이 어떤 사람에게 꽃다발을 선물했는데 연애 감정으로 잘못 해석되거나 집에 가지고 갔다가

괜한 오해를 살 수도 있을 것이다. 여러분은 누구를 도와주고 싶은데 정작 그 사람은 혼자만의 시간을 원한다면 연락과 관심이 고맙기는커녕 성가실 것이다.

수잰과 제임스 파웰스키는 이러한 암초를 피하기 위해 어떤 강점을 새롭고 적합한 방식으로 활용하기에 앞서 사전 단계를 마련하라고 제안한다. 강점을 어떤 상황에서 활용해 어떤 면에서 상대방의 발전에 이바지할 수 있을까 생각하는 사전 단계를 그들은 구축construction이라고 부른다. 용기라는 강점을 예로 들어보자. 용기는 노력이 필요한 상황, 가령 아이들의 식기, 물, 냅킨 따위를 챙기느라 식탁 앞에 앉을 겨를도 없는 상황에서 그 일을 끝까지 해내는 데 도움이 될 것이다. 이 강점(용기)을 주중의 다른 상황에서 활용하기로 하면 의외로 그 상황이 재미있어질 것이다. '난 이 상황에서 좀 더 용기를 내기로 작정했어. 그러면 남편/아내가 마음이 편해질 거야'라고 생각해보자. 이처럼 타인의 욕구를 고려해서 그 강점을 활용할 상황 맥락을 선택해보자. 강점을 새로운 방식으로 혹은 다른 상황 맥락에서 발휘하면 대개 양측 모두에게 이롭고 개인에게나 관계에서나 발전이 있다. 열의를 자극하기 힘든 자기 자신에 대한 치료적 접근과는 달리, 이 발전은 썩 즐겁게 이루어질 수 있다.

타인의 욕구를 경청하면 이 방법의 효과는 더욱 커진다. 그리고 자제력이나 관계지능 같은 또 다른 강점까지 따라온다. 상대에게 좋을 것 같아서 어떤 행동을 했는데 부적절했다고 곧바로 깨달을 때가 있다. 자기조절력은 충동을 다잡고 좀 더 사려 깊은 행동을 하게 한다. 상대가 나를 대해줬으면 하는 방식대로 내가 상대를 대하는 것이 황금률이라고 하지만 자기조절력은 거기서 더 멀리 나아간다. 중요한 것은 내가 어떻게 대해주기를 상대가 바라느냐다. 도움은 상대가 발전할 수 있는 방향으로 제공해야 한다.

관계라고 해서 다 비슷하지 않거니와 사회과학 분야에서 관계에 대한 연구만 해도 너무 방대하다. 그러니 모든 관계에 적용 가능한 마법 처방 따위는 없다. 연구자와 철학자들의 제안이나 현장 경험에서 우러난 제안도 목적은 결국 다 더불어 잘 살기 위해 새로운 기회를 제시하는 관계 역학에 있다. 그래도 여러 연구는 관계의 질을 높이는 데 중요한 강점 중 하나로 사회지능을 꼽는다. 사회지능은 하나의 강점처럼 기술되지만 실제로는 폭넓게 연구되어온 여러 기본 역량을 포괄한다. 특히 우리가 앞에서 이미 살펴보았던 정서적 능력들이 여기에 해당한다(155~156쪽 참조).

집단에 의지해라

집단 혹은 지역사회와의 관계 개선에서도 이런 여러 강점에 의지할 수 있다. 건강 및 심리 분야에서 공동체적 접근이 발전하면서 이런 경우가 점점 더 많아지고 있다. 사회사업 분야 인력들도 협업을 기본으로 하는 접근법을 교육받기 시작했다. 이러한 작업 방식은 현재 유행하는 개념인 **사회적 관계 창출**에 이바지한다. 예전에는 그런 관계가 생존에 반드시 필요했기 때문에 자연스럽게, 자발적으로 이루어졌다. 지금은 타인에게 다가가기 위해 넘어야 하는 벽, 바리케이드, 문이 너무 많아서 관계가 부서지거나 약해졌다. 저마다 다가가지 못하고 자기 안에 웅크리게 하는 수많은 두려움은 굳이 말할 것도 없다. 사회복지사의 임무 중 하나가 사회적 관계가 없는 곳에서, 하지만 가장 필요로 하는 사람들에게 그러한 관계를 재창조하는 것이다. 연구자들도 공동체 의식 구성이라는 문제에 관심을 두었다. 어떻게 하면 지역사회에 소속감을 느끼고 그 안에서 관계를 발전시키고 싶어 할까?

시범적 연구들은 사회집단의 강점과 자원에 기대어 모두의 상황을 공유하고 개선하려는 욕망을 자극하는 것이 중요하다고 입증했다. 공동체나 지역사회는 강점과 장점에 의지할 때 역경에 대한 회복탄력성을 더 잘 보여주었다.[87]

집단(가정, 학급, 기관, 지역사회 등)의 강점에 기댄다는 것은 지원을 (어떤 결핍에 대한) 도움이 아니라 이미 그 집단이 지닌 역량에 근거해 생각하는 것이다. 역량과 자원의 결핍에 초점을 맞추는 접근법은 곧잘 그 분야 전문가들이 일방적으로 부과하는 대책을 낳는다. 전문가들이 고안하고 바로 실전에 적용한다는 점에서 이러한 개입은 **하향식**top-down이다. 반면 공동체의 행동력에 바탕을 둔 접근법은 집단 내에 이미 존재하는 역량과 자원을 인정한다. 집단에 개입하는 사람은 그러한 역량을 깨닫게 하고 구성원의 효능감과 행동력을 계발하는 역할을 한다.[88] 이미 가진 것에서 출발해 다 함께 공적 요구에 걸맞은 해결책을 확인하거나 마련한다는 점에서 소위 **상향식**bottom-up 개입이라고 할 수 있겠다.

강점 파악하기 등과 같은 긍정심리학 도구들은 결핍보다 개인과 집단이 이미 가진 것을 확인하고 활용하며 새로운 패러다임으로의 전환을 촉진할 수 있다. 이런 접근법은 다양한 상황에 유용하고 동기, 참여, 희망, 활력을 자극하므로 성공 확률이 높다. 긍정적 상호의존 계발 치료 작업은 이러한 방식을 취할 때 성과가 있을 것이다.

세상 만물과의 긍정적 상호의존

●
○

반려동물과의 상호의존

동물과의 관계도 긍정적 상호의존이라는 시각으로 보면 어떨까? 인간이 동물을 돌보는 관계를 맺을 때 반려동물이 얼마나 이로운 효과를 일으키는지는 여러 연구로 입증되었다. 정신과 의사이자 하버드 의대 교수인 에드워드 핼러웰은 진료실에 고양이를 상주시켜도 된다는 허가를 받기까지 자신이 얼마나 싸워야 했는가를 이야기한다. "아니, 왜 병원에서 고양이를 키우려고 하는데요?" 병원 행정 관리자가 물었다. 그는 "환자들이 고양이를 돌보면서 관계성을 계발하면 삶의 의미를 되찾을 테니까요"라고 대답했다. 병원 측 반대 사유는 많고도 많았지만(알레르기, 위생, 조직질서 등) 핼러웰은 기어이 허가를 받아냈고 자신이 기대했던 효과를 보고야 말았다. 환자들은 고양이에게 자주 말을 걸었고 먹을 것을 챙기거나 돌봐주었으며 같이 놀거나 쓰다듬어주었다.

노년층을 대상으로 1년간 실시한 조사에 따르면 **반려동물, 특히 개를 키우는 사람은 그렇지 않은 사람에 비해 아파서 병원에 가는 일이 적었다.**[89] 반려동물이 있으면 스트레스나 고통에 대한 생체반응(심장박동수, 혈압)이 안정적이었고 그런 상황이 지나간 후 정상 상태로 돌아가는 속도도 빨랐다.[90] 또 다른 연구는 만성질환을 앓는 사람이 반려동물을 키우면(특히 주위에

흉금을 터놓을 만한 상대가 별로 없는 사람이라면 더욱더) 우울증 위험이 낮아진다고 보고했다.[91]

자연과의 상호의존

자연이 안녕감에 미치는 영향에 대해서도 비슷한 연구 결과들이 발표되었다. 자연, 특히 나무는 인간의 건강에 좋다. 신체적인 면에서 자연은 혈압과 코르티솔(스트레스 호르몬) 수치를 떨어뜨리고 면역 기능과 수면의 질을 개선한다. 심리적인 면에서는 불안 및 우울 징후를 줄이는 효과가 있다. 자연은 집중력도 높여준다. 게다가 나무를 가까이 두고 살면 아주 특별한 혜택도 누릴 수 있다. 한 연구에 따르면 나무를 자주 접할 때 암세포를 직접 파괴하는 이른바 NK 세포natural killer cell (자연살해세포)가 활성화된다.[92]

나무의 이로운 효과는 피톤치드 때문이다. 피톤치드는 나무가 공기 중에 퍼뜨리는 성분으로 박테리아를 없애준다. 숲이 울창할수록 피톤치드의 효과를 크게 볼 수 있다.

숲속을 두 시간 산책하면
그 이로운 효과가 일주일이나 간다!

그래서 지금은 '산림욕'이나 '숲 요법'이라는 새로운 치료가 각광받고 있다. 자연을 자주 접할수록 자연과 연결되는 안녕감을 느끼고 친환경적인 행동을 더 많이 한다고 한다.[93] 이렇게 인간과 자연 사이에도 긍정적 상호작용이 있을 수 있다. 자연은 인간을 더 행복하게 하고, 인간은 환경 보전에 더 힘쓰게 된다.[94] 이때 선순환이 일어날 수 있다. 이타적 행동도 그렇지만, 친환경적 행동도 자발적으로 참여한 사람은 공동체에 유익한 존재가 된 기분, 그리고 가치관과 행동의 일치를 느끼기 때문에 삶의 의미를 찾을 수 있다.[95]

생태학적 상호의존

어떤 이들이 환경을 생각하는 소비 행동에 대해서 생각하는 바와 달리, 환경에 대한 책임 있는 행동과 개인의 지속 가능한 안녕감은 얼마든지 공존할 수 있다. 안녕감을 쾌락적 차원(물질적 안락, 쾌감)으로만 생각하면 환경을 생각하는 행동과 때때로 모순되는 것처럼 보인다(환경을 생각해서 한여름에도 에어컨을 켜지 않기로 결심한 사람은 무슨 말인지 알 것이다). 그렇지만 실존적 차원(자기 삶의 일관성, 효용감)과 공동체적 차원(후세를 위한 환경보호)에 결부된 지속 가능한 안녕감의 요소들을 고려한다면 환경을 생각하는 행동이 오히려 안녕감을 높여준다.[96]

페터 볼레벤의 베스트셀러 《나무수업: 따로 또 같이 살기를 배우다》는 긍정적 상호의존의 새로운 장을 제시했다. 이로써 많은 이가 인간과 자연의 상호의존을 자각할 수 있었다. 우리가 자연이 어떻게 기능하는지 다 알려면 아직 멀었지만 오래된 발견과 최신 발견은 그러한 상호의존 관계가 얼마나 풍부한지 보여준다. 자연에 숨어 있는 수많은 긍정적 상호의존 사례는 인간끼리의 상호의존에 귀한 영감을 불어넣는다.[97]

레위니옹섬에서 차 플랜테이션 농장을 방문했다가 놀라운 발견을 했다. 몇 세기 전부터 운영되어온 그 농장은 차나무가 몇 미터 높이까지 자라서 그야말로 빽빽한 숲을 이루고 있었다. 놀랍게도 농장 책임자는 차나무들의 '연대'를 열성적으로 설명했다. 차나무 가지는 다른 가지를 만나면 붙어버린다. 그래서 어떤 나무 한 그루가 운 나쁘게 벼락을 맞더라도(레위니옹섬의 우기에는 흔한 일이다) 다른 나무의 영양분을 나눠 갖고 기어이 살아남는다!

깊이 생각해봅시다

1. 지금 이 순간, 이 자리에 주의를 기울이는 태도는 타인과 좋은 관계를 맺는 핵심 비결입니다. 이 때문에 명상은 자기 자신과의 관계뿐만 아니라 모든 사회적 관계를 개선해줍니다.

2. 유연성은 타인의 영향력을 부분적으로, 적어도 일시적으로 받아들이는 자세입니다. 타인에게 영향을 받더라도 우리가 그 사실을 의식하고 우리 가치관에 어긋나지 않게 선을 지키면 문제가 되지 않습니다. 우리도 수시로 다른 사람들에게 영향력을 행사하는걸요! 상호의존은 언제나 이루어지고 있습니다.

3. 우리를 도와주었거나 뭔가를 내어준 사람들, 인류 전체, 인생, 자연에 고마움을 느낄 때 우리는 행복합니다. 고마운 마음은 느낄 때뿐만 아니라 표현할 때도 기분이 좋지요.

4. 행복한 커플 관계의 비결 중 하나는 일상에서 파트너에게 얻은 모든 것을 기쁘게 인정하고 자주 표현하는 것입니다.

5. 기분 좋은 순간을 만끽할 수만 있으면 행복한 걸까요? 아뇨, 그 순간에 의미가 있어야 합니다. 그리고 인생에 가장 큰 의미를 주는 것은 우리가 다른 사람들과 맺는 관계입니다.

인간 됨의 필요충분조건, 상호의존

관계의 핵심을 돌아보는 이 여행을 마치면서 여러분과 공유하고 싶은 핵심 생각들을 마지막으로 짚어보겠다.

사람 사이의 애착은 필수 불가결하다

●
○

이 책을 쓴 계기이자 첫 번째 길잡이는 애착을 정확하고 유용하게 알아야 한다는 것이다. 사람 사이의 애착은 지극히 자연스러울 뿐만 아니라 꼭 필요하기도 하다. 어린아이의 발달은 어른과 맺는 애착에 달렸다. 이 어른은 대개 부모이고, 부모가 양육자 역할을 하지 못할 때는 회복탄력성 후견인으로서 기능하는 다른 어른일 수도 있다. 어른의 경우에도 가까운 사람들과의 애착 유형이 삶의 균형과 안녕감을 결정한다. 반면 타인에 대한 애착이나 의존을 두려워하다가 정신과 신체 건강에 해로운 사회적 고립이나 번아웃에 빠질 수 있다. 따라서 관계성과 지지에 대한 욕구로 가까운 사람들에게 부담을 주지 않으면서 각자의 자아실현에 도움이 되는 관계를 일궈나가는 정서적, 관계적 능력은 꼭 계발해야 한다.

사람과 사람 사이의 상호의존을 받아들인다고 해서
꼭 타인에게 도움을 구할 필요는 없다.
그렇지만 타인에게서 지지를 얻을 수 있다는 믿음이 있으면
상황을 스스로 해결할 때에도
더 큰 의욕과 에너지가 솟는다.

도움을 청할 줄 알아야 더 행복해진다

●
○

도움을 받아야만 발전을 하거나 행동에 매진할 수 있는 경우가 있다. 이러한 경우를 알고 도움을 청하려면 분별력이 필요하다. 자신의 욕구를 파악하고 '적절한' 방식으로 '적절한' 상대에게 '적절한' 시기를 보아 '적절한' 이유를 대면서 요청할 수 있어야 하기 때문이다. 여기서 말하는 적절한 방식은 우리 욕구를 전달하는 방식을 두고 하는 말이다. 분노나 절망 같은 감정에 휩쓸릴 때는 자칫 욕구를 과하게, 상대를 힐책하거나 공격하는 말투로 표현하게 된다. 따라서 **적절한** 방식 여부는 타인을 공격하거나 상처 입히지 않으면서 우리 욕구를 주제 삼아 대화를 나눌 수 있느냐에 달렸다. **적절한** 상대란 실제로 우리를 도와줄 수 있을 만한 사람을

뜻한다. 가끔은, 제 코가 석 자인 사람에게, 단지 가깝다는 이유로 도움을 구하기도 한다. 육아로 인한 번아웃, 투병, 애도 같은 상황에서 우리와 덜 가까운 사람, 특히 그런 일을 전문으로 하는 직업인에게 도움을 구할 줄도 알아야 한다. **적절한** 시기는 상대가 우리 욕구에 귀 기울일 여력이 있는 때를 잘 잡아야 한다는 의미다. 불시에, 혹은 상대가 다른 일에 골몰했을 때 그런 얘기를 꺼냈다가는 쓸데없이 갈등만 더 불거질 위험이 있다. 마지막으로, **적절한** 이유란 우리가 도움을 청하는 동기가 무엇인지를 의미한다. 좀 더 발전하고 행동에 매진하고자 도움을 청하는가? 아니면 단지 노력하고 싶지 않아서일 뿐인가? 특히 자율성이 다소 떨어질 수밖에 없는 사람(어린이, 노인, 보조가 필요한 장애가 있는 경우)에 대해서는 이 질문을 꼭 제기해보아야 한다. 이들에 대한 교육과 보조는 각 사람의 가능성에 걸맞게 자율성을 발전시키고 유지하는 방향을 취해야 한다. 이러한 상황에서 도움이 부모와 보조자에게 발전과 만족감의 계기가 된다면 유용하지만, 당사자의 행동력과 자율성을 대체하고 위축한다면 유용성과 만족도도 낮아진다.

긍정적 상호의존은
타인의 기대와 욕구 사이의 균형을 바탕으로 하며
관계 능력과 분별력 계발을 필요로 한다.

노력하지 않으면 관계도, 우리도 빈곤해진다

●
○

긍정적 상호의존은 끊임없는 조정을 요구하지만 어찌 됐든 우리의 생존, 지속적인 안녕감, 관계의 친밀성에 없어서는 안 되는 것이다.[1] 지금은 관계를 늘 충분히 일궈나가지 못하고 있음을 자주 실감하는 시대다. 관계가 만족스럽게 유지되고 이와 더불어 자기 자신을 실현하는 계기가 되기에는 어림없는 경우가 많다. 소셜네트워크가 제공하는 가상 관계는 결코 현실의 상호의존을 대체하지 못한다. 서양 사회에서 사회적 고립감이 커지면서 우울증이 전례 없이 증가한 것도 마찬가지 맥락으로 보아야 한다. 그러므로 관계를 돌보는 시간과 에너지를 따로 마련할 필요가 있다. 우리가 이 책에서 강조했듯이 관계성, 상호의존, 사회적 지지가 자율성을 떨어뜨리고 예속을 조장하기는커녕 자율감과 자유로운 선택의 초석이 될 수 있음을 보여주는 연구와 사례는 널리고 널렸다.

우리가 우리의 이타적 가치와 연결될 때는
긍정적 상호의존이 삶에 의미를 더하고
좋은 관계를 지속시켜준다.

참여하는 삶, 아름다운 지구 생활을 위하여

●
○

전 지구가 서로 의존해 살아가는 오늘날, 우리 모두가 긍정적 상호의존에 적극적으로 참여한다면 인류는 물론 환경 전체에 이로운 효과를 일파만파 일으킬 수 있다. 긍정적 상호의존은 단지 개념이 아니라 우리 한 사람 한 사람에게 돌아오는 책임이다. 타자와의 관계를 가꿔나가다 보면 생명 전체에 긍정적인 반향이 미치기 때문이다. 사실 긍정적 상호의존은 인간관계에 국한되지 않고 동물과의 관계, 자연과의 관계에도 유효하다.

우리가 관계에 쏟는 관심, 상호작용을 지각하거나 해석하는 방식, 감정과 거기에서 비롯되는 생각을 조절하는 법, 실제로 행동하는 방식이 우리 삶의 질, 타인과 함께하는 삶에 지속적인 영향을 미친다. 이 여러 측면에 대하여, **더불어 잘 살게** 하는 긍정적 상호의존의 계발을 목표로 삼아 각자 가능한 선에서 뭔가를 할 수 있다.

긍정적 상호의존은 사회적 관계(인간이면 누구나 타인에게 기댈 수밖에 없다는 이 근본적인 의존)가 건설적일 수 있다는 사실에 주의를 기울일 때 계발된다. 상호의존은 의미와 공유가 차고 넘치는 삶에 필요한 관계 능력을 육성하는 기회로 여겨질 수 있다.

타인을 기본적으로 경계하는 사람은
인생의 긍정적 경험을 만끽할 기회들을 내치게 마련이다.
함께 나누는 기쁨이야말로
오래가는 행복에 가장 크게 이바지하는 요소이기 때문이다.

우리 사회는 지나치게 독립을 강조한다

지금은 사회적 관계에 결론적으로 중요성을 부여하는 연구들이 많이 나왔다. 관계를 개선하고자 한다면 열린 마음, 그리고 타인에 대한 주의 깊은 관심이 관건이다. 이런 면에서 개인의 독립을 지나치게 강조해왔던 서양 사회는 역효과를 톡톡히 보고 있다. 여기서 말하는 독립 개념은 주로 도움을 필요로 하지 않는다는 데 초점을 맞춰왔다.[2] 이 개념이 극단화되면 '다른 사람들은 필요 없고' 혼자 잘 살 수 있다는 생각이 빚어진다. 독립만 추구하다 보니 의존은 무조건 관계를 망치는 두려운 것이 되었다. 남의 신세 지기가 죽기보다 싫다고 생각하는 노인은 누군가가 무거운 짐을 들어주거나 대중교통에서 자리를 양보받아도 과하게 부정적인 반응을 보일지 모른다. 그러한 반응이 사회적 고립을, 나아가 불행한 감정을 불러올 수 있다. 외로움이 오래가면 정신적, 물질적 지원을 요구하기가 점점 더 어려워진다.[3] 그러므로 자기 자신을 점점 더 외롭게 하는 방향으로 독립을 추구하는 것은 바람직하지 않다. 카시오포는 외로움에 대한 연구의 결론을 다음과 같은 이야기로 요약한다. **호모사피엔스**를 동물원에 가둬놓을 작정이라면 절대로 혼자 두지 말라는 주의 사항을 덧붙여야 한다고, 그건 황제펭귄을 사막에 데려다 놓고 잘 살아보라고 하는 거나 마찬가지라고 말이다.

다행히 상호의존을 긍정적으로 조명하는 사람이 점점 늘고 있지만 여전히 그러한 생각은 서양 사회가 전파하는 가치와 충돌을 일으킬 때가 많다. 정치사회학 연구자들이 수집한 데이터를 보더라도, 프랑스에서는 개인주의가 아직도 대단한 위력을 지녔다.[4] 그렇지만 이 조사에 따르면 자율감(개인화)을 중요하게 여길 때 다른 가치들 역시 발전하고 사회에서 중요한 위치를 차지하는 계기가 마련될 수도 있다. 연대, 더불어 잘 살고자 하는 관심, 이를 가능케 하는 관계 능력에 이바지하는 가치들이 있다. 지금은 유치원에서도 자기 자신과 타인에 대한 긍정적 태도, 자신의 욕구와 타인의 욕구를 경청하는 능력을 길러주는 활동을 한다.

교육에서 감정, 안녕감, 양질의 관계가
차지하는 역할에 좀 더 관심을 쏟는다면
타인에 대한 신뢰와 호의에 바탕을 둔 연대가 발달할 것이다.
교육은 우리를 자유롭게 하는 이 관계를
더 잘 이끌어낼 수 있다.

도움을 받을 줄 아는 것도 상호의존의 일부
●
○
의존을 완강히 거부하다 보면 도움을 받을 기회가 없어진다. 사실 도움을 받으면 채무감(신세를 꼭 갚아야겠다는 의무감)을 느낄 수도 있고 고마워서 나도 뭔가 잘해주고 싶긴 하지만 의무감까지는 느끼지 않을 수도 있다. 독립을 추구하는 사람들은 이 채무감이 싫어서 고마움을 느낄 기회마저 스스로 차단한다. 철학자 칸트도 어떤 사람들은 타인에게 부담을 주고 싶지 않다는 책임감 때문이 아니라 타인에게 뭔가 의무가 생기는 게 싫어서 도움을 거절한다고 지적했다. "그들은 보호자에 대한 피보호자의 열등한 위치로 전락하는 것을 무엇보다 두려워한다."[5]

긍정적 상호의존은 때때로
누군가가 나를 지켜준다는 사실을 받아들이는 겸손을 먹고 자란다.
이러한 상호의존에는 긍정적인 취약성이 일부 들어와 있다.
나에게는 비록 취약한 부분일지라도 다른 사람들과 연결되고
연대를 강화하는 계기가 되면 긍정적일 수 있다.

이제 우리는 어떻게 해야 할까
○

모든 끝은 시작이다. 이 책은 끝나지만 가장 중요한 부분은 지금부터다. 여러분은 지금까지 함께 살펴본 내용으로 무엇을 하려고 하는가?

폴 발레리는 《작가 수첩》에 "심장은 기대는 것"[6]이라고 썼다. 지금 이 순간, 여러분의 심장은 뭐라고 말하는가? 여러분의 삶을 풍부하게 하는 상호의존적 관계들을 시간을 들여 잠시 하나하나 생각해볼 수 있는가? 이 책을 바탕으로 지금, 다른 일에 한눈팔지 말고 생각해보자. 여러분을 풍요롭게 할 뿐 아니라 여러분 또한 자기도 모르게 타인을 풍요롭게 하는 이 모든 관계에 마음을 열기 바란다.

관계는 우리가 숨 쉬는 공기와도 같다. 관계는 우리 삶에 항상 있고 결코 없어서는 안 되지만 우리가 늘 의식하면서 살지는 않는다.

명상을 하면서 자기 호흡을 의식하고, 따라가고, 있는 그대로 느껴보는 것이야말로 평정심과 분별력으로 나아가는 가장 간단하고 효과적인 훈련이다.

일상에서 시시때때로 상호의존을 의식하고 마음 깊이 챙기며 그 양상을 관찰하고 온전히 누리는 것 또한 간단하면서도 썩 유익한 훈련이다. 이 훈련이 우리의 인간다움을 여실히 깨닫고 행복과 연대감을 느끼게 한다. 얼마나 잘된 일인가, 우리는 그럴 때 비로소 우리 앞에 놓인 가장 큰 문제들에 매달릴 수 있으니까. 물론, 다 함께 말이다.

미주

머리말 | 혼자가 낫다는 착각

1. Bornstein R. F., Languirand M. A., *Healthy Dependency*(Newmarket Press, 2003)

2. Solomon M., *Lean on Me : The Power of Positive Dependency in Intimate Relationships* (Kensington Books, 1996)

3. Baumeister, R., Leary, M. R., 《The need to belong : Desire for interpersonal attachments as a fundamental human motivation》, *Psychological Bulletin*, 1995, 117, p. 497~529

4. Santos H., Varnum M. E., Grossmann I., 《Global increases in individualism》, 2017, http://doi.org/10.1177/0956797617700622

5. Markus H. R., Kitayama S., 《Culture and the self : Implications for cognition, emotion, and motivation》, *Psychological Review*, 1991, 98(2), p. 224~253

6. Twenge J. M., Dawson L., Campbell W. K., 《Still standing out : Children's names in the United States during the Great Recession and correlations with economic indicators》, *Journal of Applied Social Psychology*, 2016, 46, p. 663~670

7. Greenfield P. M., 《The changing psychology of culture from 1800 through 2000》, *Psychological Science*, 2013, 24, p. 1722~1731

8. Mikolajczak M., Roskam I., *Le Burn-Out parental*(Odile Jacob, 2017)

9. Kelley H. H., Holmes J. G., Kerr N. L., Reis H. T., Rusbult C. E., Van Lange P. A. M., *An Atlas of Interpersonal Situations*(Cambridge University Press, 2003)

10. Murray S. L., Holmes J. G., Collins N. L., 《Optimizing assurance : The risk regulation system in relationships》, *Psychological Bulletin*, 2006, 132(5), p. 641~666

11. Kelley H. H., Thibaut J. W., 《Interpersonal relations : A theory of interdependence》, New York, Wiley-Interscience, 1978

1부 | 애착과 자율은 함께 간다

1. Anisfeld E., Casper V., Nozyce M., Cunningham N., 《Does infant carrying promote attachment? An experimental study of the effects of increased physical contact on the development of attachment》, *Child Development*, 1990, 61, p. 1617~1627

2. Spitz R. A., *De la naissance à la parole*[1947](PUF, 1968)

3. Mazumder S. et al., 《Effect of community-initiated kangaroo mother care on survival of infants with low birthweight : a randomized controlled trial》, *The Lancet*, 2019, 394(10210), p. 1724~1736

4. Chung H. U. et al., 《Binodal, wireless epidermal electronic systems with in-sensor analytics for neonatal intensive care》, *Science*, 2019, 363(6430)

5. Baumeister R., Leary M. R., 《The need to belong : Desire for interpersonal attachments as a fundamental human motivation》, *Psychological Bulletin*, 1995, 117, p. 497~529

6. Maslow A., 《A theory of human motivation》, *Psychological Review*, 1943, 50, p. 370~396

7. Inagaki T. K., 《Opioids and social connection》, *Current Directions in Psychological Science*, 2018, 27, p. 85~90. Bartz J. A., 《Oxytocin and the pharmacological dissection of affiliation》, *Current Directions in Psychological Science*, 2016, 25, p. 104~110. Feldman R., 《The neurobiology of human attachments》, *Trends in Cognitive Sciences*, 2017, 21, p. 80~99

8. Kosfeld M., Heinrichs, M., Zak P. J., Fischbacher U., Fehr E., 《Oxytocin increases trust in humans》, *Nature*, 2005, 435, p. 673~676

9. Winslow J. T., Shapiro, L. E., Carter, C. S., Insel, T. R., 《Oxytocin and complex social

behaviors : Species comparisons》, *Psychopharmacology Bulletin*, 1993, 29, p. 409~414

10. Hofer M. A., 《Psychobiological roots of early attachment》, *Current Directions in Psychological Science*, 2006, 15, p. 84~88

11. Prior V., Glaser D., *Understanding Attachment and Attachment Disorders : Theory, Evidence and Practice*(Jessica Kingsley Publishers, 2006)

12. Bowlby J., *A Secure Base*(Basis Books, 1988)

13. Chang J. J., Halpern C. T., Kaufman J. S., 《Maternal depressive symptoms, father's involvement, and the trajectories of child problem behaviors in a US national sample》, *Archives of Pediatrics and Adolescent Medicine*, 2007, 161, p. 697~703

14. Brion-Meisels G., Fei J., Vasudevan D., 《Positive relationships with adolescents in educational contexts》, in M. A. Warren et S. I. Donaldson(dir.), *Toward a Positive Psychology of Relationships : New Directions in Theory and Research*, Praeger, 2018, p. 145~177

15. Kirkpatrick L. A., Shaver P. R., 《Attachment theory and religion : Childhood attachments, religious beliefs and conversions》, *Journal for the Scientific Study of Religion*, 1990, 29, p. 315~334

16. Cole T., Leets, L., 《Attachment styles and intimate television viewing: Insecurely forming relationships in a parasocial way》, *Journal of Social and Personal Relationships*, 1999, 16(4), p. 495~511

17. Mikulincer M., Shaver, p. R., Pereg, D., 《Attachment theory and affect regulation : The dynamics, development, and cognitive consequences of attachment-related strategies》, *Motivation and Emotion*, 2003, 27(2), p. 77~102

18. Davila J., Karney, B. R., Bradbury T. N., 《Attachment change processes in the early years of marriage.》, *Journal of Personality and Social Psychology*, 1999, 76(5), p. 783~802

19. Smyke A. T., Zeanah C. H., Fox N. A., Nelson C. A., Guthrie D., 《Placement in foster care enhances attachment among young children in institutions》, *Child Development*, 2010, 81, p. 212~223

20. IJzerman H., Coan J. A., Wagemans F. M. A., Missler M. A., Van Beest I., Lindenberg S., Tops M., 《A theory of social thermoregulation in human primates》, *Frontiers in Psychology*, 2015, 6, p. 464

21. Bystrova K., Matthiesen A., Vorontsov I., Widstroöm A., Ransjoö-Arvidson A., Uvnäs-Moberg K., 《Materna laxillar and breast temperature after giving birth : Effects of delivery ward practices and relation to infant temperature》, *Birth*, 2007, 34, p. 291~300

22. Winberg J., 《Mother and new born baby : Mutual regulation of physiology and behavior. A selective review》, *Devevelopmental Psychobiology*, 2005, 47, p. 217~229

23. Field T., 《Attachment as psychobiological attunement : Being on the same wavelength》, in M. Reite et T. Field(dir.), *Psychobiology of Attachment and Separation*(New York Academic Press, 1985)

24. Eisenberger N. I., Cole S. W., 《Social neuroscience and health : Neurophysiological mechanisms linkingsocial ties with physical health》, *Nature Neuroscience*, 2012, 15, p. 1~6

25. Coan J. A, Schaefer H. S., Davidson R. J., 《Lending a hand : Social regulation of the neural response to threat》, *Psychological Science*, 2006, 17, p. 1032~1039

26. Goldstein P., Weissman-Fogel I., Shamay-Tsoory S. G., 《The role of touch in regulating inter-partner physiological coupling during empathy for pain》, *Scientific Reports*, 2017, 7(1), p. 3252

27. Feldman R., Magori-Cohen R., Galili G., Singer M., Louzoun Y., 《Mother and infant coordinate heart rhythms through episodes of interaction synchrony》, *Infant Behavior and Development*, 2011, 34, p. 569~577

28. Fonagy P., Gergely, G., Jurist E. L., Target M., *Affect Regulation, Mentalization, and the Development of the Self*(Karnac, 2002)

29. Feldman R., 《Infant-mother and infant-father synchrony : The coregulation of positive arousal》, *Infant Mental Health Journal*, 2003, 24, p. 1~23

30. Gianino A., Tronick E. Z., 《The mutual regulation model : The infant's self and interactive regulation, coping, and defensive capacities》, in Field T., McCabe P. et Schneiderman N.(dir.), *Stress and Coping*(Erlbaum, 1988, p. 47~68)

31. Feldman R., Rosenthal Z., Eidelman A. I., 《Maternal-preterm skin-to-skin contact enhances child physiologic organization and cognitive control across the first 10 years of life》, Biol. *Psychiatry*, 2014, 75, p. 56~64

32. IJzerman H., Coan J. A., Wagemans F. M. A., Missler M. A., Van Beest I., Lindenberg

S., Tops, M., 《A theory of social thermoregulation in human primates》, *Frontiers in Psychology*, 2015, 6, p. 464

33. Feldman R., Greenbaum C. W., Yirmiya N., 《Mother-infant affect synchrony as an antecedent of the emergence of self-control》, *Developmental Psychology*, 1999, 35, p. 223~231

34. Feldman R., 《The relational basis of adolescent adjustment : Trajectories of mother-child relational patterns from infancy to adolescence shape adolescents' adaptation》, *Attachment and Human Development*, 2010, 12, p. 173~192

35. Feldman R., 《Synchrony and the neurobiological basis of social affiliation》, in M. Mikulincer et P. R. Shaver(dir.), *The Herzliya Series on Personality and Social Psychology. Mechanisms of Social Connection : From Brain to Group*, 2014, p. 145~166

36. Deci E. L., Ryan R. M., *Intrinsic Motivation and Self-Determination in Human Behavior* (Plenum Press, 1985)

37. Marzano R. J., Marzano J. S., Pickering D. J., *Classroom Management That Works*(ASCD, 2003)

38. Cornelius-White J., 《Learner-centered teacher-students relationships are effective a meta-analysis》, *Review of Educational Research*, 2007, 77, p. 113~143

39. Fortin L., Marcotte D., Royer E., Potvin P., 《Facteurs personnels, scolaires et familiaux différenciant les garçons en problèmes de comportement du secondaire qui ont décroché ou non de l'école》, *Nouveaux cahiers de la recherche en éducation*, 2005, 2(8), p. 79~88

40. Marzano R. J., Marzano J. S., 《The key to classroom management》, *Educational Leadership*, 2003, 61(1), p. 6~13

41. Stipek D., 《Relationships matter》, *Educational Leadership*, 2006, 64(1), p. 46~49

42. Jellab A., Marsollier C., *Bienveillance et bien-être à l'école. Plaidoyer pour une éducation humaine et exigeante*(Berger-Levrault, 2018)

43. Shankland R., *Développer les compétences psychosociales de la maternelle à l'université* (L'Harmattan, 2009)

44. Shankland R., 《Les Pédagogies nouvelles : aide à l'adaptation ou facteur de marginalisation?》, thèse de doctorat de psychologie et de psychopathologie, université Paris-VIII, 2007.

45. Shankland R., Genolini C., Riou França L., Guelfi J.-D., Ionescu S., 《Student adjustment to higher education : The role of alternative educational pathways in coping with the demands of student life》, *Higher Education*, 2010, 59, p. 353~366

46. Shankland R., Riou França, L., Genolini C., Guelfi J.-D., Ionescu S., 《Preliminary study on the role of alternative educational pathways in promoting the use of problem-focused coping strategies》, *European Journal of Psychology of Education*, 2009, 24, p. 499~512

47. Dorman J. P., 《Relationship between school and classroom environment and teacher burnout : A LISREL analysis》, *Social Psychology of Education*, 2003, 6(2), p. 107~127

48. Lavy S., Bocker S., 《A path to teacher happiness? A sense of meaning affects teacher-student relationships, which affect job satisfaction》, *Journal of Happiness Studies*, 2018, 19(5), p. 1485~1503

49. Diener E., Suh E. M., Lucas R. E., Smith H. L., 《Subjective wellbeing : Three decades of progress》, *Psychological Bulletin*, 1999, 125(2), p. 276~302. Myers D., 《The funds, friends and faith of happy people》, *American Psychologist*, 2000, 55, p. 56~67

50. Diener E., Seligman M. E., 《Very happy people》, *Psychological Science*, 2002, 13, p. 81~84

51. Sarason B. R., Sarason I. G., Pierce G. R., *Social Support : An Interactional View* (John Wiley and Sons, 1990)

52. Aspinwall L. G., Taylor S. E., 《Modeling cognitive adaptation: A longitudinal investigation of the impact of individual differences and coping on college adjustment and performance》, *Journal of Personality and Social Psychology*, 1992, 63, p. 989~1003

53. Carney M. A., Armeli S., Tennen H., Affleck G., O'Neil T. P., 《Positive and negative daily events, perceived stress, and alcohol use : A diary study》, *Journal of Consulting and Clinical Psychology*, 2000, 68, p. 788~798

54. Zellner D. A., Loaiza S., Gonzalez Z., Pita J., Morales J., Pecora D., Wolf A., 《Food selection changes under stress》, *Physiology and Behavior*, 2006, 87, p. 789~793

55. Resnik M. et al., 《Protection adolescent from harm : Findings from the National Longitudinal Study on Adolecent Health》, *Journal of the American Medical Association*, 1997, 218(10), p. 823~832

56. Birch S. H., Ladd G. W., 《The teacher-child relationship and children's early school

adjustment》, *Journal of School Psychology*, 1997, 35(1), p. 61~79

57. Hamre B. K., Pianta R. C., 《Early teacher-child relationships and the trajectory of children's school outcomes through eighth grade》, *Child Development*, 2001, 72, p. 625~638

58. Gralinski-Bakker J. H., Hauser S. T., Stott C., Billings R. L., Allen J. P., 《Markers of resilience and risk : Adult lives in a vulnerable population》, *Research in Human Development*, 2004, 1, p. 291~326

59. Teo A. R., Choi H., Valenstein M., 《Social relationships and depression : Ten-year follow-up from a nationally representative study》, *PLoS ONE*, 2013, 8, e62396

60. Ozbay F., Johnson D. C., Dimoulas E., Morgan C. A., Charney D., Southwick S., 《Social support and resilience to stress: From neurobiology to clinical practice》, *Psychiatry (Edgmont)*, 2007, 4(5), p. 35~40

61. Resick, P. A., *Stress and Trauma* (Psychology Press, 2001)

62. Southwick S. M., Vythilingam M., Charney D. S., 《The psychobiology of depression and resilience to stress : Implications for prevention and treatment》, *Annual Review of Clinical Psychology*, 2005, 1, p. 255~291

63. Berkman L. F., 《The role of social relations in health promotion》, *Psychosomatic Medicine, numéro spécial : Superhighways for Disease*, 1995, 57, p. 245~254

64. Cohen S., Doyle W. J., Skoner D. P., Rabin B. S., Gwaltney J. M. Jr, 《Social ties and susceptibility to the common cold》, *Journal of the American Medical Association*, 1997, 277, p. 1940~1944

65. Uchino B. N., 《Social support and health : A review of physiological processes potentially underlying links to disease outcomes》, *Journal of Behavioral Medicine*, 2006, 29(4), p. 377~387

66. Sbarra D. A., Hazan C., 《Coregulation, dysregulation, self-regulation : An integrative analysis and empirical agenda for understanding adult attachment, separation, loss and recovery》, *Personality and Social Psychology Review*, 2008, 12(2), p. 141~167

67. Butler E. A., Randall A. K., 《Emotional coregulation in close relationships》, *Emotion Review*, 2013, 5(2), p. 202~210

68. Uchino B. N., Cacioppo J. T., Kiecolt-Glaser J. K., 《The relationship between social

support and physiological processes : A review with emphasis on underlying mechanisms and implications for health》, *Psychological Bulletin*, 119(3), p. 488~531

69. Sapolsky R., *Why Zebras Don't Get Ulcers : A Guide to Stress, Stress-Related Diseases and Coping*(Holt., 2004, 3e éd.)

70. Vormbrock J. K., 《Attachment theory as applied to wartime and job-related marital separation》, *Psychological Bulletin*, 1993, 114(1), p. 122

71. Panksepp J., 《Feeling the pain of social loss》, *Science*, 2003, 302(5643), p. 237~239

72. Cacioppo J. T., Patrick W., *Loneliness : Human Nature and the Need for Social Connection* (Norton, 2008)

73. Cacioppo J. T., Ernst J. M., Burleson M. H., McClintock M. K., Malarkey W. B., Hawkley L. C., …, Berntson G. G., 《Lonely traits and concomitant physiological processes : The MacArthur social neuroscience studies》, *International Journal of Psychophysiology*, 2000, 35, p. 143~154

74. Baumeister R. F., Leary M. R., 《The need to belong : Desire for interpersonal attachments as a fundamental human motivation》, *Psychological Bulletin*, 1995, 117, p. 497

75. Layden E. A., Cacioppo J. T., Cacioppo S., Cappa S. F., Dodich A., Falini A., Canessa N., 《Perceived social isolation is associated with altered functional connectivity in neural networks associated with tonic alertness and executive control》, *NeuroImage*, 2017, 145, p. 58~73

76. Holwerda T. J., Deeg D. J., Beekman A. T., Van Tilburg T. G., Stek M. L., Jonker C., Schoevers R. A., 《Feelings of loneliness, but not social isolation, predict dementia onset : Results from the Amsterdam Study of the Elderly(AMSTEL)》, *J. Neurol. Neurosurg. Psychiatry*, 2014, 85(2), p. 135~142

77. Wilson R. S., Krueger K. R., Arnold S. E., Schneider J. A., Kelly J. F., Barnes L. L., Bennett D. A., 《Loneliness and risk of Alzheimer disease》, *Arch. Gen. Psychiatry*, 2007, 64(2), p. 234~240

78. Feeney B. C., Collins N. L., 《A theoretical perspective on the importance of social connections for thriving》, in M. Mikulincer et P. R. Shaver(dir.), *The Herzliya Series on Personality and Social Psychology. Mechanisms of Social Connection : From Brain to Group*(American Psychological Association, 2014, p. 291~314)

79. Blascovich J., 《Challenge and threat》, in Elliot A. J.(dir.), *Handbook of Approach and Avoidance Motivation* (Psychology Press, 2008, p. 431~445)

80. Wagner U., Galli L., Schott B. H., Wold A., Van der Schalk J., Manstead A. S. R. et al., 《Beautiful friendship : Social sharing of emotions improves subjective feelings and activates the neural reward circuitry》, *Social Cognitive and Affective Neuroscience*, 2015, 10, p. 801~808

81. Diener E., Biswas-Diener R., *Happiness : Unlocking the Mysteries of Psychological Wealth* (Wiley-Blackwell, 2008)

82. Ryff C. D., Singer B., 《The contours of positive human health》, *Psychological Inquiry*, 1998, 9, p. 1~28

83. Kane H. S., McCall C., Collins N. L., Blascovich J., 《Mere presence is not enough : Responsive support in a virtual world》, *Journal of Experimental Social Psychology*, 2012, 48(1), p. 37~44

84. Franklin C., Zhang A., Froerer A., Johnson S., 《Solution focused brief therapy : A systemic review and meta-summary of process research》, *Journal of Marital and Family Therapy*, 2017, 43, p. 16~30

85. Schnall S., Harber K. D., Stefanucci J. K., Proffitt D. R., 《Social support and the perception of geographical slant》, *Journal of Experimental Social Psychology*, 2008, 44(5), p. 1246~1255

86. Mikulincer M., Shaver P. R., *Mechanisms of Social Connection : From Brain to Group* (American Psychological Association, 2014)

87. Beckes L., Coan J. A., 《Social baseline theory : The role of social proximity in emotion and economy of action》, *Soc. Pers. Psychol. Compass*, 2011, 5, p. 976~988

88. Herrmann E., Call J., Hernández-Lloreda M., Har B., Tomasell M., 《Humans have evolved specialized skills of social cognition : The cultural intelligence hypothesis》, *Science*, 2007, 317, p. 1360~1366

89. Gailliot M. T., Baumeister R. F., 《The physiology of willpower : Linking blood glucose to self-control.》, *Personality and Social Psychology Review*, 2007, 11, p. 303~327

90. Beckes L., Coan J. A., 《Social baseline theory : The role of social proximity in emotion and economy of action》, *Social and Personality Psychology Compass*, 2011, 5, p. 976~988

91. Murray S. L., Holmes J. G., 《The architecture of interdependent minds : A motivation-management theory of mutual responsiveness》, *Psychological Review*, 2009, 116, p. 908~928

92. Gottman J., *Trust*(Norton, 2011)

2부 | 관계의 균형을 찾아서

1. Solomon M., *Lean on Me : The Power of Positive Dependency in Intimate Relationships* (Kensington Books, 1996)

2. Van Ryzin M., Kumpfer K. L., Fasco G., Greenberg M.(dir.), *Family-Based Prevention Programs for Children and Adolescents : Theory, Research, and Large-Scale Dissemination*(Psychology Press, 2015)

3. Mikulincer M., Shaver P. R., *Mechanisms of Social Connection : From Brain to Group* (American Psychological Association, 2014)

4. Cacioppo J. T., Patrick W., *Loneliness : Human Nature and the Need for Social Connection* (Norton, 2008)

5. MacDonald G., Leary M. R., 《Why does social exclusion hurt? The relationship between social and physical pain》, *Psychological Bulletin*, 2005, 131, p. 202~223

6. Gonçalves-Donate A. P., Marques L. M., Lapenta O. M. et al., 《Ostracism via virtual chat room – Effects on basic needs, anger and pain》, *PLoS ONE*, 2017, 12(9), e184215. Zadro L., Williams K. D., Richardson R., 《How low can you go? Ostracism by a computer is sufficient to lower self-reported levels of belonging, control, self-esteem, and meaningful existence》, *Journal of Experimental Social Psychology*, 2004, 40, p. 560~567

7. Twenge J. M., Baumeister R. F., Tice D. M., Stucke T. S., 《If you can't join them, beat them : Effects of social exclusion on aggressive behavior》, *Journal of Personality and Social Psychology*, 2001, 81(6), p. 1058~1069

8. Twenge J. M., Ciarocco N. J., Baumeister R. F., DeWall C. N., Bartels J. M., 《Social exclusion decreases prosocial behavior》, *Journal of Personality and Social Psychology*, 2007, 92(1), p. 56~66

9. Ibid.

10. Baumeister R. F., Twenge J. M., Nuss, C., 《Effects of social exclusion on cognitive processes : Anticipated aloneness reduces intelligent thought》, *Journal of Personality and Social Psychology*, 2002, 83, p. 817~827

11. Hawkley L. C., Cacioppo J. T., 《Loneliness matters : A theoretical and empirical review of consequences and mechanisms》, *Annals of Behavioral Medicine*, 2010, 40, p. 218~227

12. Baumeister R. F., DeWall, C. N., Ciarocco N. J., Twenge J. M., 《Social exclusion impairs self-regulation》, *Journal of Personality and Social Psychology*, 2005, 88(4), p. 589~604

13. Hawkley L. C., Cacioppo J. T., 《Aging and loneliness : Downhill quickly?》, *Current Directions in Psychological Science*, 2007, 16(4), p. 187~191

14. Cacioppo J. T., Ernst J. M., Burleson M. H., McClintock M. K., Malarkey W. B., Hawkley L. C., (···), Berntson, G. G., 《Lonely traits and concomitant physiological processes : The MacArthur social neuroscience studies》, *International Journal of Psychophysiology*, 2000, 35, p. 143~154

15. Brown K. W., Goodman R. J., Inzlicht M., 《Dispositional mindfulness and the attenuation of neural responses to emotional stimuli》, *Soc. Cogn. Affect. Neurosci.*, 2013, 8, p. 93~99

16. Brown K. W., Ryan R. M., 《The benefits of being present : Mindfulness and its role in psychological well-being》, *Journal of Personality and Social Psychology*, 2003, 84(4), p. 822~848

17. Heider F., Simmel M., 《An experimental study of apparent behavior》, *American Journal of Psychology*, 1944, p. 243~259

18. Hayes S. C., Strosahl K. D., Wilson K. G., *Acceptance and Commitment Therapy : The Process and Practice of Mindful Change*(Guilford Press, 2012, 2e éd.)

19. Rusbult C. E., Finkel E. J., Kumashiro M., 《The Michelangelo phenomenon》, *Current Directions in Psychological Science*, 2009, 18(6), p. 305~309

20. Cheadle J. E., Walsemann K. M., Goosby B. J., 《Teen alcohol use and social networks : The contributions of friend influence and friendship selection》, *Journal of Alcoholism and Drug Dependence*, 2015, 3(5), p. 224

21. Levine M. P., Smolak L., Hayden H., 《The relation of sociocultural factors to eating

attitudes and behaviors among middle school girls》, *The Journal of Early Adolescence*, 1994, 14, p. 471~490

22. Violon M., Wendland J., 《Être référent d'un jeune enfant en crèche collective : une pratique à (re)conceptualiser?》 *Devenir*, 2018, 30, p. 377~398

23. Virat M., 《Dimension affective de la relation enseignant - élève. Effet sur l'adaptation psychosociale des adolescents (motivations, empathie, adaptation scolaire et violence) et rôle déterminant de l'amour compassionnel des enseignants》, thèse de doctorat en sciences de l'éducation, université Paul-Valéry-Montpellier-III, 2014, p.10, https://tel.archives-ouvertes.fr.

24. Ebbeck M. et al., 《A research study on secure attachment using the primary caregiving approach》, *Early Childhood Education Journal*, 2015, 43, p. 233~240.

25. Hrimech M., Théorêt, M., 《L'abandon scolaire au secondaire : une comparaison entre les élèves montréalais nés au Canada et ceux nés à l'étranger》, *Revue canadienne de l'education*, 1997, 22(3), p. 268~282

26. Gaberan P., *La Relation éducative*(Érès, 2003)

27. Érasme, *De Pueris. De l'éducation des enfants*[1528](Klincksieck, 1990, p. 76)

28. Bornstein R. F., Languirand M. A., *Healthy Dependency*(Newmarket Press, 2003)

29. Solomon M., *Lean on Me : The Power of Positive Dependency in Intimate Relationships* (Kensington Books, 1996)

30. Oakley B. K., A. Madhavan G., Wilson D. S., *Pathological Altruism*(Oxford University Press, 2012)

31. Dear G. E., Roberts C. M., 《The Holyoake codependency index : Investigation of the factor structure and psychometric properties》, *Psychological Reports*, 2000, 87, p. 991~1002

32. Solomon M., *Lean on Me : The Power of Positive Dependency in Intimate Relationships* (Kensington Books, 1996)

33. Ibid.

34. Kassel J. D., Wardle M., Roberts J. E., 《Adult attachment security and college student substance use》, *Addictive Behaviors*, 2007, 32, p. 1164~1176

35. Bornstein R. F., 《An interactionist perspective on interpersonal dependency》, *Current*

Directions in Psychological Science, 2011, 20, p. 124~128

36. Bornstein R. F., 《Self-schema priming and desire for test performance feedback : Further evaluation of a cognitive/interactionist model of interpersonal dependency》, *Self and Identity*, 2007, 5, p. 110~126

37. Bornstein R. F., 《The complex relationship between dependency and domestic violence : Converging psychological factors and social forces》, *American Psychologist*, 2006, 61, p. 595~606

38. Bornstein R. F., Riggs J. M., Hill E. L., Calabrese C., 《Activity, passivity, self-denigration, and self-promotion : Toward an interactionist model of interpersonal dependency》, *Journal of Personality*, 1996, 64, p. 637~673

39. Porcerelli J. H., Bornstein R. F., Huprich S. K., Markova T., 《Physical health correlates of pathological and healthy dependency in urban women》, *Journal of Nervous and Mental Disease*, 2009, 197, p. 761~765

40. Simon W., 《Follow-up psychotherapy outcome of patients with dependent, avoidant, and obsessive-compulsive personality disorders : A meta-analytic review》, *International Journal of Psychiatry in Clinical Practice*, 2009, 13, p. 153~165

41. Konner M., *The Evolution of Childhood : Relationships, Emotion, Mind*(Harvard University Press, 2010)

42. Bögels S., Restifo K., *Mindful Parenting : A Guide for Mental Health Practitioners* (Springer, 2014)

43. Roskam I., Mikolajczak M., *Le Burn-Out parental*(DeBoeck, 2018)

44. Clark M. S., Grote N. K., 《Why aren't indices of relationship costs always negatively related to indices of relationship quality?》, *Personality and Social Psychology Review*, 1998, 2, p. 2~17

45. Impett E., Gable S., Peplau A., 《Giving up and giving in : the cost and benefits of daily sacrifice in intimate relationships》, *Journal of Personality and Social Psychology*, 2005, 89, p. 327~344

46. https://odenore.msh-alpes.fr/.

47. Singer P., *L'Altruisme efficace*(Les Arènes, 2018) 마티외 리카르Matthieu Ricard의 서문에서 차용.

48. Levine R. V., Norenzayan A., Philbrick K., 《Cross-cultural differences in helping strangers》, *Journal of Cross-Cultural Psychology*, 2001, 32, p. 543~560

49. Wheeler J. A., Gorey K. M., Greenblatt B., 《The beneficial effects of volunteering for older volunteers and the people they serve : A meta-analysis》, *International Journal of Aging and Human Development*, 1998, 47, p. 69~79

50. Inagaki T. K., Eisenberger N. I., 《Neural correlates of giving support to a loved one》, *Psychosomatic Medicine*, 2012, 74, p. 3~7

51. Luks A., Payne P., *The Healing Power of Doing Good*(iUniverse, 1991)

52. Dunn E. W., Aknin L., Norton M. I., 《Spending money on others promotes happiness》, *Science*, 2008, 319, p. 1687~1688

53. Brown S. L., Nesse R. M., Vinokur A. D., Smith, D. M., 《Providing social support may be more important than receiving it : results from a prospective study of mortality》, *Psychological Science*, 2003, 14, p. 320~327

54. Wilson D. S., Csikszentmihalyi M., 《Health and the ecology of altruism》, in S. G. Post(dir.), *Altruism and Health : Perspectives from Empirical Research*(Oxford University Press, 2007, p. 314~331)

55. Wink P., Dillon, M., 《Do generative adolescents become healthy older adults?》, in S. G. Post(dir.), *Altruism and Health : Perspectives from Empirical Research*(Oxford University Press, 2007, p. 43~55)

56. Hunter K. I., Linn M. W., 《Psychosocial differences between elderly volunteers and non-volunteers》, *International Journal of Aging and Human Development*, 12, p. 205~213

57. 다음 연구 참조. Kim B., Jee S., Lee J., An S., Lee S. M., 《Relationships between social support and student burnout : A meta-analytic approach》, *Stress and Health*, 2018, 34(1), p. 127~134

58. 이처럼 같은 문제를 안고 있는 사람들이 서로의 감정과 경험을 공유하고 해결을 지지하는 모임을 '자조 모임'이라고 한다.

59. Pagano M. E., Friend K. B., Tonigan J. S., Stout R. L., 《Helping other alcoholics in alcoholics anonymous and drinking outcomes : Findings from Project MATCH》, *Journal of Studies on Alcohol*, 2004, 65(6), p. 766~773

60. Festinger L., *A Theory of Cognitive Dissonance*(Stanford University Press, 1957)

61. Post S. G., 《Altruism, happiness, and health : It's good to be good》, *International Journal of Behavioral Medicine*, 2005, 12, p. 66~77

62. Hugues M., 《Affect, meaning and quality of life》, *Social Forces*, 2006, 85, p. 611~629

63. Weinstein N., Ryan R. M., 《When helping helps : Autonomous motivation for prosocial behavior and its influence on well-being for the helper and recipient》, *Journal of Personality and Social Psychology*, 2010, 98, p. 222~244

64. Newman S., Vasudev J., Onawola R., 《Older volunteers' perceptions of impacts of volunteering on their psychological well-being》 *Journal of Applied Gerontology*, 1986, 4, p. 123~134

65. Schwartz C. E., Meisenhelder J. B., Yusheng, A., Reed G., 《Altruistic social interest behaviors are associated with better mental health》, *Psychosomatic Medicine*, 2003, 65, p. 778~785

66. Lachman M. E., Weaver S. L., 《The sense of control as a moderator of social class differences in health and well-being》, *Journal of Personality and Social Psychology*, 1998, 74(3), p. 763~773

67. Rietschlin J., 《Voluntary association membership and psychological distress》, *Journal of Health and Social Behavior*, 1998, 39, p. 348~355

68. Young F. W., Glasgow N., 《Voluntary social participation and health》, *Research on Aging*, 1998, 20, p. 339~362

69. Oman D., Thoresen C. E., McMahon K., 《Volunteerism and mortality among the community-dwelling elderly》, *Journal of Health Psychology*, 1999, 4, p. 301~316

70. Wheeler J. A., Gorey K. M., Greenblatt B., 《The beneficial effects of volunteering for older volunteers and the people they serve : A meta-analysis》, *International Journal of Aging and Human Development*, 1998, 47, p. 67~79

71. Kiecolt-Glaser J. K., Preacher K. J., MacCallum R. C., Malarkey W. B., Glaser R., 《Chronic stress and age-related increases in the proinflammatory cytokine interleukin-6》, *Proceedings of the National Academy of Sciences*, 2003, 100, p. 9090~9095.

72. Post S. G., 《Altruism, happiness, and health : It's good to be good》, *International Journal of Behavioral Medicine*, 2005, 12, p. 66~77

73. Ehrenberg A., *La Fatigue d'être soi. Dépression et société* (Odile Jacob, 1998)

74. Mikolajczak M., Roskam I., *Le Burn-Out parental*, op. cit.

75. Ibid., p. 170

76. Mosek-Eilon V., Hirschberger G., Kanat-Maymon Y., Feldman R., 《Infant reminders alter sympathetic reactivity and reduce couple hostility at the transition to parenthood》, *Developmental Psychology*, 2013, 49(7), p. 1385~1395

77. Bastian B., *The Other Side of Happiness : Embracing a More Fearless Approach to Living*(Penguin Books, 2018)

78. Baker J. D., Capron E. W., Azorlosa J., 《Family environment characteristics of persons with histrionic and dependent personality disorders》, *Journal of Personality Disorders*, 1996, 10, p. 82~87

79. Lieb R., Wittchen H.-U., Höfler M., Fuetsch M., Stein M. B., Merikangas K. R., 《Parental psychopathology, parenting styles, and the risk of social phobia in offspring : A prospective-longitudinal community study》, *Archives of General Psychiatry*, 2000, 57(9), p. 859~866

80. Brummelman E., Terburg D., Smit M., Bögels S. M., Bos P. A., 《Parental touch reduces social vigilance in children》, *Developmental Cognitive Neuroscience*, 2019, 35, p. 87~93

81. Bastian B., *The Other Side of Happiness : Embracing a More Fearless Approach to Living*(Penguin Books, 2018)

82. Dawans B. von, Fischbacher U., Kirschbaum C., Fehr, E., Heinrichs M., 《The social dimension of stress reactivity acute stress increases prosocial behavior in humans》, *Psychological Science*, 2012, 23, p. 651~660

83. Bastian B., Jetten J., Ferris L. J., 《Pain as social glue shared pain increases cooperation》, *Psychological Science*, 2014, 25, p. 2079~2085

84. Lindström C., Åman J., Lindahl Norberg A., 《Increased prevalence of burnout symptoms in parents of chronically ill children》, *Acta Paediatrica, International Journal of Paediatrics*, 2010, 99, p. 427~432

85. Neff, K., *S'aimer. Comment se réconcilier avec soi-même?*(Belfond, 2013)

86. Neff K. D., 《Self-compassion : An alternative conceptualization of a healthy attitude toward oneself》, *Self and Identity*, 2003, 2(2), p. 85~101

87. Neff K. D., Beretvas, S. N., 《The role of self-compassion in romantic relationships》, *Self*

and Identity, 2013, 12(1), p. 78~98

88. Yarnell L. M., Neff K. D., 《Self-compassion, interpersonal conflict resolutions, and well-being》, *Self and Identity*, 2013, 12, p. 146~159

89. Kumashiro M., Rusbul C. E., Finkel E. J., 《Navigating personal and relational concerns : The quest for equilibrium》, *Journal of Personality and Social Psychology*, 2008, 95, p. 94~110

90. Van Lange, 《Willingness to sacrifice in close relationships》, *Journal of Personnality and Social Psychology*, 1997, 72, p. 1373~1395

91. Murray S. L., Aloni M., Holmes J. G., Derrick J. L., Stinson D. A., Leder S., 《Fostering partner dependence as trust insurance : The implicit contingencies of the exchange script in close relationships》, *Journal of Personality and Social Psychology*, 2009, 96, p. 324~348

92. Drigotas S. M., Rusbult C. E., Verette J., 《Level of commitment, mutuality of commitment, and couple wellbeing》, *Personal Relationships*, 1999, 6, p. 389~409

93. Murray S. L., Holmes, J. G., Griffin D., 《The benefits of positive illusions : Idealization and the construction of satisfaction in close relationships》, *Journal of Personality and Social Psychology*, 1996, 70, p. 79~98. Rusbult C. E., Van Lange P. A. M., Wildschut T., Yovetich N. A., Verette J., 《Perceived superiority in close relationships : Why it exists and persists》, *Journal of Personality and Social Psychology*, 2000, 79, p. 521~545

94. Miller P. J. E., Niehuis S., Huston T. L., 《Positive illusions in marital relationships》, *Personality and Social Psychology Bulletin*, 2006, 32, p. 1579~1594

95. Murray S. L., Holmes J. G., Dolderman D., Griffin D. W., 《What the motivated mind sees : Comparing friends' perspectives to married partners views of each other》, *Journal of Experimental Social Psychology*, 2000, 36, p. 600~620. Neff L. A., Karney B. R., 《Judgments of a relationship partner : Specific accuracy but global enhancement.》, *Journal of Personality*, 2002, 70, p. 1079~1112

96. Thomas G., Fletcher G. O., Lange C., 《On-line empathic accuracy in marital interaction》, *Journal of Personality and Social Psychology*, 1997, 72, p. 839~850

97. Murray S. L., Holmes J. G., 《A leap of faith? Positive illusions in romantic relationships》, *Personality and Social Psychology Bulletin*, 1997, 23, p. 586~604

98. Murray S. L., Holmes J. G., Griffin D. W., 《The self-fulfilling nature of positive illusions

in romantic relationships : Love is not blind, but prescient》, *Journal of Personality and Social Psychology*, 1997, 71, p. 1155~1180

99. Murray S. L., Holmes J. G., Aloni M., Pinkus R. T., Derrick J. L., Leder S., 《Commitment insurance : Compensating for the autonomy costs of interdependence in close relationships》, *Journal of Personality and Social Psychology*, 2009, 97, p. 256~278

100. Erol R. Y., Orth U., 《Self-esteem and the quality of romantic relationships》, *European Psychologist*, 2009, 21(4), p. 274~283

101. Murray S. L., Holmes J. G., Griffin D. W., 《Self-esteem and the quest for felt security : How perceived regard regulates attachment processes》, *Journal of Personality and Social Psychology*, 2000, 78, p. 478~498

102. Marigold D., Holmes J., Ross M., 《More than words : Reframing compliments from romantic partners fosters security in low self-esteem individuals》, *Journal of Personality and Social Psychology*, 2007, 92(2), p. 232~248

103. Marigold D. C., Holmes J. G., Ross M., 《Fostering relationship resilience : An intervention for low self-esteem individuals》, *Journal of Experimental Social Psychology*, 2010, 46, p. 624~630

104. Kelley H. H., *Personal Relationships : Their Structures and Processes*(Erlbaum, 1979)

105. Clark M. S., Grote N., 《Why don't relationship costs always predict lower relationship satisfaction?》, *Review of Personality and Social Psychology*, 1998, 2, p. 2~17

106. Feeney B. C., 《The dependency paradox in close relationships : Accepting dependence promotes independence》, *Journal of Personality and Social Psychology*, 2007, 92(2), p. 268~285

107. Tomlinson J. M., Aron A., Carmichael C. L., Reis H. T., Holmes J. G., 《The costs of being put on a pedestal : Effects of feeling over-idealized in married and dating relationships》, *Journal of Social and Personal Relationships*, 2014, 31(3), p. 384~389

108. 이 연구들을 잘 종합한 책으로는 Vallerand R., *The Psychology of Passion*(Oxford University Press, 2015)이 있다.

109. Pileggi Pawelski S., Pawelski J. O., *Happy Together*(Tarcher Perigee, 2018)

110. 이 대목은 열정의 이원론 모델을 제시한 로버트 밸러랜드가 계발한 설문조사에서 영감을 받았다. Carbonneau N., Vallerand R. J., 《On the role of harmonious and obsessive

passion in conflict behavior》, *Motivation and Emotion*, 2013, 37, p. 743~757

111. Vallerand R., *The Psychology of Passion*(Oxford University Press, 2015)

112. Meunier V., Baker, W., 《Positive couple relationships : The evidence for long lasting relationship satisfaction and happiness》, in Roffey S.(dir.), *Positive Relationships : Evidence-Based Practice Across the World*(Springer, 2012, p. 73~89)

113. Gottman J. M., Krokoff L. J., 《Marital interaction and satisfaction : A longitudinal view》, *Journal of Consulting and Clinical Psychology*, 1989, 57(1), p. 47~52

114. Gottman J., *The Marriage Clinic : A Scientifically Based Marital Therapy*(Norton, 1999)

115. Gottman J. M., Notarius C. I., 《Decade review : Observing marital interaction》, *Journal of Marriage and the Family*, 2000, 62(4), p. 927~947

116. Gottman J. M., Coan J., Carrere S., Swanson C., 《Predicting marital happiness and stability from newlywed interactions》, *Journal of Marriage and the Family*, 1998, 60(1), p. 5~22

117. Baumeister R., Leary M. R., 《The need to belong : Desire for interpersonal attachments as a fundamental human motivation》, *Psychological Bulletin*, 1995, 117, p. 497~529

3부 | 긍정적인 상호의존의 토대

1. Forsell L. M., Åström J. A., 《Meanings of hugging : From greeting behavior to touching implications》, *Comprehensive Psychology*, 2012, 1, p. 13

2. Carstensen L. L., Fremouw W. J., 《The influence of anxiety and mental status on social isolation among the elderly in nursing homes》, *Behavioral Residential Treatment*, 1988, 3, p. 63~80

3. Morgan D. L., 《Adjusting to widowhood : Do social networks really make it easier?》, *The Gerontologist*, 1989, 29, p. 101~107. Talbott, M. M., 《The negative side of the relationship between older widows and their adult children : The mothers' perspective》, *Gerontologist*, 1990, 30, p. 595~603

4. Ha J.-H., Ingersoll-Dayton B., 《Moderators in the relationship between social contact and psychological distress among widowed adults》, *Aging and Mental Health*, 2011,

15(3), p. 354~363

5. Ibid.

6. 1998년 발표된 맥아서 재단의 노인 연구 참조.

7. Murray S. L., Holmes J. G., *Interdependent Minds : The Dynamics of Close Relationships*(The Guilford Press, 2011)

8. Gigerenzer G., *Le Génie de l'intuition*(Belfond, 2009)

9. Henrich J., Boyd, R., Bowles S., Camerer C., Fehr E., Gintis H., McElreath R., 《In search of Homo economicus : Behavioral experiments in 15 small-scale societies》, *American Economic Review*, 2001, 91(2), p. 73~78

10. Szabo A., Hopkinson K. L., 《Negative psychological effects of watching the news in the television : Relaxation or another intervention may be needed to buffer them!》, *International Journal of Behavioral Medicine*, 2007, 14(2), p. 57~62

11. Algan Y., Cahuc P., *La Société de défiance. Comment le modèle social s'autodétruit*(Éditions de la Rue d'Ulm, 2007)

12. Hrdy S., *Mothers and Others*(Harvard University Press, 2009)

13. Ijzendoorn M. H., Goldberg S., Kroonenberg P. M., Frenkel O. J., 《The relative effects of maternal and child problems on the quality of attachment : A meta-analysis of attachment in clinical samples》, *Child Development*, 1992, 63, p. 840~858

14. Belsky J., 《Interactional and contextual determinants of attachment security》, in J. Cassidy et P. R. Shaver(dir.), *Handbook of Attachment : Theory, Research, and Clinical Applications*(Guilford Press, 1999, p. 249~264)

15. Holmes J. G., Murray S. L., Derrick J. L., Harris B., Pinkus R. T., Griffin D. W., 《Cautious to a fault : Self-protection and the trajectory of marital satisfaction》, *Journal of Experimental Social Psychology*, 2014, 49, p. 522~533

16. Dovidio J. F., Piliavin J. A., Schroeder D. A., Penner L. A., *The Social Psychology of Prosocial Behavior*(Lawrence Erlbaum, 2006)

17. Dondi M., Simion F., Caltran G., 《Can newborns discriminate between their own cry and the cry of another newborn infant?》, *Developmental Psychology*, 1999, 35, p. 418~426

18. Cohn J. F., Campbell S. B., Matias R., Hopkins J., 《Face-to-face interactions of postpartum depressed mother-infant pairs at 2 months》, *Developmental Psychology*,

1990, 26, p. 15~23

19. Warneken F., Tomasello M., 《Altruistic helping in human infants and young chimpanzees》, *Science*, 2006, 311, p. 1301~1303. Warneken F., Tomasello M., 《Helping and cooperation at 14 months of age》, *Infancy*, 2007, 11, p. 271~294

20. Aknin L. B., Hamlin J. K., Dunn E. W., 《Giving leads to happiness in young children》, *PLoS ONE*, 2012, 7, e39211

21. Siegel D., *The Neurobiology of We*(Sounds True, 2008)

22. Wiltermuth S. S., Heat C., 《Synchrony and cooperation》, *Psychological Science*, 2009, 20, p. 1~5

23. Valdesolo P., DeSteno D., 《Synchrony and the social tuning of compassion》, *Emotion*, 2011, 11(2), p. 262~266

24. Morelli S. A., Lieberman M. D., Zaki J., 《The emerging study of positive empathy》, *Social and Personality Psychology Compass*, 2015, 9(2), p. 57~68

25. Gable S. L., Reis H. T., Impett E. A., Asher E. R., 《What do you do when things go right ? The intrapersonal and interpersonal benefits of sharing positive events》, *Journal of Personality and Social Psychology*, 2004, 87, p. 228~245. Gable S. L., Gonzaga G., Strachman A., 《Will you be there for me when things go right? Social support for positive events》, *Journal of Personality and Social Psychology*, 2006, 91, p. 904~917

26. Taylor R. D., Oberle E., Durlak D., Weissberg R. P., 《Promoting positive youth development through school-based social and emotional learning interventions : A meta-analysis of follow-up effects》, *Child Development*, 2017, 88, p. 1156~1171

27. Mikolajczak M., Quoidbach J., Kotsou I., Nelis D., *Les Compétences émotionnelles* (Dunod, 2009)

28. Hayes S. C., Wilson K. G., Gifford E. V., Follette V. M., Strosahl K., 《Experimental avoidance and behavioral disorders : A functional dimensional approach to diagnosis and treatment》, *Journal of Consulting and Clinical Psychology*, 1996, 64(6), p. 1152~1168

29. Gottman J., DeClair J., *Raising an Emotionally Intelligent Child*(Simon and Schuster, 1999)

30. Gottman J., Katz L., Hooven C., *Meta-Emotion : How Families Communicate Emotionally* (Lawrence Erlbaum Associates, 1997)

31. Shankland R., *La Psychologie positive*(Dunod, 2019, 3e éd.)

32. Thoits P. A., Hewitt L. N., 《Volunteer work and well-being》, *Journal of Health and Social Behavior*, 2001, 42, p. 115~131

33. Baron R., 《The sweet smell of helping : Effects of pleasant ambient fragrance on prosocial behavior in shopping mall》, *Personality and Social Psychology Bulletin*, 1997, 23, p. 498~503

34. Isen A. M., Levin P. F., 《Effect of feeling good on helping : Cookies and kindness》, *Journal of Personality and Social Psychology*, 1972, 21, p. 384~388

35. Forgas J. P., Dunn E. W., Granland S., 《Are you being served…? An unobtrusive experiment of affective influences on helping in a department store》, *European Journal of Social Psychology*, 2008, 38, p. 333~342

36. Kleinke C., 《Compliance to requests made by gazing and touching experimenters in field settings》, *Journal of Experimental Social Psychology*, 1977, 13, p. 218~223

37. Rosenhan D. L., Salovey P., Hargis K., 《The joys of helping : Focus of attention mediates the impact of positive affect on altruism》, *Journal of Personality and Social Psychology*, 1981, 40, p. 899~905

38. Rosenhan D. L., Underwood B., Moore B. S., 《Affect moderates self-gratification and altruism》, *Journal of Personality and Social Psychology*, 1974, 30, p. 552

39. Levin P. F., Isen, A. M., 《Further studies of the effect of feeling good and helping》, *Sociometry*, 1975, 38, p. 141~147

40. North A. C., Tarrant M., Hargreaves D. J., 《The effects of music on helping behavior : A field study》, *Environment and Behavior*, 2004, 36, p. 266~275

41. Myers D. G., *Social Psychology*(Mcgraw-Hill Book Company, 1993, 4e éd)에서 보고된 연구 참조.

42. Shankland R., 《Bien-être subjectif et comportements altruistes : les individus heureux sont-ils plus généreux?》, *Cahiers internationaux de psychologie sociale*, 2012, 93, p. 77~88

43. Thoits P. A., Hewitt L. N., 《Volunteer work and well-being》, *Journal of Health and Social Behavior*, 2001, 42, p. 115~131

44. Cacioppo J. T., Gardner W. L., Berntson G. G., 《The affect system has parallel and

integrative processing components: Form follows function》, *Journal of Personality and Social Psychology*, 1999, 76, p. 839~855. Whelan D. C., Zelenski J. M., 《Experimental evidence that positive moods cause sociability》, *Social Psychological and Personality Science*, 2012, 3(4), p. 430~437. Burger J. M., Caldwell D. F., 《Personality, social activities, job-search behavior and inter-view success : Distinguishing between PANAS trait positive affect and NEO extraversion》, *Motivation and Emotion*, 2000, 24, p. 51~62

45. Berry D. S., Hansen J. S., 《Positive affect, negative affect, and social interaction》, *Journal of Personality and Social Psychology*, 1996, 71(4), p. 796~809

46. Algoe S. B., 《Find, remind, and bind : The functions of gratitude in everyday relationships》, *Social and Personality Psychology Compass*, 2012, 6, p. 455~469

47. Watkins P. C., Scheer J., Ovnicek M., Kolts R., 《The debt of gratitude : Dissociating gratitude and indebtedness》, *Cognition and Emotion*, 2006, 20, p. 217~241

48. Barsade S. G., 《The ripple effect : Emotional contagion and its influence on group behavior》, *Administrative Science Quarterly*, 2002, 47, p. 644~675

49. Fowler J. H., Christakis N. A., 《Dynamic spread of happiness in a large social network : Longitudinal analysis over 20 years in the Framingham Heart Study》, *British Medical Journal*, 2008, 337, a2338

50. Gable S. L., Reis H. T., Impett E. A., Asher E. R., 《What do you do when things go right? The intrapersonal and interpersonal benefits of sharing positive events》, *Journal of Personality and Social Psychology*, 2004, 87, p. 228~245

51. Buehlman K. T., Gottma J. M., Katz L. F., 《How a couple views their past predicts their future : Predicting divorce from an oral history interview》, *Journal of Family Psychology*, 1992, 5(3-4), p. 295~318

52. Veroff J., Douvan E., Hatchett S., *Marital Instability*(Praeger, 1995)

53. Ma L. K., Tunney R. J., Ferguson E., 《Does gratitude enhance prosociality? A meta-analytic review》, *Psychological Bulletin*, 2017, 143(6), p. 601~635

54. Shankland R., *Les Pouvoirs de la gratitude*(Odile Jacob, 2016)

55. Baumeister R. F., Bratslavsky E., Finkenauer C., Vohs K. D., 《Bad is stronger than good》, *Review of General Psychology*, 2001, 5, p. 323~370

56. Feldner M. T., Zvolensky M. J., Eifert G. H., Spira A. P., 《Emotional avoidance : An

experimental test of individual differences and response suppression using biological challenge》, *Behaviour Research and Therapy*, 2003, 41(4), p. 403~411 참조.

57. Tooby J., Cosmides L., 《The past explains the present : Emotional adaptations and the structure of ancestral environments》, *Ethology and Sociobiology*, 1990, 11, p. 375~424

58. Levenson R. W., 《Human emotions : A functional view》, in P. Ekman et R. Davidson (dir.), *The Nature of Emotion : Fundamental Questions*(Oxford University Press, 1994, p. 123~126)

59. Frijda N. H., Kuipers P., Schure E., 《Relations among emotion, appraisal, and emotional action readiness》, *Journal of Personality and Social Psychology*, 1989, 57, p. 212~228

60. Peterson C., Seligman M. E. P., 《Causal explanations as a risk factor for depression : Theory and evidence》, *Psychological Review*, 1984, 91, p. 347~314

61. Fredrickson B. L., 《What good are positive emotions?》, *Review of General Psychology*, 1998, 2, p. 300~319

62. Fredrickson B. L., 《The role of positive emotions in positive psychology: The broaden-and-build theory of positive emotions》, *The American Psychologist*, 2001, 56(3), p. 218~226

63. Aspinwall L. G., 《Dealing with adversity : Self-regulation, coping, adaptation, and health》, in A. Tesser et N., Schwarz(dir.), *The Blackwell Handbook of Social Psychology*, vol. 1 : *Intrapersonal Processes*(Blackwell, 2001, p. 159~614)

64. Izard C. E., *Human Emotions*(Plenum, 1977)

65. Csikszentmihalyi M., *Flow : The Psychology of Optimal Experience*(Harper Perennial, 1990)

66. Isen A. M., Daubman K. A., Nowicki G. P., 《Positive affect facilitates creative problem solving》, *Journal of Personality and Social Psychology*, 1987, 52, p. 1122~1131

67. Fredrickson B. L., Branigan C., 《Positive emotions broaden the scope of attention and thought-action repertoires》, *Cognition and Emotion*, 2005, 19(3), p. 313~332

68. Fredrickson B. L., Joiner T., 《Positive emotions trigger upper spirals toward emotional well-being》, *Psychological Science*, 2002, 13, p. 172~175

69. Shankland R., *La Psychologie positive*(Dunod, 2014) Shankland R., *Les Pouvoirs de la gratitude*(Odile Jacob, 2016)

70. André C., *Méditer jour après jour*(L'Iconoclaste, 2011)

71. Peillod-Book L., Shankland R., *Manager en pleine conscience*(Dunod, 2016)

72. Jordan M. R., Jordan J. J., Rand D. G., 《No unique effect of intergroup competition on cooperation : Non competitive thresholds are as effective as competitions between groups for increasing human cooperative behavior》, *Evolution and Human Behavior*, 2017, 38(1), p. 102~108

73. Deutsch M., 《A theory of cooperation and competition》, *Human Relations*, 1949, 2, p. 129~152

74. Johnson D. W., Johnson R., *Cooperation and Competition : Theory and Research* (Interaction Book Company, 1989) Johnson D. W., Johnson R., *Learning Together and Alone : Cooperative, Competitive, and Individualistic Learning*(Allyn & Bacon, 1999)

75. Webb N. M., 《Assessing students in small collaborative groups》, *Theory into Practice*, 1997, 36, p. 205~213

76. Csikszentmihalyi M., *Flow : The Psychology of Optimal Experience*(Harper Perennial, 1990)

77. Lucas H. E., 《Social flow : optimal experience with others at work and play》, in M. A. Warren et S. I. Donaldson(dir.), *Toward a Positive Psychology of Relationships : New Directions in Theory and Research*(Praeger, 2018, p. 179~192)

78. Diaz F. M., Silveira J., 《Dimensions of flow in academic and social activities among summer music camp participants》, *International Journal of Music Education*, 2013, 31, p. 310~320. Keeler J. R., Roth E. A., Neuser B. L., Spitsbergen J. M., Waters D. J., Vianney J. M., 《The neurochemistry and social flow of singing : Bonding and oxytocin》, *Frontiers in human neuroscience*, 2015, 9, p. 518

79. Walker C. J., 《Experiencing flow : Is doing it together better than doing it alone?》, *The Journal of Positive Psychology*, 2010, 5, p. 3~11

80. Fanchini A., 《Les Compétences sociales et la réussite scolaire des élèves de cycle III : l'effet de l'accompagnement scolaire》, thèse de doctorat, Université de Bourgogne, 2016.

81. Slavin R. E, *Cooperation*(Longman, 1983)

82. Bornstein R. F., Languirand M. A., *Healthy Dependency*(Newmarket Press, 2003)

83. Baumeister R. F., Campbell J. D., Krueger J. I., Vohs K. D., 《Does high self-esteem cause better performance, interpersonal success, or healthier lifestyles?》, *Psychological Science in the Public Interest*, 2003, 4, p. 1~44

84. Tangney J. P., 《Humility》, in C. R. Snyder et S. J. Lopez(dir.), *Handbook of Positive Psychology*(Oxford University Press, 2005, p. 411~419)

85. Owens B. P., Hekman D. R., 《How does leader humility influence team performance? Exploring the mechanisms of contagion and collective promotion focus》, *Academy of Management Journal*, 2016, 59, p. 1088~1111

86. Davis D. E., Worthington E. L. Jr, Hook J. N., Emmons R. A., Hill P. C, Bollinget R. A., Van Tongeren D. R., 《Humility and the development and repair of social bonds : Two longitudinal studies》, *Self and Identity*, 2013, 12(1), p. 58~77. Krause N., 《Religious involvement, humility, and self-rated health》, *Social Indicators Research*, 2010, 98, p. 23~39. Peters A., Rowat W. C., Johnson M. K., 《Associations between dispositional humility and social relationship quality》, *Scientific Research*, 2011, 2(3), p. 155~161

4부 | 지속적이고 건설적인 관계 가꾸기

1. Reis H. T., 《Responsiveness : Affective interdependence in close relationships》, in M. Mikulincer, et P. R. Shaver(dir.), *Mechanisms of Social Connection: From Brain to Group*(American Psychological Association, 2014, p. 255~271)

2. Diener E., Biswas-Diener R., *Happiness : Unlocking the Mysteries of Psychological Wealth*(Wiley-Blackwell, 2008)

3. Clark K. E., Ladd G. W., 《Connectedness and autonomy support in parent-child relationships : Links to children's socioemotional orientation and peer relationships》, *Developmental Psychology*, 2000, 36(4), p. 485~498

4. Ibid.

5. Bornstein R. F., Languirand M. A., *Healthy Dependency*(Newmarket Press, 2003)

6. Pavey L., Greitemeyer T., Sparks P., 《"I help because I want to, not because you tell me to" : Empathy increases autonomously motivated helping》, *Personality and Social Psychology Bulletin*, 2012, 38, p. 681~689

7. Roth G., 《Perceived parental conditional regard and autonomy support as predictors of young adults' self- versus other oriented prosocial tendencies》, *Journal of Personality*,

2008, 76, p. 513~534

8.   Penner L. A., Finkelstein M. A., 《Dispositional and structural determinants of volunteerism》, *Journal of Personality and Social Psychology*, 1998, 74, p. 525~537

9.   Rigby C. S., Deci E. L., Patrick B. C., Ryan R. M., 《Beyond the intrinsic-extrinsic dichotomy : Self-determination in motivation and learning》, *Motivation and Emotion*, 1992, 16, p. 165~185

10. Deci E. L., Ryan R. M., *Intrinsic Motivation and Self-determination in Human Behavior* (Plenum Press, 1985)

11. Pasley K., Gecas V., 《Stresses and satisfactions of the parental role》, *Personnel and Guidance Journal*, 1984, 63, p. 400~404

12. Greenberg M. T., Siegel J. M., Leitch C. J., 《The nature and importance of attachment relationships to parents and peers during adolescence》, *Journal of Youth and Adolescence*, 1983, 12, p. 373~386

13. McNeely C. A., Barber B. K., 《How do parents make adolescents feel loved? Perspectives on supportive parenting from adolescents in 12 cultures》, *Journal of Adolescent Research*, 2010, 25(4), p. 601~631

14. Fanget F., *Oser la vie à deux* (Odile Jacob, 2010)

15. Peillod-Book L., Shankland R., *Manager en pleine conscience* (Dunod, 2016)

16. Kabat-Zinn J., 《Mindfulness-based interventions in context : Past, present, and future》, *Clinical Psychology: Science and Practice*, 2003, 10, p. 144~156

17. Gilbert P., *The Compassionate Mind : A New Approach to Life's Challenges* (New Harbinger Publications, 2010)

18. Cao J., Galinsky A. D., Maddux W. W., 《Does travel broaden the mind? Breadth of foreign experiences increases generalized trust》, *Social Psychological and Personality Science*, 2014, 5, p. 517~525

19. Murray S. L., Holmes J. G., *Interdependent Minds : The Dynamics of Close Relationships* (The Guilford Press, 2011)

20. Wenk-Sormaz H., 《Meditation can reduce habitual responding》, *Alternative Therapies in Health and Medicine*, 2005, 21, P. 42~58

21. Greenberg J., Reiner K., Meiran N., 《"Mind the trap" : Mindfulness practice reduces

cognitive rigidity》, *PloS ONE*, 2012, 7(5), e36206

22. Djikic M., Langer E. J., Stapleton S. F., 《Reducing stereotyp-ing through mindfulness : Effects on automatic stereotype-activated behaviors》, *Journal of Adult Development*, 2008, 15, p. 106~111

23. Lueke A., Gibson B., 《Mindfulness meditation reduces implicit age and race bias : The role of reduced automaticity of responding》, *Social Psychological and Personality Science*, 2015, 6(3), p. 284~291

24. Moore A., Malinowski P., 《Meditation, mindfulness and cognitive flexibility》, *Consciousness and Cognition*, 2009, 18(1), p. 176~186

25. Shankland R., *Les Pouvoirs de la gratitude*(Odile Jacob, 2016)

26. 더 자세한 설명과 유의 사항에 대해서는 Shankland R., *Les Pouvoirs de la gratitude* (Odile Jacob, 2016) 참조.

27. Huffman et al. 2014, 《Feasibility and utility of positive psychology exercises for suicidal inpatients》, *General Hospital Psychiatry*, 2014, 36, p. 88~94

28. Watkins P. C., Woodward K., Stone T., Kolts R. L., 《Gratitude and happiness : Development of a measure of gratitude, and relationship with subjective well-being》, *Social Behavior and Personality : An International Journal*, 2003, 31, p. 431~452

29. 이러한 연구들에 대한 종합적 결론으로는 Shankland R., *Les Pouvoirs de la gratitude* (Odile Jacob, 2016) 참조.

30. Shankland R., Rosset E., 《Review of brief school-based positive psychological interventions : A taster for teachers and educators》, *Educational Psychology Review*, 2017, 29(2), p. 363~392

31. 이 비유는 Pileggi Pawelski S., Pawelski J. O., *Happy Together*(Tarcher Perigee, 2018)에서 차용.

32. Acevedo B. P., Aron A., 《Does a long-term relationship kill romantic love?》, *Review of General Psychology*, 2009, 13, p. 59~65

33. O'Leary K. D., Acevedo B. P., Aron A., Huddy L., Mashek D., 《Is longterm love more than a rare phenomenon? If so, what are its correlates?》, *Social Psychological and Personality Science*, 2011, 3, p. 241~249

34. Johnson S., *Hold Me Tight*(Hachette Book Group USA, 2008)

35. Johnson S. M., Burgess Moser M., Beckes L., Smith A., Dalgleish T., Halchuk R., Hasselmo K., Greenman P. S., Merali Z., (…) Coan J. A., 《Soothing the threatened brain : Leveraging contact comfort with emotionally focused therapy》, *PloS ONE*, 2013, 8(11), e79314

36. Bryant F. B., Veroff J., *Savoring : A New Model of Positive Experience*(Lawrence Erlbaum, 2007)

37. Veroff J., Douvan E., Hatchett S., *Marital Instability*(Praeger, 1995)

38. Veroff J., 《Commitment in the early years of marriage》, in J. M. Adams et W. H. Jones(dir.), *Handbook of Interpersonal Commitment and Relationship Stability*(Kluwer Academic Publishers, 1999, p. 149~162)

39. 종합적 견해로는 Shankland R., *La Psychologie positive*(Dunod, 2014) 참조.

40. Algoe S. B., Fredrickson B. L., Gable S. L., 《The social functions of the emotion of gratitude via expression》, *Emotion*, 2013, 13, p. 605~609

41. Frankl V. E., *Man's Search for Meaning*(Beacon Press, 1959)

42. Affleck G., Tennen H., Croog S., Levine S., 《Causal attribution, perceived benefits, and morbidity following a heart attack : An 8-year study》, *Journal of Consulting and Clinical Psychology*, 1987, 55, p. 29~35

43. DeVogler K. L., Ebersole P., 《Adults' meaning in life》, *Psychological Reports*, 1981, 49, p. 87~90

44. Martela F., Steger M. F., 《The three meanings of meaning in life : Distinguishing coherence, purpose, and significance》, *The Journal of Positive Psychology*, 2016, 11, p. 531~545

45. 이 연구에 대한 종합적 견해로는 Damon W., *The Path to Purpose*(Free Press, 2008) 참조.

46. Bronk K. C., Finch W. H., 《Adolescent characteristics by type of long-term aim in life》, *Applied Developmental Science*, 2010, 14, p. 1~10

47. 유익한 효과들에 대한 종합적인 견해로는 Bronk K. C., *Purpose in Life : A Critical Component of Optimal Youth Development*(Springer, 2014) 참조.

48. Bronk K. C., Hill P., Lapsley D., Talib T., Finch W. H., 《Purpose, hope, and life satisfaction in three age groups》, *Journal of Positive Psychology*, 2009, 4, p. 500~510

49. Bronk K. C., *Purpose in Life : A Critical Component of Optimal Youth*

Development(Springer, 2014)

50. Van Tongeren D. R., Green J. D., Davis D. E., Hook J. N., Hulsey T. L., 《Prosociality enhances meaning in life》, *The Journal of Positive Psychology*, 2015, 11, 3, p. 225~236

51. Arnett J., *Emerging Adulthood : The Winding Road from the Late Teens to the Twenties*(Oxford University Press, 2004)

52. 더 자세한 내용은 Damon W., *The Path to Purpose*(Jossey Bass, 2011) 참조.

53. Edwards M. J., Holden R. R., 《Coping, meaning in life, and suicidal manifestations : Examining gender differences》, *Journal of Clinical Psychology*, 2001, 57, p. 1517~1534

54. 가령 Bronk K. C., Finch W. H., Talib, T., 《The prevalence of a purpose in life among high ability adolescents》, *High Ability Studies*, 2010, 21(2), p. 133~145 참조.

55. Weinstein, N., Ryan, R. M., 《When helping helps : Autonomous motivation for prosocial behavior and its influence on well-being for the helper and recipient》, *Journal of Personality and Social Psychology*, 2010, 98, p. 222~244

56. Ibid.

57. Thoits P. A., Hewitt L. N., 《Volunteer work and well-being》, *Journal of Health and Social Behavior*, 2001, 42, p. 115~131

58. Reykowski J., 《Social motivation》, *Annual Review of Psychology*, 33, 1982, p. 123~154

59. Brown J. D., Smart S. A., 《The self and social conduct : Linking self-representations to prosocial behavior》, *Journal of Personality and Social Psychology*, 1991, 60, p. 368~375

60. Weinstein N., Ryan R. M., 《When helping helps : Autonomous motivation for prosocial behavior and its influence on well-being for the helper and recipient》, *Journal of Personality and Social Psychology*, 2010, 98, p. 222~244

61. Ibid.

62. Brion-Meisels G., Fei J., Vasudevan D., 《Positive relationships at work in early childhood education》, in M. A. Warren et S. I. Donaldson(dir.), *Toward a Positive Psychology of Relationships : New Directions in Theory and Research*(Praeger, p. 145~177)

63. http://www.maac-lab.com.

64. Deci E. L., Ryan R. M., *Intrinsic Motivation and Selfdetermination in Human Behavior* (Plenum Press, 1985)

65. Von Bergen C. W., Soper B., Rosenthal G. T., Cox S. J., Fullerton, R., 《When helping

hurts : Negative effects of benevolent care》, *Journal of the American Psychiatric Nurses Association*, 1999, 5, p. 134~136

66. Langer E., Rodin J., 《The effects of choice and enhanced personal reponsibility for the aged : A field experiment in an institutional setting》, *JPSP*, 1976, 34(2), p. 191~198

67. Schulz R., 《Effects of control and predictability on the physical and psychological well-being of the institutionalized aged》, *Journal of Personality and Social Psychology*, 1976, 33(5), p. 563~573

68. Schulz R., Hanusa B. H., 《Long-term effects of control and predictability-enhancing interventions : Findings and ethical issues》, *Journal of Personality and Social Psychology*, 1978, 36(11), p. 1194~1201

69. Alexander C. N., Langer E. J., Newman R. I., Chandler H. M., Davies J. L., 《Transcendental Meditation, mindfulness, and longevity : An experimental study with the elderly》, *Journal of Personality and Social Psychology*, 1989, 57(6), p. 950~964

70. Demoulin S., 《Emotional misunderstandings in intergroup negotiations》, in S. Demoulin, J.-P. Leyens et J. F. Dovidio(dir.), *Intergroup Misunderstandings : Impact of Divergent Social Realities*(Psychology Press, 2009, p. 345)

71. Karabenick S. A.(dir.), *Strategic Help Seeking : Implications for Learning and Teaching* (Lawrence Erlbaum Associates Publishers, 1998)

72. Nadler A., 《Personality and help seeking : Autonomous versus dependent seeking of help》, in G. R. Pierce, B. Lakey, I. G. Sarason, B. R. Sarason(dir.), *The Plenum series in social/ clinical psychology. Sourcebook of social support and personality*(Plenum Press, 1997, p. 379~407)

73. Blanpain N., Lincot L., 《15 millions de grands-parents》, *Insee Première*, 2013, n1469

74. Brownie S., Horstmanshof L., 《Creating the conditions for self-fulfilment for aged care residents》, *Nursing Ethics*, 19, 2012, p. 777~786

75. Vallerie B., *Empowerment des individus et des collectivites*(PUG/UGA Editions, 2018)

76. Rockwell J., 《From person-centered to relational care : Expanding the focus in residential care facilities》, *Journal of Gerontological Social Work*, 2012, 55, p. 233~248

77. Oakley B. A., Knafo A., McGrath M. G., 《Pathological altruism – An introduction》, in B. Oakley, A. Knafo, G. Madhavan, et D. S. Wilson(dir.), *Pathological Altruism*(Oxford

University Press, 2012, p. 3~9)

78. Joinson C., 《Coping with compassion fatigue》, *Nursing*, 1992, 22, p. 116~120

79. Klimecki O., Singer T., 《Empathic distress fatigue rather than compassion fatigue? Integrating findings from empathy research in psychology and social neuroscience》, in B. Oakley, A. Knafo, G. Madhavan, et D. S. Wilson(dir.), *Pathological Altruism*(Oxford University Press, 2012, p. 369~383)

80. Figley C. R., 《Compassion fatigue psychotherapists' chronic lack of self care》, *Journal of Clinical Psychology*, 2002, 58, p. 1433~1441

81. Maslach C., *Burnout : The Cost of Caring*(Prentice Hall Trade, 1982)

82. Homant R. J., Kennedy D. B., 《Does no good deed go unpunished? The victimology of altruism》, in B. Oakley, A. Knafo, G. Madhavan, et D. S. Wilson(dir.), *Pathological Altruism*(Oxford University Press, 2012, p. 193~206)

83. Peterson C., Seligman M.E.P., *Character Strengths and Virtues*(Oxford University Press, 2004)

84. 이 웹페이지는 영문이지만 언어 선택이 가능하므로 답변이 어렵지 않으며 결과는 무료로 제공된다. https://www.viacharacter.org/survey/account/register.

85. Chancellor J., Margolis S., Jacobs Bao K., Lyubomirsky S., 《Everyday prosociality in the workplace : The reinforcing benefits of giving, getting, and glimpsing》, *Emotion*, 2018, 18(4), p. 507~517

86. Lyubomirsky S., *The How of Happiness : A Scientific Approach to Getting the Life You Want*(Penguin Press, 2008)

87. Kretzmann J. P., McKnight J. L., *Building Communities from the Inside Out : A Path Toward Finding and Mobilizing a Community's Assets*(ACTA Publications, 1993)

88. Shankland R., Saïas T., Friboulet D., 《De la prévention à la promotion de la santé : intérêt de l'approche communautaire》, *Pratiques psychologiques*, 2009, 15, p. 65~76

89. Siegel J. M., 《Stressful life events and use of physician services among the elderly : The moderating role of pet ownership》, *Journal of Personality and Social Psychology*, 1990, 58, p. 1081~1086

90. Allen K., Blascovich J., Mendes W., 《Cardiovascular reactivity and the presence of pets, friends, and spouses : The truth about cats and dogs》, *Psychosomatic Medicine*, 2002, 64, p.

727~739

91. Siegel J. M., Angulo F. J., Detels R., Wesch J., Mullen A., 《AIDS diagnosis and depression in the Multicenter AIDS Cohort Study : the ameliorating impact of pet ownership》, *AIDS Care*, 1999, 11, p. 157~170

92. Li Q., *Shinrin Yoku. L'art et la science du bain de forêt*(First, 2018)

93. Frattina B., Kerjean-Ritter M., Julien R., Helme-Guizon A., Shankland R., 《Effets d'un programme de psychologie positive sur les éco-gestes : le projet Cohérence-Soi-En-Action(COSE-Action)》, in S. Lantheaume et R. Shankland, *Psychologie positive : 12 interventions*(InPress, 2019)

94. Corral-Verdugo V., Mireles-Acosta J., Tapia-Fonllem C., Fraijo-Sing B., 《Happiness as correlate of sustainable behavior: A study of proecological, frugal, equitable and altruistic actions that promote subjective well-being》, *Human Ecology Review*, 2011, 18(2), p. 95~104. Dietz T., Rosa E. A., York R., 《Environmentally efficient well-being : Rethinking sustainability as the relationship between human well-being and environmental impacts》, *Human Ecology Review*, 2009, 16(1), p. 114~123

95. Suarez-Varela M., Guardiola J., Gonzalez-Gomez F., 《Do proenvironmental behaviors and awareness contribute to improve subjective wellbeing?》, *Applied Research in Quality of Life*, 11(2), p. 429~444

96. Brown K., Kasser T., 《Are psychological and ecological well-being compatible? The role of values, mindfulness, and lifestyle》, *Social Indicators Research*, 2005, 74(2), p. 349~368

97. Servigne P., Chapelle G., *L'Entraide, l'autre loi de la jungle*(Les liens qui libèrent, 2017)

맺음말 | 인간 됨의 필요충분조건, 상호의존

1. Knee C. R., Reis H. T.(dir.), *Positive Approaches to Optimal Relationship Development* (Cambridge University Press, 2016)

2. Covinsky K. E., Palmer R. M., Fortinsky R. H., Counsell S. R., Stewart A. L., Kresevic D., Landefeld C. S., 《Loss of independence in activities of daily living in older adults hospitalized with medical illnesses : increased vulnerability with age》, *Journal of American*

Geriatrics Society, 2003, 51, p. 451~458

3. Cacioppo J. T., Ernst J. M., Burleson M. H., McClintock M. K., Malarkey W. B., Hawkley
    L. C., (⋯), Berntson, G. G., 《Lonely traits and concomitant physiological processes : The
    MacArthur social neuroscience studies》, *International Journal of Psychophysiology*, 2000,
    35, p. 143~154

4. Bréchon P., Gonthier F., *Les Valeurs des Européens. Évolutions et clivages* (Armand Colin,
    2014)

5. Kant E., *Métaphysique des moeurs, t. II : Doctrine de la vertu*, p. 754

6. Valéry P., 《Affectivité》, i*n Cahiers* (Gallimard, Bibliothèque de la Pléiade, 1974, tome II, p.
    389

나를 살리는 관계

초판 1쇄 인쇄 2021년 7월 28일 **초판 1쇄 발행** 2021년 8월 11일

지은이 크리스토프 앙드레, 레베카 샹클랑
옮긴이 이세진
펴낸이 이승현

편집2 본부장 박태근
W&G 팀장 류혜정
편집 남은경
디자인 조은덕

펴낸곳 ㈜위즈덤하우스 **출판등록** 2000년 5월 23일 제13-1071호
주소 서울특별시 마포구 양화로 19 합정오피스빌딩 17층
전화 02) 2179-5600 **홈페이지** www.wisdomhouse.co.kr

ISBN 979-11-91766-46-2 03180